地方普通高校高质量发展中的治理问题研究

沈胜林　著

武汉大学出版社
WUHAN UNIVERSITY PRESS

**图书在版编目(CIP)数据**

地方普通高校高质量发展中的治理问题研究／沈胜林著.
武汉：武汉大学出版社，2024.12. -- ISBN 978-7-307-24791-8

Ⅰ.G647

中国国家版本馆 CIP 数据核字第 2024GS8162 号

责任编辑:李彤彤　　　责任校对:汪欣怡　　　版式设计:马　佳

出版发行:**武汉大学出版社**　（430072　武昌　珞珈山）

（电子邮箱：cbs22@whu.edu.cn　网址：www.wdp.com.cn）

印刷:武汉邮科印务有限公司

开本:720×1000　　1/16　　印张:18.75　　字数:299 千字　　插页:1

版次:2024 年 12 月第 1 版　　2024 年 12 月第 1 次印刷

ISBN 978-7-307-24791-8　　　定价:78.00 元

# 前　　言

　　党的十八大以来，党和国家结合社会经济发展方式转变和治理能力现代化的新要求，确定了我国地方普通本科高校向应用技术型高校转型这一重要的高等教育发展战略，此后在党的十八届三中全会以及党的十九大等政策报告中，均重点强调了我国地方普通本科高校的转型发展问题。显然，要推动地方普通高校的合理转型与科学发展，必须重视并解决地方普通高校在转型发展中的治理问题，进而通过完善自己的治理结构，理顺内外部治理关系，完善治理原则，优化治理策略，建立自我发展、自我管理、自我激励、自我约束相结合的管理运行机制。因此，对地方普通高校转型发展中的治理问题展开系统研究，无疑具有重要的理论与实践意义。

　　本书遵循"提出问题—分析问题—解决问题"这一总体思路。在具体研究过程中，本书以治理理论、利益相关者理论、区域经济理论为研究的理论基础，采用文献法、调查研究法、比较研究法和政策分析法等研究方法，对我国地方普通高校在转型发展中的治理问题进行系统研究，构建了地方普通高校转型发展中的治理问题的理论分析框架，包括治理目标、治理依据、治理主体、权责配置、治理方式、治理效果六个维度。

　　为全面了解我国地方普通高校转型发展中的治理现状和存在的问题，笔者从治理目标、多元主体的参与状况、权责分配状况、教授委员会的权力、董事会职责、大学制度建设、大学章程、校企合作状况等方面自编了调查问卷和访谈提纲，根据调研目标选择我国东部、中部、西部地区中的6所具有代表性的、转型发展中的地方普通高校进行了问卷调查和实地走访。同时，对这6所地方普通高校的校领导、教职工、学生、企业行业负责人等对象进行了深入访谈。通过对不同地区的6所地方普通高校治理现状的调查，笔者发现当前我国地方普通高校转型发展中的治理状况并不理想，仍然存在诸多问题，包括：治理目标不够明确，治理依据不够充分，治理主体参与度不高，权责配置不够合理，治理方式方法比较单一，治理能力不足，治理效果不突出。与此同时，研究也发现，地方普通高校治理目标越清晰，办学自主权越充分，制度建设越完善，治理主体参与度越高，多元主体治理能力越强，越有利于地方普通高校转型发展中治理的科学性和有效性。

为了借鉴国外应用技术型大学治理的先进经验，本书从治理目标、治理主体、权责配置、治理依据、经费保障、治理机制和手段六个维度，对德国应用技术大学、芬兰应用技术大学、澳大利亚 TAFE 学院的治理情况及其特点进行了梳理和分析，得到的经验借鉴与启示是：确立科学合理的治理目标；鼓励企业行业等多元主体的有序参与；给予高校充分的办学自主权；建立完善的法律法规制度体系；提供充足的经费保障；采取灵活有效的治理机制与治理方式。

在此基础上，笔者认为，要解决地方普通高校向应用技术型高校转型中所出现的治理问题，就必须坚持五大原则，采取七大策略。五大原则包括：坚持党的领导、以人为本、多元主体参与、特色办学、民主管理。七大策略包括：全面加强党的领导，统一思想，形成治理合力；优化地方普通高校内部的权责配置；转变政府职能，扩大并落实地方普通高校的办学自主权；明确治理目标，提高治理能力；建立健全相关的法律法规制度；优化治理方式；充分发挥企业行业在地方普通高校治理中的作用。

# 目　　录

# 表 目 录

# 图 目 录

# 1 绪 论

在当前社会转型时期，高等教育呈现出快速发展的良好态势和多样化的发展趋势，高等教育改革稳步推进。在高等教育改革过程中，党和国家审时度势，有针对性地提出让部分地方高校向应用技术型的目标转型，以培养出适合经济社会发展的高素质技能型人才，进而促进社会和区域经济的发展。要有效促进地方普通高校的转型发展，就必然涉及地方普通高校的治理问题。因此，对我国地方普通高校转型发展中的治理问题展开系统研究，有助于地方普通高校加强转型意识、强化教育质量，提升地方普通高校的现代化治理水平和治理能力，进而促进地方普通高校科学转型与合理发展。

## 1.1 问题提出与研究意义

党的十八大报告提出要全面贯彻党的教育方针，优先发展教育事业，坚定地保持高等教育发展的社会主义方向，加强教育的社会服务功能，进一步深化和加快教育领域的综合改革，充分发挥教育治理主体的主观能动性和创新能力；集中优势力量办好教育，提升教育治理现代化水平，着力提高教育质量。同时进一步提出要加快发展现代职业教育，推动高等教育内涵式发展。

要推进高等教育内涵式发展，实现教育治理体系和治理能力现代化，就必须调整高等教育结构体系，合理界定普通本科院校的办学定位。为此，在2014年4月末，教育部牵头举行了首届产教融合发展战略国际论坛。该届论坛的主要议题是"建设中国特色应用技术大学"，特别提出要推动和引导一批地方本科高校向应用技术型高校转型发展。

教育部原副部长鲁昕在2014年中国发展高层论坛上指出："由于与重点大学

无差别的办学定位，普通本科院校已连年面临就业率低、专业对口率低、就业质量不高的生存窘状。针对这一现状，教育部也在力推本科院校转型发展。"按照转型计划，1200 所普通本科高校中近半的高校将逐步转型为应用技术型高校，重点培养工程师、高级技工、高素质劳动者等，其中 1999 年大学扩招后，由专科层次升格为本科层次的 600 多所地方本科院校是转型重点。显然，只有完善地方普通高校内部治理，形成新型的地方普通高校内外部治理关系，才能有效推进一批地方普通本科高校向应用技术型高校的科学转型。

党的十九大报告进一步明确提出，中国特色社会主义进入了新时代，新时代是教育改革包括高等教育改革重要举措的提出与实施的一个特殊时代。新时代对地方普通高校的发展提出了新挑战、新要求，对地方普通高校治理水平也提出了更高要求，包括要求进一步提升地方普通高校的教育质量，加强地方普通高校与区域经济的推动促进作用等。因此，我国地方普通高校转型发展中的治理问题至关重要，有必要对其进行系统研究。

## 1.1.1　问题提出

随着大众化时代的到来，大学与社会的关系日益紧密，大学开始走出"象牙塔"，成为现代社会的"轴心机构"。① 布鲁贝克在《高等教育哲学》中曾说："不论在哪一个社会层级，不管是任何一种政治制度、经济制度或存在何种宗教信仰，都需要有一个文化传递机构来引导人们进行有效的知识传递，分析现有的知识，加强探索新的发展领域。也就是说，只要是需要人们对社会事务进行关注，需要加强较为理智的鉴别与分析，那里就必然需要且必须有大学的存在。"② 中国非均衡发展战略的实施以及区域经济的发展，确实需要地方普通高校强有力的支撑。然而，由于办学条件限制和内外部环境影响，地方普通高校在转型发展过程中遇到许多新挑战，以及随之而来的新问题，使地方普通高校的转型之路更为崎岖。社会和教育界都半信半疑地考量着地方普通高校的转型发展，而这种转

---

① 德里克·博克. 走出象牙塔：现代大学的社会责任 [M]. 徐小洲，陈军，等，译. 杭州：浙江教育出版社，2001：2.

② 约翰·S. 布鲁贝克. 高等教育哲学 [M]. 王承绪，等，译. 杭州：浙江教育出版社，2002：17.

型发展又依赖于地方普通高校对大学内在逻辑和外在规律的把握程度。因此，有必要对地方普通高校转型发展中的治理问题进行系统的理论研究，对其存在的问题及原因作深入的分析，进而推进地方普通高校实现科学转型与内涵式发展。

### 1.1.1.1 良好的治理对于地方普通高校转型发展具有重要意义

我国地方普通高校向应用技术型高校的转型发展具有极为重要的意义。随着社会经济和教育的发展，地方普通高校所培养的人才已不能满足社会生产发展的需要，地方普通高校必须积极响应国家所提出的转型发展政策，尽快推进并加快转型发展力度。地方普通高校转型发展中涉及诸多问题，需要通过有效的治理才能够得到解决。

首先，地方普通高校在转型发展中，涉及多元主体利益和多种关系的调整与重建。这些主体包括政府、学校各级管理人员、教职工、学生与家长、企业行业与社会机构等，多元主体在治理过程中扮演不同的角色，有着各自的利益诉求、价值取向和个人偏好。因此，只有系统研究地方普通高校的治理问题，实现地方普通高校的有效治理，才有可能协调不同主体的利益诉求，促进多元主体统一行动目标和治理行为，实现地方普通高校的合理转型与科学发展。

其次，地方普通本科高校向应用技术型方向转型，必然涉及不同机构、不同主体教育管理权责利的合理配置，而治理主体的权责利的合理配置状况会影响转型发展的效果。例如，地方普通高校向应用技术型高校转型，需要政府转变职能、扩大并落实地方普通高校的办学自主权，只有这样，地方普通高校才有可能做好科学定位和加强特色发展。再如，地方普通高校向应用技术型高校转型，从以学科学术型人才培养为主向以应用技术型人才培养为主的模式转变，要实现这样的转型就必须重视行业协会、企业的参与，建立大学与企业行业的合作伙伴关系。因此，必须系统研究地方普通高校转型发展中的治理问题，明晰地方普通高校与政府、企业行业之间的权责利边界，促进地方普通高校的科学转型与发展。

再次，要想实现地方普通高校的科学转型，需要整合多元治理主体的价值追求和目标，形成合力。显然，地方普通高校向应用技术型高校转型的过程中存在多元治理主体，如学校的各级管理人员、教职工、家长、学生、政府、行业协会、企业等。不同治理主体有不同的价值追求和目标，有不尽相同的利益诉求，因此多元主体在面对地方普通高校治理问题时，难以达成统一的价值观，也不能形成有效的治理合力。为此，必须系统地研究地方普通高校治理问题，有效地整合多元主体的价值追求与目标，才能促进地方普通高校的科学与协调发展。

### 1.1.1.2 地方普通高校向应用技术型高校转型存在诸多困难

从现实发展状况来看，地方普通高校向应用技术型高校转型符合社会发展需要与高等教育发展的趋势。但是，也必须看到，随着时代的发展与变革，地方普通高校在转型发展过程中面临诸多困难。

一方面，地方普通高校的办学定位比较模糊，转型动力不足，导致转型困难。在传统的办学观下，由于历史发展和资源条件等方面的限制，国家层面对地方普通高校教育发展的引导不够，使得地方普通高校片面地认为"高层次就是高水平"，因此在办学定位上出现了较大的偏差。具体来看，多数地方普通高校的定位是"学术型""研究型""综合型"或"教学研究型"大学。在人才培养过程中也是仿照研究型高校的人才培养模式进行套用，因此培养出的人才与社会和市场的需求存在一定的脱节现象，学校和教师对本校的办学定位把握不准确，影响了地方普通高校的有效转型。另外，还有一部分地方普通高校，出于招生以及自身利益的考虑，在转型之时仍固守传统学术型的办学定位，转型的动力不足。

另一方面，地方普通高校的治理能力有待提高。首先，从地方普通高校领导者和中层管理者来看，受传统的管理观念影响，其对于地方普通高校治理这一新型问题还未能进行充分的思考，观念意识还没有完全转变，治理经验比较缺乏，特别是在面对地方普通高校治理新问题时，其治理能力显得不足。其次，从地方普通高校的广大师生参与学校的治理能力来看，尚有一大部分教师和学生没有充分认识自身参与学校治理的意义，也不太注重个人参与学校治理的能力培养，且缺乏参与学校治理的途径和渠道。最后，从企业行业来看，有效治理意味着多元主体的有序参与，对于地方普通高校来说，从普通本科高校向应用技术型高校转型，必然需要企业行业积极参与学校治理。但是，因为企业行业机构与地方普通高校的运行模式不相同，目前企业行业在地方普通高校治理中的参与意愿不强，参与机制不够明确，参与途径偏少，而且对地方普通高校治理中的问题认识不到位，参与治理的能力也不足。

此外，从高等教育理论研究和改革实践来看，目前地方普通高校向应用技术型高校转型的理论研究成果和可供借鉴的实践成果明显缺乏。因此，地方普通高校在转型之时，没有足够的转型理论支撑，同时转型的实践经验积累不够，在往应用技术型高校转型时缺乏相应的准备，在转型方向、转型出路、转型策略等方面也必然存在困难。

### 1.1.1.3　转型发展中的地方普通高校治理能力提升是教育治理现代化的重要内容

党的十八届三中全会明确提出了全面深化改革的总目标，具体来说就是要完善和发展中国特色社会主义制度，进一步推进我国各项治理体系建设和提高治理能力的现代化水平。教育改革是国家重点关注的改革层面，教育领域也是全面深化改革的关键领域，因此教育改革的有关举措和行动，都要围绕和落实这一总目标，以进一步提升教育治理水平，促进教育的有效改革与发展。因此，要建立科学化与规范化的教育治理体系，提升转型发展中的地方普通高校治理能力，推进教育治理现代化，需要系统研究地方普通高校转型发展中的治理问题。

只有进一步提升地方普通高校治理能力，才能有效促进教育治理体系建设和提高治理能力现代化水平，实现高等教育内涵式发展，因此必须重视地方普通高校治理问题。推进地方普通高校转型发展中的治理现代化，就是要根据地方普通高校教育发展的基本规律，结合国家治理体系与治理能力要求，以及地方与区域经济社会发展的基本状况，进而促进地方普通高校加强构建其与政府和社会的新型治理关系，进一步建立完备、规范和科学的学校治理运行体系，进一步加大企业行业等多元主体的有序参与，更好地激发地方普通高校在转型发展上的积极性，提升其办学活力与办学水平。

## 1.1.2　研究意义

处于转型发展中的我国地方普通高校在新时代建设人力资源强国与创新型国家、实现中华民族伟大复兴的历史进程中具有十分重要的地位和作用。对我国地方普通高校转型发展中的治理问题进行系统研究，不仅有助于优化地方普通高校转型发展中的决策体系，厘清运行机制，充分发挥多元治理主体在地方普通高校转型发展过程中的作用，合理配置行政权力与学术权力，而且有助于地方普通高校在转型发展中通过良好的治理，进一步坚持和完善党委领导下的校长负责制、完善地方普通高校治理结构、推进中国特色现代大学制度建设。因此，研究我国地方普通高校转型发展中的治理问题具有重要的理论意义和实践意义。

### 1.1.2.1 理论意义

研究我国地方普通高校转型发展中的治理问题，有利于从理论上理清办学者、管理者、教职工、学生及家长、企业行业等多元主体之间的治理关系，有利于合理界定政府、地方普通高校、企业行业等主体间的权责配置，有利于进一步促进地方普通高校坚持党的领导，实行依法办学，加强民主管理。

具体来说，一方面，本书通过对我国地方普通高校在转型发展中的治理目标、治理主体、治理方式、治理路径和治理对策等方面的研究与探索，能够进一步丰富和完善高等教育治理的研究范围、研究主题和研究内容。对进一步强化地方普通高校转型发展过程中坚持党的领导、注重多元主体参与、加强教授治学、注重权责配置、完善治理体系并提升其治理能力具有重要的理论指导意义。

另一方面，本书立足于新时代的背景，对我国东部、中部、西部部分地方普通高校治理现状、存在的问题及其原因进行系统分析之后，提出了我国地方普通高校在转型发展过程中的治理完善原则及策略。这些研究结论，有助于促进地方普通高校在转型发展中以教育发展的基本规律为指导，加强治理目标建设，重视治理依据，规范治理行为，充分调动多元主体参与地方普通高校治理过程，在多向互动机制下，采用灵活多样的治理方式，进而促进地方普通高校内部治理协调化，亦对现有高校治理的有关理论进行了有益的补充和完善。

### 1.1.2.2 实践意义

党的十八大报告明确提出要加快教育领域综合改革的步伐，致力于提升高等教育办学水平和高等教育质量建设，以有效地推动教育治理水平和高等教育的内涵式与协调化发展。党的十八届三中全会也提出了要加强教育领域的综合改革，加强校企合作，推进产教的进一步融合，健全职业类教育体系建设，引导一批地方普通本科高校向应用技术型方向转型发展。

与此同时，当前地方普通高校在转型发展过程中面临诸多困境和挑战，解决这些问题的关键在于提高处于转型发展中的地方普通高校的治理能力，构建科学有效的治理体系。因此，对我国地方普通高校转型发展中的治理问题展开系统研究，具有重要的实践意义。一方面，系统研究地方普通高校转型发展中的治理问题，有利于促进处于转型发展中的地方普通高校适应社会经济与教育发展需要，进一步明确学校面向转型发展的治理目标和价值取向。另一方面，有利于地方普通高校在转型发展中选择有效的治理手段和方式，采取有针对性的治理策略促进自身的转型发展，提高办学效益和办学水平。

# 1.2 文献综述

为达成科学研究目的，必须要根据所研究的主题，对国内外的研究进行细致梳理，包括分析过去的研究状况、目前的研究进展，以及了解之后的研究趋势等。因此，根据研究目的需要，本书对国内外有关高校治理问题的研究进行了较为系统的梳理。

## 1.2.1 国内外研究梳理

围绕高校治理问题，国内外学者从不同的角度、不同的侧面、不同的着力点展开了研究，在理论与实践方面都取得了一定的研究成果。本书将从高校治理内涵、高校治理结构、高校治理模式、高校治理机制、高校治理效果及评价等方面对国内外相关研究文献进行搜集、归纳与分析。

如图 1-1 所示，通过对"University Governance"和"College Governance"主题进行检索，发现国外涉及高校治理主题的文章相对较丰富，且近年来呈现出上升的发展趋势。

如图 1-2 所示，我国对高校治理问题的研究主要是从 21 世纪初开始的，呈现出逐年上升的趋势，然而高校治理研究的核心作者群尚未形成，研究还不够系统化，可以说仍然属于一个研究不充分的新兴领域，"处于正视老问题、开始新起步和学习借鉴阶段"①。

---

① 于杨. 现代美国大学共同治理理念与实践［M］. 北京：中国社会科学出版社，2010：4.

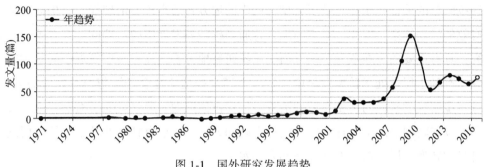

图 1-1　国外研究发展趋势

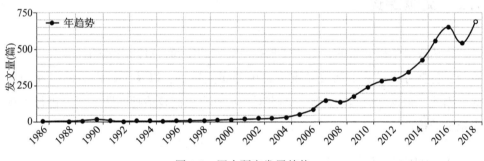

图 1-2　国内研究发展趋势

借助中国知网、万方、维普、百度文库等检索网站，笔者检索并分析了2000—2018 年有关"高校治理""大学治理""高等教育治理"相关文献，包括中文学术期刊、硕博论文、会议论文、报纸、专著、年鉴等。检索结果统计如表1-1 所示。

表 1-1　　　　　　　　　　　相关文献检索结果统计

| 检索要点 | 篇名相关检索 | 主题相关检索 | 关键词检索 | 全文相关性检索 |
|---|---|---|---|---|
| 检出文献数量 | 2267 | 4154 | 1453 | 9870 |

### 1.2.1.1　关于治理内涵的研究

首先从治理一词的定义来看，治理（governance）一词最早源于古拉丁文和古希腊语，原意是控制、引导和操纵，与统治（government）一词交叉使用。治理概念的兴起与现代社会科学的"典范危机"直接相关。① 全球化进程的加快也促进了治理理论的兴起。西方部分学者认为，治理是国家为应对全球化带来的压力，做出适应外在环境要求的努力。② 1992 年，世界银行的《治理与发展》报告中更加系统地阐述了关于治理的看法，指出治理就是各种各样的政府性和非政府性组织、私人企业及社会组织为了发展而在一个国家的经济与社会资源的管理中运用权力的方式。③

在公共管理领域，詹姆斯·N. 罗西瑙（James N. Rasenau）将治理定义为一种与统治不同的管理机制，"治理是只有被多数人接受（或者至少被它所影响的那些最有权势的人接受）才会生效的规则体系"④。J. 库伊曼（J. Kooiman）和范·弗利埃特（M. Von Vliet）指出，治理"所要创造的结构或秩序不能由外部强加发生作用，而是依靠多个进行统治以及相互影响的行为者的互动"⑤。公共管理学中的治理含义丰富而又混乱，以至于鲍勃·杰索普（Bob Jessop）评价治理已经"成为一个可以指涉任何事物的毫无意义的时髦词语"⑥。

另一位治理理论的权威学者格里·斯托克（Gerry Stoker）将各界对治理的观点整理成五个主要论点：第一，治理是出自政府但又不仅仅局限于政府的社会公共机构和行为体；第二，治理在为社会和经济问题寻求解答的过程中，存在着界限和责任方面的模糊性；第三，治理明确认定在参与集体行动的机构之间包含着对权力的依赖关系；第四，治理是指行为体网络的自主自治；第五，治理意味着政府做事情的能力并非依赖于其权威或发号施令，而是政府使用新的工具或技术来处理，以对事务进行控制和引导。他认为，治理不同于统治，治理有其自身的

---

① B. Jessop. The Rise of Governance and the Risk of Failure: The Case of Economic Development [J]. International Social Science Journal, 1998: 155.

② J. Pierre. Introduction: Understanding Governance [M] // J. Pierre (eds.). Debating Governance. New York: Oxford University Press, 2000: 63.

③ World Bank. Governance and Development [C]. Washington D. C.: World Bank, 1992: 3.

④ 詹姆斯·N. 罗西瑙. 没有政府的治理 [M]. 南昌: 江西人民出版社, 2001: 34.

⑤ J. Kooiman, M. Von Vliet. Governance and Public Management [M]. Sage Press, 1993: 25.

⑥ 俞可平. 治理与善治 [M]. 北京: 社会科学文献出版社, 2000: 3-6.

内涵，是在管理和统治相结合基础上的升华。他认为统治（government）是"在民族或国家层面上运作以维系公共秩序、便利集体行动的正式而制度化的过程"。治理（governance）"意味着一种新的统治过程，意味着统治的条件已经不同于前，或是以新的方法来统治社会"①。他认为治理并不依靠政府的权威或制裁手段，它所要创造的结构和秩序不能从外部强行施加，而是要促进它发挥作用，并依靠多个进行统治及相互影响的行为者的互动而产生作用。

罗茨在解释治理时则认为，治理标志着政府管理含义的变化，治理指的是一种新的管理过程，或者一种改变了的有序管理状态，或者一种新的管理社会的方式。而界定这种新过程、新状态或新方式的时候，根据不同的治理事务有多种不同的用法。②

根据 J. 库伊曼（J. Kooiman）的定义，"可治理性"是治理的目标之一，强调在较大系统中能够自行治理（govern itself），但社会政治系统的动态性、复杂性与多样性的特征，要求治理需求与能力间有某种特定的调整过程，当两者失去平衡时，便会冲击到可治理性，故政府必须调整治理模式予以适应。③

全球治理委员会在《我们的全球伙伴关系》研究报告中指出，全球治理是一种可持续的互动。④ 治理被应用于多个社会领域中，有效地促进了治理理论研究和治理实践的发展。⑤

通过以上定义，可以看出对于治理内涵的理解，不同学者的定义也有所不同，而且在描述上也具有或多或少的模糊性特点。但挖掘这些内涵，可以总结如下特点：注重加强政府与公民社会合作，注重参与性，同时将自上而下的管理和自下而上的参与相结合；在管理主体上强调多样性；在政府管理方面，开始注重

① Gerry Stoker. Governance as Theory：Five Propositions［J］. International Social Science Journal，1998（50）：135.

② 罗茨. 新治理：没有政府的管理［J］. 杨雪冬，译. 政治学研究，1996（154）：8.

③ J. Kooiman. Governance and Governability：Using Complexity，Dynamics and Diversity［M］// J. Kooiman（eds.）. Modern Governance：New Government-Society Interactions. London：SAGE Publications，1993：35-48.

④ Commission on Global Governance. Our Global Neighborhood［M］. New York：Oxford University Press，1995：2.

⑤ Smouts Marie-Claude. The Proper Use of Governance in International Relations［J］. International Social Science Journal，1998：155.

服务意识；在管理的有关技术层面，注重加强市场机制的运用。

提到治理，不得不提善治。何谓"善治"呢？善治亦是世界银行在 20 世纪 90 年代最早提出的概念，作为治理的一种形式。善治（good governance）即良好的治理。20 世纪 90 年代以来，在国外研究文献中，善治概念的使用率直线上升，成为出现频率较高的术语之一。概括地说，善治就是使公共利益最大化的社会管理过程，其本质特征是政府与公民对公共事务的合作管理，是政府与市场、社会的一种新颖关系。善治的理想标准和原则是政府行为的责任性（accountability）、透明性（transparency）、法治（the rule of law）。

莱福特维奇（Leftwich）认为，善治由系统意义上的、政治意义上的及行政管理意义上的三部分治理含义组成。① 所谓系统意义上的治理在用法上比政府管理更广，涵盖了内部和外部所有的政治经济权力的分配；而政治意义上的治理指的是一个从民主授权机制中获得合法性和权威的国家；治理在行政管理上的用法是指一种有效率的、开放的、负责的并且被审计监督的公共服务体系，它拥有一支有能力的官僚队伍，有利于制定和执行合理的政策，管理所有现存的公共部门。

还有部分学者着重强调，善治不仅要追求公共利益的最大化，实现善治的目的"善"，而且要追求"善"（良好）的"治理"过程，以实现"善"（良好）的治理过程与公共利益最大化的统一，实现"目的善"和"手段善"的统一。俞可平先生对善治的各家之说也作了一个梳理，最后归纳善治由六个基本要素构成：第一是合法性，第二是透明性，第三是责任性，第四是法治性，第五是回应性，第六是有效性。②

进入 21 世纪，"治理与善治"（governance and good governance）成为公共事务管理的主流"范式"和主流"话语"。从此以后，在公共事务管理中，无论是理论研究者还是实践工作者，无论是国内或国外，治理与善治成为时代的"关键词""时髦词""流行语"，替代了传统的"统治和善政"（government and good government）。"治理"是对"统治"的替代，"善治"是对"善政"的替代。正

---

① 俞可平. 治理与善治 ［M］. 北京：社会科学文献出版社，2000：7.

② 俞可平. 治理与善治 ［M］. 北京：社会科学文献出版社，2000：9.

如研究治理问题的英国著名学者鲍勃·杰索普（Bob Jessop）所说："过去15年来，它在许多语境中大行其道，以至成为一个可以指涉任何事物的毫无意义的时髦词语。"① 善治是对治理的超越，是治理的标准和理想。

### 1.2.1.2　关于高校治理内涵的研究

随着治理理论的发展，高校治理（或大学治理）在西方已经成为具有确切内涵、被广泛使用的核心词语。国外学者对高校治理的研究主要集中于20世纪六七十年代和2000年前后。关于高校治理的研究有一定数量的文献，且研究的深度和广度都有突破。欧洲学者认为"高校治理"一词来自美国。美国第一本研究高校治理的著作当属美国学者科尔森于1960年发表的《学院和大学的治理》（*Governance of Colleges and Universities*）一书。1973年，卡内基教学促进基金会将大学治理定义为"作决策的结构和过程，从而区别于行政和管理"②。美国著名学者罗伯特·伯恩鲍姆（Robert Birnbaum）认为大学治理体系包含行政和教师两大体系，即基于法律权威的理事会和行政体系与基于专业权威的教师体系，大学治理就是为实现两个体系的微妙平衡而设计的结构。③ 而且进一步揭示了大学治理的内涵，即平衡两种不同的但都具有合法性的组织控制力和影响力的结构和过程，一种是董事会和行政机构拥有的基于法定的权力，另一种是教师拥有的权力，它以专业权力为基础。G. 哈曼（G. Haman）则指出，大学治理概念在广义上被用来指称高等教育系统和大学的组织方式、权力是如何分配的，以及高校与高等教育系统和政府之间的关系。④

沙立潘特（Salipante）（1991）侧重制度变迁的内涵，他在 *Providing Continuity in Change：The Role of Tradition in Long-Term Adaptation* 一书中引入制度变迁论来

---

① 鲍勃·杰索普. 治理的兴起及其失败的风险：以经济发展为例的论述 [J]. 国际社会科学，1999（2）：16-19.

② Carnegie Foundation for the Advancement of Teaching. Governance of Higher Education：Six Priority Problems [M]. New York：McGraw-Hill，1973：88.

③ Robert Birnbaum. The End of Shared Governance：Looking Ahead or Looking Back Matter [J]. New Direction for the Higher Education，2004（8）：21-23.

④ G. Haman. How Colleges Work：The Cybernetics of Academic Organization and Leadership [J]. Education Review C，1989，104（4）：126-130.

分析学校传统与长期适应性的关系，提出在高校治理过程中应当引入渐进制度变迁的思想。① 阿德里安·J. 科扎（Adrian J. Kezar）（2004）认为对于治理结构的内涵而言，从组织理论的视角看，领导能力和人际关系在治理过程中显得更为重要。拉克（Lark）（1993）认为，从利益相关者来看其内涵，高校中有外部人（outsiders）和内部人（insiders）之分，内部人控制高校，但是仍然需要与外界保持联系，并满足持股人的要求。

阿波图·艾马尔（Alberto Amaral）等人认为，关于高校治理的操作性定义是关键，高校治理与决策因素密切相关。他们给出的界定是，高校治理是在特殊情境下，与高等教育是什么或应该是什么的决策相关的一系列问题，比如谁决策？他们怎样决策？他们决策什么？② 米歇尔·里德（Michael Reed）等人认为，高校治理是高等教育系统中不同层面的团体与群体之间的关系或富有活力的相互作用的概念。

作为关系概念的高校治理包含领导、经营与管理。马金森与肯西丁（Marginson & Collsidine）认为，大学治理与多种等级结构有关，包括大学内部价值观的选定、系统决策与资源分配、使命与目标、权力模式；也与大学同其他高等教育机构、政府、商业及社区的关系紧密程度有关。③ 罗纳德·G. 艾亨伯格（Ronald G. Ehrezlberg）认为，高校治理要注重权力的合理分配。他认为治理包括明确的安排，偶尔也有不明确的安排，借此，机构决策的权力与义务被分配到参与其中的各方。例如在州立大学，权力与法理上的控制权最终落在董事会董事的手上，但是董事常常将这些权力中的一部分委托给别人，如管理者、教师以及由学生、职员与校友组成的各种委员会。④

我国学者也从不同角度对高校治理概念进行了分析。张维迎教授在《大学的

---

① Salipante. Providing Continuity in Change: The Role of Tradition in Long-term Adaptation [M]. San Francisco: Jossey-Bass, 1991 (5): 128.

② Alberto Amaral-Glen, A. Jones, Berit Karseth. Governing Higher Education: National Persperctives on Institutional Governance [M]. USA: Kluwer Academic Publisher, 2002: 279.

③ Collsidine Marginson. Governance on Higher Education [J]. Academic Press Review, 2003 (5): 3-6.

④ Ronald G. Ehrezlberg. Governing Academic New York [M]. Cornell University Press, 2004: 165.

逻辑》一书中从大学的理念与治理、终身教育的理想与实现、学术自由与学术规范等方面提出高校治理的逻辑内涵，指出高校治理的基本问题在于高校治理结构的改革。① 此后，高校治理成为研究热点。学者姚加惠、袁潇、汤萱等人考察了国外高校内部治理实际，分析了包括英国、美国、日本、法国等国外高校内部治理的内涵，包括高校由董事会或理事会主导学校运行②，采用能广泛代表校内外利益的双边治理，"学校—学院"二级治理③，通过特定管理机构进行治理协调，代表校内利益的单边治理④等，认为国外高校治理内涵可以渗透到国内高校内部治理过程中。

蔡文伯、杨瑞旭认为，高校治理是高校组织内部管理与外部制度环境互动的过程，更加突出高校组织内、外部行为的关联性。高校治理的核心是处理好政府与高校、市场与高校、学术共同体与高校之间的关系。⑤ 丁万星从法理学角度出发，认为高校治理主要分外部和内部两个方面的内容：外部治理研究的是高校和政府的关系；内部治理研究的主要是学术权利、行政权力和监督权利。⑥

刘雨辰、武红霞认为，高校内部治理可以看作是一个帮助高校适应现代社会复杂环境，引导并推进高校治理发展水平的超组织结构运行机制，其实质是遵循大学内在逻辑并与现代社会相契合，重建大学变化中的力量平衡。这些组织制度价值实际上涵盖了大学与政府、市场、社会的利益关系，学术与政治、经济、法律的价值关系以及高校内部的权力关系等核心治理命题⑦。龚怡祖从价值层面分析了高校治理的内涵，他认为高校治理作为一种高度制度化的超组织结构运行方式，它包括独特的组织制度价值，即改良组织场域的价值、契约约束的价值、权

---

① 张维迎. 大学的逻辑 [M]. 北京：北京大学出版社，2005：12.

② 姚加惠. 美国、日本、英国地方高校内部治理及其启示 [J]. 西南交通大学学报（社会科学版），2011，12（1）：26-31.

③ 汤萱. 我国公立高校内部权力研究——基于治理理论的视角 [J]. 大学教育科学，2009（3）：62-66.

④ 袁潇. 美国公立高等院校内部问责制研究 [D]. 重庆：西南大学，2013：34.

⑤ 蔡文伯，杨瑞旭. 我国现代大学治理30年来的回溯与反思 [J]. 石河子大学学报，2008（10）：13-15.

⑥ 丁万星. 高校治理结构的法理探析 [J]. 河南社会科学，2008（5）：134-135.

⑦ 刘雨辰，武红霞. 近年来国内大学治理研究综述——以中国期刊网全文数据库为分析文本 [J]. 西南石油大学学报（社会科学版），2013（7）：79-85.

力及其程序受控的价值、诉诸公共良知的价值。①

厦门大学王洪才教授等认为，高校治理主要是指高校内部在遵循外部规范的基础上通过协商产生规则、通过自律实现秩序的高校管理方式。王教授认为高校治理思想受到内外部各种变化的影响也在不断演进。如将利益相关者概念引入高校治理；从强调专家治理到强调社会参与；吸收学生参与高校管理；而在高校内部治理中，重要的还是权力的分配与使用，合理的选择只能是权力均匀分布，因此，大学内部治理应该奉行"中位原则"。②

针对应用技术型高校的治理内涵，国内也有一些学者对此进行了界定。王健从应用技术型人才培养的治理目标出发，认为应用技术型高校治理就是指以治理理念为指导，以培养应用型人才为目标，既考虑高等教育发展范畴和应用技术型高校治理的类型，同时有效地结合应用技术教育办学传统，通过一定的治理手段，直接面向区域企业和行业服务，有效培养企业急需的应用型人才。③ 李杰、孙娜娜认为，应用技术型高校治理就是指厘清应用技术教育的专业性、应用性、地域性等特征，利用学校和企业的各自条件和优势，强化理论与实践相结合，培养既具有专业理论知识又具有专业技术和技能，以及能解决应用技术实际问题能力的高素质技术人才。④

杨一琼认为，应用技术型高校治理主要是指通过治理活动，合理配置权责，使受教育者获得某种职业或生产劳动所需要的职业知识、技术技能或道德素质。⑤ 袁潇认为，应用技术型高校治理就是指地方普通高校向应用技术型高校转型发展的过程中，探索与企业行业合作共赢的互动机制、坚持和完善党委领导下的校长负责制、增强地方普通高校与社会政治经济协调发展的能力，探索企业行

① 龚怡祖. 大学治理结构：现代大学制度的基石 [J]. 教育研究, 2009（6）: 22-26.

② 林杰. 从管控走向治理——2007"海峡两岸高校内部治理"学术研讨会综述 [J]. 江苏高教, 2008（1）: 36-39.

③ 王健. 德国应用技术大学"双元制"模式研究与启示 [J]. 福建工程学院学报, 2015, 13（5）: 475-479.

④ 李杰, 孙娜娜. 德国应用技术大学的教学体系及其借鉴意义 [J]. 北京理工大学学报（社会科学版）, 2008: 104-107.

⑤ 杨一琼. 澳大利亚 TAFE 模式对我们职业教育的启示 [J]. 职教通讯, 2016（12）: 77-80.

业参与的新型治理结构。①

还有学者认为，应用技术型高校治理从内涵来看，就是指更强调传授实用的知识和技能，更重视与职业、就业的直接和密切联系，也更强调对实用性或应用性科学技术的传授和训练，更侧重于对动手能力和职业技能、技术和素质的训练，关注和侧重于外部社会的当下需求，更注重于对现有分工及其效率的适应，而不是对现有分工局限的弥补和超越。②

总体来说，国内外学者从不同层面、不同角度和不同侧重点揭示了高校治理的内涵，即要么认为高校治理是一种权力结构的平衡分配与使用；要么认为高校治理是高校内外部治理关系的一种协调；要么认为高校治理是高等教育系统中不同层面的团体与群体之间的关系及富有活力的相互作用；还有人认为高校治理的内涵就是制订科学合理的治理目标，合理配置权责，培养相应类型人才。

### 1.2.1.3　关于高校治理结构的研究

美国学者从 20 世纪 60 年代起开始研究高校治理结构问题，欧洲人文学术界在 80 年代也开始研究高校治理结构。目前已基本形成了结构主义③和人文主义④两大影响较大的理论学派。欧美学者主要是运用定性和定量相结合的方法来研究大学内部治理结构，论证治理结构与治理绩效之间的关系⑤，以及什么样的治理结构会带来更好的治理绩效。大多数学者认为一些案例证明，完善的大学治理结构可以改进大学的绩效。同时，国外学者注重对高校董事会的研究，强调董事会的作用，甚至认为大学董事会可以吸纳少量学生参加，学生参与治理被认为是高

---

① 袁潇. 地方高校向应用技术型高校转型中的治理结构 [J]. 现代教育管理，2015 (6)：12-15.

② 山子. "应用性教育，应用型大学" 探索的意义和困境 [J]. 当代教育论坛，2006 (1)：42-46.

③ K. Weick. Educational Organizations as Loosely Coupled Systems [J]. Administrative Scinence Quarterly, 1979 (1)：18.

④ A. Kezar. What is More Important to Effective Governance：Relationship, Trust, and Leadership, or Structures and Formal Process [J]. New Direction for Higher Education, 2004：127.

⑤ M. D. Cohen, J. G. March. Leadership and Ambiguity：The American College President [M]. Boston：Havard Business School Press, 1986：116.

等教育民主的需要，是实现学术民主与政治民主的路径；大学治理要创造培育学生民主价值观的条件。① 但梅隆（Menon）于 2000 年通过对 Cyprus 大学的实证研究表明，学生在大学治理中的参与程度非常有限，一般只是参与一些无关紧要的决策，严重挫伤了学生的参与积极性并导致学生的不满情绪。②

美、英、法等国的部分学者对高校内部治理结构进行了研究后，普遍认为高校内部治理结构主要有如下特点：一是董事会或理事会主导学校运行。如地方高校董事会或理事会是学校的最高权力机构，掌握着学校发展的宏观政策和方向，一般由校内外的代表共同组成。③ 二是采用能广泛代表校内外利益的双边治理。如密歇根州立大学董事会的八名成员均为校外人员，华盛顿州立大学理事会由州长任命并经议会同意的九名理事和一名学生理事组成。三是采用"校—学院"二级治理。不论是采取校、院二级管理，还是实行校、院、系三个层次的二级管理，理事会或董事会主要把握学校的大政方针，负责大学的财政和校务管理以及各学院院长的任命，而每个学院则是在学校的宏观指导下，自主管理本学院的教学、科研和行政工作。四是通过特定的管理机构进行治理协调。通过理事会下设的审计委员会、财政委员会、学术委员会及学生事务委员会四个常设委员会以及政策评论委员会、校园美化委员会两个专门委员会进行治理协调。④

此外，国外部分学者也对大学组织内部的权力结构问题展开探讨。盖伯瑞尔·凯普兰（Gaberiel E. Kaplan）认为权力的归属与决策结果关联不大，教师治理体系与行政治理体系之间的利益及目标冲突也不明显，因而谨慎地得出大学治理与绩效无关的结论。⑤ 还有部分学者从组织内人际关系的角度来探讨大学的治

① J. A. Boland. Student Participation in Shared Governance: A Means of Advancing Democratic Values? [J]. Tertiary Education and Management, 2005 (3): 23.

② M. E. Menon. Students' Views Regarding Their Participation in University Governance: Implications for Distributed Leadership in Higher Education [J]. Tertiary Education and Management, 2005 (2): 17.

③ Establishment of the Board of Trustees [EB/OL]. (2009-12-10) [2024-03-12]. http://trustees. msu. edu/about/establishm ent. htm.

④ The Texas A&M University System Board [EB/OL]. (2009-12-15) [2024-03-12]. http://www. tamus. edu/regents/.

⑤ Gaberiel E. Kaplan. Do Governance Structures Matter [J]. New Direction for Higher Education, 2004 (4): 127.

理结构，提出和谐的人际关系及组织信任是实现善治的重要因素，如阿德瑞安那（Adrianna Kezar）认为对于大学的有效治理，领导能力、人与人之间的相互关系和信任比治理结构和正式过程更重要。①

国内对于高校治理结构问题的研究相对较多。吴高臣从董事会的角度出发，认为高校内部治理结构上应推行董事会治理，明确我国公立高校的董事会定位。而从公立高校的董事会成员来看，主要包括企事业单位、社会团体、政府部门、社会名流和本校的领导及教师代表，囊括了主要的外部和内部利益相关者，从而为沟通校内外资源提供了便利。董事会发挥的作用越大，高校就获得更多的资源，外部和内部利益相关者就越能实现其诉求。②

董泽芳教授等人认为，大学的内部治理结构是指大学内部组织机构的设置、隶属关系和权限划分等；完善大学治理结构是高等教育改革的强烈呼唤，同时完善大学治理结构必须高度重视系统制度设计，也必须重视组织机构优化。基于上述制度设计，优化我国大学内部治理结构的指导思想是既要重视学术的自由发展，又要强调有力的党政管理；既要重视精英治校，又要强调共同参与；既要重视合理借鉴，又要强调立足国情。③

祁占勇认为，我国高等学校的内部治理结构存在着行政权力对学术权力的僭越、学术领域与行政领域边界模糊、学术人员在学术评价体系中缺位、监督权弱化等问题。而高校内部治理结构的完善，应充分发挥学术委员会的主导作用，扩大院系以及基层学术组织的自主权，建立和完善高等学校的监督机构，充分发挥教职工代表大会、学生会在高校办学中的作用，强化高校行政权力的服务功能，彰显高校的学术逻辑，从而建构学术权力本位的高校内部治理结构。④

曹光荣、黎嫦娟分析了我国高校治理结构主体和治理结构现状及其重构，认

---

① Adrianna Kezar. What is More Important to Effective Governance: Relationship, Trust, and Leadership, or Structures and Formal Process [J]. New Direction for Higher Education, 2004 (6): 121.

② 吴高臣. 董事会：公立高校治理结构的改革 [J]. 中国行政管理，2011 (11)：73-76.

③ 董泽芳，岳奎. 完善大学治理结构的思考与建议 [J]. 高等教育研究，2012, 33 (1)：44-50.

④ 祁占勇. 高等学校内部治理结构的完善与办学自主权的实现 [J]. 陕西师范大学学报（哲学社会科学版），2010 (7)：21-26.

为以前的治理结构是高度行政集权，以行政权力为主的治理结构存在缺陷，行政权力往往决定学术问题，忽视学术权力，同时忽视了其他利益相关者的利益；认为根据高校学术自由的特点及其产权结构，可以按照治理原理中激励和制衡的要求，构建符合我国高校特点的治理结构，包括成立董事会和学术委员会。①

胡春华基于对高校内部治理结构现状的考察，认为高校内部治理结构的重点在于理顺权力关系，应着重解决政校不分、政资不分的问题，使政府更好地履行所有者的职责，实现国有高等教育资产的保值增值，使高校构建起科学的高校法人治理结构，成为真正意义上的自主办学实体，并提出了高校内部治理结构的优化策略。②

郭平、孔丽苏、刘明海提出从建设现代大学制度方面来完善高校治理结构，认为解放思想是建设现代大学制度的前提；认识大学的本质特征是建立现代大学制度的基础；启动政治体制改革是建立现代大学制度的要求；完善高校内部治理结构是建设现代大学制度的核心内容。完善内部治理结构的目的是提高大学组织的绩效：其绩效应当体现在教师能够卓有成效地教学和科研，学生能够卓有成效地学习和成长上，即最大限度地释放大学的教育生产力、学术创造力与思想磁场力。③

杨志卿从大学章程的角度来研究高校治理结构。他认为，在我国，一般来说，现代大学治理结构包括两个层面，即宏观层面和微观层面。前者是指学校与外部的关系，后者是指学校内部关系，包括党委领导、校长负责、教授治学、民主管理。就其核心而言，就是在政府的宏观调控下，通过制订大学章程，明确大学与政府的关系，使大学成为具有一定办学自主权的真正独立法人，独立面向社会，依法自主办学，实行民主管理。④

针对应用技术型高校治理结构的研究，国内外也有了一定的成果。如郑国强

---

① 曹光荣，黎嫦娟．关于高校治理结构理论和实践问题的思考［J］．当代教育论坛，2005（8）：81-84.

② 胡春华．高校内部治理结构研究［D］．武汉：武汉理工大学，2008：37.

③ 郭平，孔丽苏，刘明海．建设现代大学制度，完善高校治理结构第三届高校管理者论坛综述［J］．江苏高教，2011，11（5）：20-24.

④ 杨志卿．大学章程与高校内部治理研究［J］．华章，2012（16）：122.

提出了应用技术型高校治理结构，认为一是在价值取向和培养目标上，转向培养
适应区域经济建设和科技进步的应用型人才；二是实行以"综合能力培养"为
主要特征；三是构建"宽口径、厚基础、重应用、多方向"的课程体系；四是
在教师队伍建设上实行"双师型"模式；五是在科研和科技开发上走产学研合
作的道路等。①

董海龙从应用技术型高校人才培养状况出发，认为应用技术型高校治理结构
从根本上就是要推动应用型大学建设，具体包括进一步推动学校与地方区域的合
作，着重加强学生实践能力的培养，注重对学生进行就业指导教育，促进学生适
应社会发展和增强就业能力。②

张妙弟教授等人认为，应用技术型高校治理结构就是指应用技术型高校治理
要紧密结合客观实际，按照现代大学制度要求，高起点、高标准地构建内部管理
体系；制订各级机构和各项工作的规章制度，明确操作规程，规范管理行为，提
高管理效能；坚持依法治校与民主治校相结合的原则，突出以教学为中心、学生
为根本的现代管理结构。③

总体来看，国内外对高校治理结构问题有了一定的研究，主要包括董事会治
理结构，能代表校内外利益的双向治理结构，校院二级治理结构、权力结构，大
学制度结构，人才培养与产学研结合治理结构等方面。

### 1.2.1.4  关于高校治理模式的研究

帕克特（Paquete）认为，高校治理的模式是在高校的治理中、在不同利益
群体的权力斗争和磨合中慢慢形成的，而不是被某些人可以创造加工出来的一种
模式。马金森与肯西丁（Marginson & Considine）（2000）指出，高校中至少存在
两个相对的利益主体，即政府和社会。盖伯瑞尔·凯普兰（Gaberiel E. Kaplan）
认为，在高校治理模式中，必须注重董事会模式，认为对代理教师、学生、校友

---

① 郑国强．创建面向 21 世纪的新应用型大学 [J]．高等教育研究，1999 (5)：93-94.
② 董海龙．从应用型大学建设看大学生就业难问题的解决 [J]．教育与职业，2015
(23)：33-34.
③ 张妙弟，江小明．大众化教育背景下应用型大学教学体系的改革与建设 [J]．中国高
教研究，2007 (1)：60-61.

等群体的董事会所涉及的分析范围很广,而这些相关群体之间也存在着复杂的正式与非正式的相互联系。①

福柯(Foucault)认为,国家在发展的过程中经历了一个"治理化"的过程,从而形成了"治理的理性"(或简称为治理性),所谓治理性强调的是国家权力运行并非简单地使用暴力,而是通过与知识、技术的结合对社会进行控制和塑造。同时他提出三种治理机制,包括国家机制、市场机制、公民社会机制,并认为这三种机制能够相互渗透,构成分布均衡的网络,使治理的触角延伸到社会生活的各个角落。②

马丁·特罗(Martin Trow)在《多样性与领导力》一书中指出,加州大学董事会、总校校长、分校校长和学术人员共同认可的关于加州大学如何处理外部关系和进行内部治理的两个原则是:大学自主权的最大化——大学自主决定事务的能力;追求卓越——在各方面成为或继续成为全国最好的大学。③ 他认为在高校内部治理过程中应该追求一种"大学自主治理"模式和"追求卓越"模式。

阿德里安纳·克撒(Adriana Kozak)认为,对于大学治理的有效性而言,在高校内部治理模式的选择上,要特别关注治理模式所带来的领导关系变化和人与人之间所形成的关系。他甚至认为领导能力、人们之间的相互关系和信任程度等因素比其他治理模式更重要。④

对于高校内部治理模式的研究,国内学者也从不同角度进行了分析。刘喜琴从参与话语角度提出高校内部治理模式,重点以民办高校内部治理模式为切入点,认为"参与治理"意味着民办高校决策更加民主科学,高校发展更贴近市场需求,高校服务更具公益性,高校品牌化战略更具成效,进而提出我国民办高校的治理模式划分为人力资本控制模式、董事会领导下的校长负责制和参与治理模式,并从治理主体、治理依据、治理方式和治理效果四个方面,对所划分的三种高校治理模式进行结构化比较,认为高校内部治理模式要着重构建高校与政

---

① Gaberiel E. Kaplan. Does Governance Matter [EB/OL]. (2003-07-05) [2024-03-21]. http://www.cudenver.edu.

② 福柯. 规训与惩罚 [M]. 北京:三联书店,1999:244-245.

③ 马丁·特罗. 多样性与领导力 [M]. 北京:教育科学出版社,2011:210.

④ 李福华. 大学治理的理论基础与组织框架 [M]. 北京:教育科学出版社,2008:4.

府、社会、企业以及教职工之间的关系。①

臧日霞从英国高等教育治理模式变革出发，分析了大学拨款委员会的一元制模式，随后过渡到高等教育二元制模式，然后到了统一的基金委员会治理模式。基金委员会创立了一个完整的治理模式，由政府、基金委员会以及高等教育机构三个层次构成，各自的工作重点很明确。政府的责任是从政策上控制和指导高等教育的发展，对拨款进行审查和问责，同时在教学和科研领域实施保障和评价战略。基金委员会的首要目标是分配高校公共资金份额，确定满足政府政策目标。高等教育机构则有责任在基金委员会设定的范围内工作，更加突出调控高校发展的责任。②

王陆庄、周虹认为，就中国高校治理模式而言，可以按照初始建设资金来源、学校运行经费来源、学校管理班子来源三个维度区分其不同模式，还可以从人才培养导向和方式、科研与社会服务对象、政府政策支持、学生与社会认可程度、高校从业人员认可程度等方面对高校治理模式进行比较。在各种模式的比较和评价方面，要分析高校各利益相关者的关系框架，并对高校的目标、原则、决策方式、权力的分配和剩余决策权定下规则，同时经过高校各利益相关者追求自身目标的活动而有效率地达到目标。③

胡子祥从高校利益相关者治理模式展开研究，认为高校利益相关者治理模式是政府、高校的教研人员、学生及行政人员、职业界和社会团体等多元主体共同参与的基于合作伙伴关系的一种高等教育管理体制。权力与利益是它的基础，合作伙伴关系是它的基本架构，利益相关者委员会是它的决策机制。高校利益相关者治理模式包括一整套的法律、文化和制度安排，这些安排决定了高校的发展战略、方针和行为，以及在政府、高校的教研人员、学生及行政人员、职业界和社会团体等利益相关者当中，谁拥有对高校的控制权，以及如何行使控制权等。高

---

① 刘喜琴. 参与话语下民办高校治理模式的结构性分析 [J]. 中国高教研究，2013 (2)：72-75.

② 臧日霞. 从高等教育基金委员会看英国高校治理模式的创新 [J]. 比较教育研究，2009 (7)：77-81.

③ 王陆庄，周虹. 高校治理模式分析 [J]. 教育发展研究，2008 (17)：77-80.

校利益相关者治理模式实施的关键是寻求一种利益相关者参与共同决策的机制。① 在这种模式下，高校的决策权往往不是由政府或其代理人校长主导，而是交给利益相关者委员会进行各种决策及管理。

苗庆红、周红卫以民办高校为研究起点，提出高校实行有效治理的三种模式：一是人力资本控制模式，这种模式的交易成本低，决策效率高，管理层次少，管理成本低，在学院战略目标的制定及相关服务的决策上迅速有效，对处于创业期学校的发展发挥了积极的作用。但这种高度"人治"的治理模式很难保证发展的稳定性和可持续性。二是股东控制模式，即由股东组建和控制董事会，校长由董事会聘任，实行董事会领导下的校长负责制。三是共同治理模式，共同治理结构的核心就是通过学校章程等正式制度来确保各个利益主体具有平等参与学校管理决策的机会，同时又依靠相互监督的机制来制衡各利益主体的行为，适当的投票机制和利益约束机制是稳定合作的基础，并达到利益主体行为统一满足社会公共利益需要这一共同目标之上。共同治理模式包括董事会和监事会两个并行的机制，董事会中的共同治理机制是确保利益主体有平等的机会参与学校重大决策，监事会中的共同治理机制则是确保各个产权主体平等地享有监督权，从而实现相互制衡。②

在高校治理模式上，国内也有学者提出与善治结合起来。关于高校内部善治模式的研究，目前国内所涉及的文献不多，已有文献对高校内部善治问题从不同层面、不同角度提供了一些启示。例如，孙圣勇提出高校权力结构创新的善治思维，认为高校权力的发展是一个由简单到复杂的过程，权力主体也随之逐步复杂化。他认为我国高校普遍是"以政府为主体"的高校举办模式，并实行"党委领导下的校长负责制"，因而政府相对于高校具有绝对权威。但随着经济发展，这种模式表现出越来越多的问题。他认为高校权力结构创新的目的是努力形成面向未来、充满活力、富有效率、更加开放、有利于科学发展的内部管理体制，建立有中国特色的现代高校制度。进而提出通过善治进行高校权力结构创新的三个

---

① 胡子祥. 高校利益相关者治理模式初探 [J]. 西南交通大学学报 (社会科学版)，2007, 8 (1)：15-19.

② 苗庆红，周红卫. 民办高校治理结构的三种模式 [J]. 中国高等教育，2005 (13)：47-48.

重点：一是新建校董会，成立高校新的决策机构；二是完善校长负责制，提高管理水平和效率，解决执行层面的各种问题；三是做强监事会，解决监督相对薄弱的问题。①

　　龙献忠、李敏从善治的视角下我国高校内部问责制的发展出发，指出我国高校具备行政主体资格，为防止产生高校机会主义行为，保障高校多元利益相关者的合法权益，在高校中引入问责制是其必然选择。而善治是我国行政管理的一种新型模式，也是未来我国高校管理的必然追求，善治的管理公开化、合作治理、权力中心多元化等基本理念为我国高校问责制的实施奠定了理论基础。它有助于我国建立问责目的明确、回应性强烈、激励机制完善、约束机制健全、问责主体多元的高校问责体系。②

　　此外，针对应用技术型高校治理模式问题也有了一定的研究。例如，汪明义教授认为，应用技术型高校治理模式主要包括三个方面的内容：一是功能模式。即在人才培养上，要直接为区域发展和产业振兴服务，培养生产一线的应用型人才；在科学研究上，要围绕区域主导支柱产业，开展应用型研究，为企业行业提供技术服务和智力支持，解决企业发展难题；在社会服务的面向上，开展地方需要的各种服务活动。二是办学模式。即夯实应用价值取向的本科教学，坚持在实践中教学和育人。三是教师队伍建设模式。应用技术型高校治理要注重教师队伍建设的"应用性"落到实处，加快构建与人才培养和学校治理相适应的教师队伍建设模式。③

　　张丽萍认为，应用技术型高校治理模式就是通过教育治理理念、范畴层次、院系设置、教师队伍、专业类型、培养模式和课程模式的创新，协调高校与新兴产业和行业的关系，确立应用技术型高校在地方经济社会发展中的定位和地位，寻求内涵上的突破和提升，有效地协调教育与经济社会发展的关系。④

---

　　① 孙圣勇．高校权力结构创新的善治思维［J］．理论前沿，2013（12）：12-13.

　　② 龙献忠，李敏．基于善治视角的我国高校问责制发展趋向［J］．大学教育科学，2011（1）：59-62.

　　③ 汪明义．担负时代使命 创建应用型大学［J］．中国高等教育，2014（21）：34-37.

　　④ 张丽萍．地方本科院校向应用型大学转型的难点探析与路径选择［J］．理论月刊，2008（10）：97-100.

　　胡卫中、石瑛在分析了国外应用技术型高校治理状况后,认为应用技术型高校治理模式的重点在于训练学生应用基本理论解决实际问题的能力,促进本科应用型人才不仅能掌握具体的操作技能,更熟悉具体操作技能与其背后支撑理论之间的联系,并有能力运用所学理论去解决新的问题。为达成这一模式,需要培养学生应用基本理论解决实际问题的能力,需要调整教师的"教"和学生的"学"之间的关系模式。①

　　总体来看,国内外学者对高校治理模式的研究主要体现在治理关系模式、领导模式、董事会和委员会治理模式、利益相关者模式、善治模式、人才培养与经济协调发展模式等方面,从不同的层面揭示了高校治理模式的基本内容。

## 1.2.1.5　关于高校治理机制的研究

　　詹姆斯·N. 罗西瑙(James N. Rosenau)等人提出,高校治理机制与社会治理活动是密切相关的,认为社会领域的治理活动应定义为某个活动领域里的一套机制,它们虽未得到正式授权,却能有效发挥作用,而高校内部治理过程中,政府、市场和公民社会等多元治理主体需要在共同合作协商的基础上对高校采用一个最佳化的治理机制。②

　　罗纳德·G. 埃伦伯格(Ronald G. Ehrenberg)指出:"学术界中的变革迟缓,高等教育机构很难关注经济效率以及成本控制就不足为奇了。"③ 他认为学术界中的变革相对缓慢,高校内部治理的机制不完善,因而高校的经济效益和产出都不高。并且认为,完善的高校治理机制既能有效解决高校发展与变革的现实问题,又能进一步促进高校理顺各种关系,强化经济效率以及促进成本分担等理论在治理过程中的渗透。

　　让-皮埃尔·戈丹(Jean-Pierre Gaudin)认为,高校治理机制是一个相对复杂的组织体系,其重点就是要关注治理方向,加强治理的组织性和整体性,要打破

---

　　① 胡卫中,石瑛. 澳大利亚应用型人才培养模式及启示 [J]. 开放教育研究, 2006, 12 (4):92-95.

　　② James N. Rosenau, E. O. Czepiel. Governance without Government:Order and Change in World Politics [M]. Cambridge:Cambridge University Press, 1992:5.

　　③ 罗纳德·G. 埃伦伯格. 美国的大学治理 [M]. 北京:北京大学出版社, 2010:4.

决策过程中观察领域和研究领域之间的隔阂，加强治理理念和治理行为的统一性。①

国内学者也对高校治理机制进行了一定的研究。例如，谢涤宇、尹珍丽对高校治理机制展开了研究，认为我国现行的公办高校治理机制是一种典型的党政权力二元化治理格局，它具有浓厚的计划经济的时代烙印。随着社会主义民主法治建设的不断完善以及全体公民意识的不断增强，以及教育投资主体的多元化、社会的民主化和公民意识的不断增强，现有的党政权力二元化治理格局已经不适应高校的迅速发展，而一种基于合理分权、以人为本、民主决策、科学发展为本质的高校利益相关者共同治理机制可为我国高校日益发展的现实需求所推动。只要制度设计得当，该治理机制必将大大提高我国高校的治理绩效，进而提高高等院校的竞争水平，促进高校的良性发展。②

胡晓玲认为现有的高校治理机制存在着观念滞后、制度缺失、组织无力、沟通不畅、反思不足等困境。在治理机制建设上，就是要突破现有的高校危机管理思维定式，打破高校治理一元格局，构建高校主导、师生参与、社会协同的多元化长效治理机制。③ 杨文芳认为高校内部治理机制要进行改革，要从高等教育以及高校治理方面的法案建立和完善开始，让高校治理机制改革有法可依，在改革过程中减少某些利益集团的阻碍。高校治理机制改革的重要基础保障是高校要取得真正的法人资格，取得真正的法人资格后，高校的一切改革均可内部化、独立化，可以在很大程度上摆脱外界的干扰。建立高校多元联合治理机制，这个利益制衡机制可以让利益群体在相对公平和自主的平台上进行利益制衡以实现进一步的公平，并促进高等教育快速高质量发展。④ 在高校多元联合治理机制下，高校可以自主地对内部进行改革，可以自主地对高校进行管理和运作，保障了学术的自由和自主，保障了高校基本功能的有效发挥。

---

① 俞可平. 治理和善治引论 [J]. 马克思主义与现实, 1995 (5): 37-41.

② 谢涤宇, 尹珍丽. 公办高校利益相关者共同治理机制的理论诠释与现实动因 [J]. 邵阳学院学报 (社会科学版), 2011, 10 (4): 40-45.

③ 胡晓玲. 善治: 高校突发事件的长效治理机制研究 [J]. 江苏高教, 2012 (6): 50-52.

④ 杨文芳. 论我国高校治理机制的改革 [D]. 长沙: 湘潭大学, 2012: 13.

　　石艳萍、杨蓉分析了高校内部治理机制的现状及存在的问题，包括权力过于集中、权力机制分配失衡、缺乏职业化的校长聘选机制、大学章程缺失、监督机制不健全等；在借鉴国外高校内部治理机制建设经验的基础上，提出了我国高校内部治理机制的目标，即整合权力分配机制、树立相关利益主体共同参与治理的理念、强化内外部监督机制等。并从中国的基本国情出发，提出了完善我国高校内部治理机制的建议，包括实行校、院、系纵向三位一体的分权机制，引入教授治学的内部治理机制，完善校长聘选机制，完善大学章程，加强董事会制度建设等。①

　　盛正发认为高校治理应采用复合共治的机制，复合共治是以共同利益为基础、不同的治理方式相互合作和补充、共同协调治理大学的一种互动机制。我国的大学进行复合共治不仅是必要的，也是可行的。他认为复合共治主体是由多个利益相关者组成，是多维度的，也是一种协商合作的关系，利益相关者是复合共治的基本单位；要使治理可持续地运行，必须提高利益相关者的自觉性和主动性。我国现代大学复合共治的路径是要确立具有本土特色的大学治理理念，健全基本的高教法律体系，合理分配大学治理权力，试行中国特色大学董事会制，增强大学自主权，增加参与主体，实现大学权力平衡。②

　　此外，一些学者还研究了应用技术型高校治理机制。例如，刘学忠教授认为，应用技术型高校治理机制包括四个方面：一是以应用型科研成果培育打造特殊主体，完善激励机制；二是以科学性和实用性评价为先导，培育"共建合作"产学研协同育人体系，构建共建和共享机制；三是构建社会深度参与治理体系，落实监督评价机制；四是畅通沟通反馈渠道，形成质量改进机制。③

　　徐立清认为在应用技术型高校治理机制上，一是要明晰组织目标机制，根据区域经济发展的产业集聚群与行业结构链，形成相应的学科专业集聚群；二是完

---

　　①　石艳萍，杨蓉. 完善公立高校内部治理机制的思考 [J]. 会计之友，2013 (11)：115-117.

　　②　盛正发. 复合共治：中国现代大学治理的新向度 [J]. 现代教育管理，2009 (9)：1-4.

　　③　刘学忠. 地方应用型大学协同育人体制机制新探 [J]. 国家教育行政学院学报，2017 (9)：67-72.

善组织机制，同时根据学校的学科专业现状与发展规划，建立形成符合学科专业发展要求的宏观组织构架；三是加强提升效能机制，即要变革应用技术型内部治理方式，提高管理效能；四是文化提升机制，应用技术型高校要结合办学和治理目标，培育文化特色。①

葛天博认为，应用技术型高校治理机制包括以下几个方面：一是决策机制，因为应用技术型高校建设的推动力量来自学校顶层，通过加强决策机制，促进学校决策层科学细致地构思设计，实现全校自上而下在理念、方式、内容上的转向发展。二是加强绩效机制，构建绩效分类、分层、分段项目化考核分配机制。此外，还要构建协同研发和转化机制，通过市场需求引领学校的研发方向，并尽快将研发成果转化为现实生产力，从产研对接来加强机制的优化。②

总体来看，国内外学者对高校治理机制的研究取得了一定的成果，主要采用的治理机制体现在组织机制、协商合作机制、绩效机制、权力机制、决策机制等方面。研究者们从不同的侧面揭示了高校治理机制的重要性与基本内容。

## 1.2.1.6　关于高校治理效果评价的研究

从高校治理效果的评价看，学者玛丽·伯尔根（Mary Burgan）认为，当今推动高等教育增长和变革的两大动力为全球化和公司化（globalization and corporatization），这些动力都强化了高校治理评价的衡量问题，即原本大学只需要关注教学和科研，现在则增加了非学术性的利益关注，学校的外围不断地增加利益相关者，而各个利益相关者之间的博弈日趋复杂，都试图对大学加以控制，因此有必要从教学、科研、非学术的利益和影响等各个方面进行综合评价。③

针对高校治理的评价问题，布林克曼（Brinkman）的研究则主要集中在对高

---

① 徐立清. 我国应用型大学的组织特征与体系设计［J］. 江苏高教，2013（5）：25-27.
② 葛天博. 新建本科院校转向应用型大学的构设［J］. 北京教育学院学报，2015，29（1）：25-27.
③ Mary Burgan. Why Governance? Why Now? ［M］//William G. Tierney（eds.）. Competing Conceptions of Academic Governance. Johns Hopkins University Press，2002：156.

校的单位教学成本方面进行考评。他定量分析了影响研究型高校单位教学成本的因素，并结合前人的研究成果发现，教师的教学负荷、课程范围、教学水平、学生类型对于单位教学成本都有着重要影响，并重点关注高校的规模经济对高校治理的影响。① 克拉克·克尔（Clark Kerr）通过对高校生均成本与绩效的相关性研究，证明高校生均成本与高校治理绩效的提高有着较高的相关系数，但其成本的边际效应并不显著。② 针对高校绩效多投入、多产出的特征，查恩斯（Charnes）、库珀（Cooper）等人从经费、效率、资源分配以及生产力等方面对高校治理效果进行评价。③

针对高校治理效果的评价问题，国外学者开始重视对高校治理责任的研究，强调治理问责。马丁·特罗（Martin Camoy）将问责定义为"向他人汇报、解释、证明及回答资源是如何使用的，并达到了什么效果"④。美国田纳西大学的教授格雷迪（Grady Bogue）指出，在 20 世纪末和 21 世纪初期，问责制已经成为高等教育的主要政策，不管是在美国还是在其他国家，都通过问责制来评价治理效果。⑤

美国学者琳达.安克尼尔（Linda McSpadden McNeil）等人认为，标准化的、高风险的、以测试为基础的问责制已成为美国最具影响力的联邦教育政策。⑥ 美国州立学院及大学协会与美国高等教育认证协会（Council for Higher Education Accreditation, CHEA）在一份名为"对学生学业新的领导与问责：一份对原则、责任与行动的声明"的报告中指出，"我们有责任监控学生的学习与发展，运用

① Paul T. Brinkman. Factors Affecting Instructional Costs at Major Research Universities [J]. The Journal of Higher Education, 1981, 52 (3)：266-279.

② Clark Kerr. The Uses of the University [M]. New York：Harper Torchbooks, 1966：58.

③ Charnes A, Cooper W, Rhodes E. Measuring the Efficiency of Decision Making Units [J]. European Journal of Operational Research, 1978 (2)：429-444.

④ Martin Camoy. 教育经济学国际百科全书 [C]. 闵维方，等，译. 北京：高等教育出版社，2000：63.

⑤ Grady Bogue, Chancellor Emeritus, Kimberely Hall. Corporate：Political and Academic Perspectives on Higher Education Accountability Policy [J]. Assessment in Higher Education, 2010, (H)：1-32.

⑥ Linda McSpadden McNeil, Eileen Coppola, Judy Radigan. Avoidable Losses：High-Stakes Accountability and the Dropout Crisis [J]. Education Policy Analysis Archives, 2008 (3)：1-47.

问责的结果不仅提高了我们的教育质量，也向公众证明了我们工作的价值"①。正如德里克·博克所说："学术机构更具有特殊的理由思考其社会责任。如果大学想充分认识自己在当今社会中的真正作用和目的，那它就必须审视自己的社会责任。"② 美国学者德莱赛尔（Paul L. Dressel）也指出："大学不仅从社会得到了支持和权威，而且必须以社会为导向，承担起社会责任。其教育项目必须适应社会需要。"③

针对高校治理效果的评价问题，国内学者也进行了广泛的探索。例如，学者朱家德认为，在治理效果及其评价上，提高大学治理的有效性是各国政府和大学的追求，完善治理结构是大学实现有效治理的必要条件，有效的治理结构表现在形式有效和实质有效两个方面。随着大学内外部环境的变化，西方国家的政府和大学都把提高大学治理的有效性作为高等教育发展的重要课题。西方国家在提高大学治理结构有效性方面的主要举措有：以民主参与原则为指导，扩大大学决策主体的范围，从而提高治理的形式有效性；以提高决策效率和资源配置效率为目标，赋予大学法人身份和更多的自主权，同时削减教授权力并在学校层面形成强有力的行政中枢，从而提高治理的实质有效性。为完善具有国际视野的中国特色现代大学制度，我国大学应提高治理的实效性，重点扩大党委会委员的来源；同时，落实和扩大办学自主权，防止党委领导下的校长负责制异化为党委书记领导下的校长负责制，提高治理的实质有效性。④

还有学者对国外高校内部治理评价展开了研究。例如，胡建华论述了20世纪90年代以来日本大学内部评价制度的形成与发展。从产生过程来看，日本大

---

① American Association of State Colleges and Universities and Council for Higher Education Accreditation. New Leadership for Students Learning and Accountability：A Statement of Principles, Commitment to Action ［R］. Washington D. C., 2008：1-8.

② 德里克·博克. 走出象牙塔——现代大学的社会责任 ［M］. 徐小洲，陈军，译. 杭州：浙江教育出版社，2001：11.

③ Paul L. Dressel. Handbook of Academic Evaluation ［M］. San Francisco：Jossey-Bass, 1976（Ⅺ）.

④ 朱家德. 提高大学治理的有效性——20世纪60年代以来西方大学治理结构变化的总趋 ［J］. 中国地质大学学报（社会科学版），2012，12（6）：123-130.

学评价制度走的是一条先开展大学自我评价,后组织专门机构实施大学评价的道路。从制度构成来看,日本大学评价制度采取的是以自我评价为前提,自我评价与外部评价相结合的方式。从机构属性来看,大学评价、学位授予机构不同于一般的政府机构,不执行行政职能,它是具有高度独立性的学术机构。① 王洪才教授认为,美国大学界建立了以专业委员会为主的大学治理评价机构,有效地缓解了大学办学与社会需求之间的矛盾,保证了大学办学的基本质量,促进大学有效地关注社会需求。② 康宏指出,最具代表性的是担负美国高等教育质量保障职责的区域性大学联合会组织。该组织负责大学质量认证,而且以民间身份出现,大学根据自愿来参加认证组织并接受认证。③ 美国联邦政府教育部下设认可组织负责对认证组织的资质进行鉴定,从而保证了国家利益与大学自治的平衡。④

周坤顺、翟华云从高校内部治理评价体系的构建研究为切入点,认为高校内部治理评价体系的构建是一个复杂的系统工程,为保证其有效性,评价指标体系的设计和构建应遵循科学性原则、系统性原则、客观性原则、可行性原则。指标体系的设计应具有较强的可操作性,能够满足实际工作的需要,切实可行。评价指标的选择必须从实际出发,使评估者能够通过指标体系对高校内部治理情况进行判断和评价。基于高校内部治理评价体系构建的原则和依据,在大学章程的制度保障下,探索建立以党委常委会为最高决策机构,以校长为首的行政管理层为执行机构,以教授委员会主导下的各类委员会为学术决策机构,以高校理事会为决策咨询机构,以纪监委员会为主要监督机构,落实院(系)的办学自主权,加强高校财务透明性及信息披露,加强教师、学生、群众团体等利益相关者参与高校事务的程度和表达意愿的程度,构建起决策权、执行权和监督权既相互制约

---

① 胡建华. 90 年代以来日本大学评价制度的形成与发展 [J]. 外国教育研究, 2001, 28 (1): 6-10.

② 王洪才. 大学治理的内在逻辑与模式选择 [J]. 高等教育研究, 2011, 33 (9): 24-29.

③ 康宏. 美国院校认证标准的价值研究——以中北部协会为例 [J]. 大学(学术版), 2012 (3): 67-71.

④ 赵宇新. 当代美国高等教育评估历史与制度 [J]. 大学(学术版), 2011 (10): 53-63.

又相互协调的内部治理结构。①

王敏在《效率与公平：高校治理结构的价值选择》一文中对高校内部治理结构进行了评价。认为一是关注组织治理中的效率与公平，二是关注高校治理中的效率机制与合法性机制。因此如何在学术规范、学术评价、科学研究以及教育教学等方面，充分考虑效率机制和合法性机制的差别，进而对治理结构及相应的制度安排进行评价，对效率与公平价值选择加以协调，需要高校利益相关者的共同参与和多方努力，这样才能优化高校治理结构，提升高校经营管理水平。②

此外，针对应用技术型高校治理评价问题，目前也有了一些相关的研究。例如，孙建京教授认为，在建设现代大学制度的背景下，应用技术型高校治理要注重内外协调，处理好内外关系，加强效果评价。而评价应用技术型高校的治理效果需要遵循以下标准：有先进的应用型大学理念，有应用型人才的培养模式，有适合应用型教育的师资队伍，有良好的办学条件；"在此基础上，有条件的应用型大学应该在同类院校中争创一流"。③

时伟教授认为应用技术型高校治理效果与学校治理文化密切相关，因此在应用技术型高校治理评价上要注重学校治理文化。其认为，治理文化是长期积淀的结果，是一种新的文化样式，有助于学校做好相应的顶层设计，能促进学校领导转变办学理念，引领广大教职工凝聚共识。另外，逐步建构符合应用型办学定位的治理文化，有助于应用技术型高校确立正确的决策理念、促进师生达成参与共识。此外，其认为在效果评价上还要注重检验应用技术型高校是否推行了有效激励制度，有效的激励可促进教师、企业行业等主体的认识和参与。

刘学忠教授提出借鉴国外应用技术型高校治理中的合作教育委员会、职业教

---

① 周坤顺，翟华云．高校内部治理评价体系构建研究［J］．财会通讯，2013（10）：19-22.

② 王敏．效率与公平：高校治理结构的价值选择［J］．西南民族大学学报（人文社会科学版），2013（6）：221-226.

③ 孙建京．基于现代大学制度的应用型大学建设探讨［J］．北京联合大学学报，2015，29（2）：8-10.

育和企业委员会、协作项目顾问委员会的经验，新组建一种合作教育、协同育人之类的专门中介组织，搭建利益相关方沟通平台，发挥专业化的中介服务与第三方评价与监督作用。①

从以上研究可以看出，国内外学者对高校治理的效果评价已经取得一定的研究成果，主要涉及教学科研评价、利益影响评价、效率与生产力评价、责任绩效评价、专业委员会与理事会评价、文化评价、中介评价等方面，从不同侧面揭示了高校治理评价的手段与方法。

## 1.2.2 国内外研究评析

纵观国外研究现状，目前国外学者们对于高校治理这一研究问题进行了较为广泛和系统的探究，对高校内部治理的问题分析和对策探讨也取得了一定的成果。

从国外学者的研究来看，关注的重点包括以下几个方面：第一，高校治理中的董事会作用，认为董事会在治理中所起的作用非常关键，通常董事会由校内外代表共同组成，而且董事会是学校最高权力机构之一，主导学校运行，掌握着学校发展的宏观政策和方向。② 第二，具有鲜明特色的"校—学院"双层级治理，呈现了其高校治理是在学校的宏观指导下，学院自主管理本院的教学、科研和行政工作，学院有较大的学术自主权。第三，国外学者还阐释了高校治理中的一种"双边治理"，即能广泛代表校内外利益的双向治理活动，包括高校治理中理事会领导机构的重要作用、理事会治理的主要方式，同时介绍了高校双向治理活动中其他委员会及治理团体的作用，如审计委员会、财政委员会、学术委员会、学生事务委员会四个常设委员会，以及政策评论委员会等治理参与机构，通过这些委员会的广泛参与来进行治理协调。第四，部分学者介绍了国外高校治理中的一些典型模式，提供高校治理的经验，如教学人员治理模式、公司治理模式、利益

---

① 刘学忠. 地方应用型大学协同育人体制机制新探 [J]. 国家教育行政学院学报，2017（9）：67-72.

② Establishment of the Board of Trustees [EB／OL]. (2009-12-10) [2024-03-12]. http：／／trustees. msu. edu／about／establishm ent. htm.

相关者治理模式、复合治理模式等。第五，关注高校治理中的责权利问题，重点介绍如教授治学、学术权与行政权合理配置等问题。

从国内现有研究情况来看，关于高校治理问题的研究也取得了一定的进展，形成诸多有价值的成果。第一，强调要处理好高校内外部治理关系。很多学者认为，高校治理是高校组织内部管理与外部制度环境的互动过程，高校治理要处理好政府与高校、市场与高校以及高校内部之间的关系，认为高校治理要适应现代社会环境的变化，遵循大学内在逻辑。第二，强调权责配置。学者们认为高校治理要遵循高等教育发展的内在逻辑，强化与市场、社会的利益关系，注重高校治理的权力关系，重视高校治理主体之间的权责配置，强调高校治理秩序的合理构建，提出要将党政管理与学术自主结合起来，理顺行政权力和学术权力之间的关系，注重权力配置及其运行状况。第三，强调现代大学制度建设。部分学者认为高校治理问题的本质是完善与建立现代大学制度，完善的高校治理结构是大学制度的重要内容，高校治理的实质就是要引导并推进高校治理发展水平，促进运行机制的规范与协调。第四，强调治理效果的评价问题。部分学者提出要结合治理过程，注重治理结构的优化运行，在治理效果评价上要加强和扩大评价范围，注重评价的科学性和指标的合理制订。第五，在高校治理效果的评价上，普遍强调科学性、系统性和原则性相结合，注重教学与科研、利益与影响、质量与效益等方面相结合的评价。

纵观国内外的诸多研究，为本书提供了许多可供借鉴的视点。当然，国内外的研究领域中也存在一些尚待开发和探讨之处。通过分析现有研究成果，高校治理问题的相关研究在研究视域、研究内容、研究过程等方面还有一定局限，可进一步系统化和具体化，因此为本书提供了研究的空间。

第一，对应用技术型高校治理的研究偏少。从总体来看，国内外学者在高校治理问题上多是对研究型大学展开研究，且多数是以世界一流的研究型大学治理模式为参照物，进而分析其内涵与现状，探究其存在的问题与原因，并提出相应的对策，对于非研究型大学治理的探索相对偏少。在对应用技术型高校的治理问题研究方面，主要集中在对国外某些类似高校的治理经验进行阐释，对应用技术型高校治理的有效性、治理影响因素等方面缺乏系统分析，对应用技术型高校治理的对策研究也不够全面。

第二，需进一步加强研究内容的针对性和具体化。从国内外学者在高校治理问题上的研究来看，其研究领域上多注重于探讨行政权力与学术权力的相关性及权力配置关系的重要性。有的研究注重于分析大学制度建设，强调大学制度建设对于高校治理的作用，然而对于高校治理的本质影响因素及特征的研究偏少；有的注重于分析大环境下高校治理的环境文化，强调治理文化和环境建设对于高校治理的重要作用，然而具体到面向特定高校如应用技术型高校治理的环境文化建设，则很少涉及。有一些研究注重于分析高校治理过程中主体间关系的理顺，并没有上升到比较具体的高校治理重点领域。因此，从已有的研究领域来看，虽然相关研究成果比较多，但针对性不够强，研究领域宽泛但不够具体。

第三，需进一步加强系统化的研究。国内学者对高校治理的研究多侧重对学术权力和行政权力的探讨，研究多是以我国高校管理体制为背景，将学术权力与行政权力分开论述，研究两者的区别与联系以及两种权力在我国高校的实际运行状况，并与国外大学的学术权力运行进行一定的对照比较。虽然这对进一步推进我国高校内部管理体制改革具有重要的作用，但从高校治理的具体问题看，实证研究有待进一步加强。同时，国内学者对于地方普通高校这一特定类型高校的治理问题探讨尚处于起步研究阶段，有待进一步系统化研究地方普通高校的治理问题。

当前，地方普通高校转型发展中的治理问题已经成为一个重要的研究命题，地方普通高校的治理问题涉及多元主体，其影响因素也是多元化的，在地方普通高校治理问题的探讨上也存在多个维度。我国地方普通高校治理问题解决的好坏，会直接影响教育发展和区域经济发展，影响高等教育质量提升和国家所提出的办好人民满意的教育等重大方针的贯彻与执行，所以迫切需要教育研究者们对这一问题进行更为系统和深入地研究。因此，本书立足于社会发展和教育发展需要，针对我国地方普通高校向应用技术型高校转型过程中面临的挑战和困境，在对国内外现有相关研究成果进行梳理和总结的基础上，系统探索我国地方普通高校转型发展中的治理问题，亦有很大的研究空间。

## 1.3　研究思路与方法

我国地方普通高校转型发展中的治理处于研究的起步阶段，已有的研究中涉及的内容不多。地方普通高校的治理涉及多个层面，各层面之间也存在相互交错的状况，是一个较为复杂的问题。而我国地方普通高校转型发展中的治理实际状况并不乐观，无论是在治理意识观念上，还是治理行动上，都存在较多的问题。本书围绕我国地方普通高校转型发展中的治理这一重要命题，主要采用了以下研究思路和研究方法。

### 1.3.1　研究思路

本书遵循"提出问题—分析问题—解决问题"的总体思路，着重解决"为什么""是什么""怎么做"这三大问题。首先，在对国内外相关文献梳理分析的基础上，构建我国地方普通高校转型发展中治理问题的理论分析框架，诠释为什么要通过治理来解决地方普通高校的转型发展问题，以及我国地方普通高校的治理困境及其面临的新问题、新要求、新挑战。其次，通过对我国地方普通高校治理现状进行分析，结合理论研究和调查研究，对地方普通高校的治理存在的问题和导致问题的原因进行深入探讨。此外，系统分析国外具有代表性的应用技术型高校的治理概况及特点。最后，在理论分析及问题分析的基础上，探索完善我国地方普通高校转型发展中治理的主要原则及策略。

### 1.3.2　研究方法

根据本书的研究对象以及研究问题，结合研究目标和研究内容的需要，本书综合运用了以下具体的研究方法。

#### 1.3.2.1　文献法

通过 CNKI、万方、维普、超星数字图书馆等中文学术文献数据库，Baidu 和 Google 搜索引擎，以及 EBSCO、ProQuest 等英文学术文献数据库，全面查阅国内外关于高校内部治理等方面研究的文献，为理论基础的搭建做好文献准备。通过查找文献资料，了解国内外在高校治理方面的研究状况，特别是国外典型职业技术类高校治理的有益经验，从正反两个方面吸收经验与教益，加强历史与逻辑的统一，启发自己的研究思维。

## 1.3.2.2  调查研究法

本书采用问卷调查法，对我国地方普通高校治理现状和问题进行调查研究。问卷调查内容涉及地方普通高校治理的现状、治理满意度、治理主体的参与、权力配置状况、转型高校内部制度的执行情况、院系二级治理状况、本科教学实施状况、治理效果评价等内容，并进行量化分析。调查对象包括地方普通学校领导、院系负责人、教授、一般教职工、学生等。

为进一步厘清当前我国地方普通高校治理的现状，本书还运用了访谈法。访谈内容包括地方普通高校治理中的权力配置现状、现阶段转型发展中面临的主要问题，教职工代表大会、学术委员会、董事会的运作状况，大学章程建设以及校企合作大致状况等。访谈对象主要包括学校领导、院系负责人、教授、一般教职工、学生、企业行业代表等。

## 1.3.2.3  比较研究法

本书借助比较研究法，对德国、芬兰、澳大利亚的应用技术型高校治理经验及其特点进行了国际比较，分析了国外应用技术型高校治理的典型特点，总结其体现出的共性，也客观考察其不同之处。同时，本书也进行了一定的区域比较，分析我国地方普通高校在东部、中部、西部三个地区的治理状况。通过比较研究，促进本书客观地阐释当前我国地方普通高校治理中存在的问题及其原因，为完善我国地方普通高校转型发展中治理的原则及策略提供科学有效的借鉴与参考。

## 1.3.2.4  政策分析法

本书采用政策分析法，对我国地方普通高校转型发展中的治理过程密切相关的国家教育政策，以及本书所选取的东部、中部、西部三省的地方普通高校治理的省级教育政策进行分析，呈现地方普通高校转型发展中的治理相关政策制度内容及其变迁情况，有助于本书合理地把握我国地方普通高校治理政策方向与内容，为完善我国地方普通高校转型发展中治理的原则和策略提供相应的政策参考。

## 1.4　研究的重点、难点和创新点

对研究重点、难点和创新点进行分析，有助于把握研究的方向与脉络。本书研究的重点、难点以及创新点，主要体现在以下几个方面。

### 1.4.1　研究的重点

从研究内容来看，本书主要包括四个方面的研究问题。

#### 1.4.1.1　我国地方普通高校转型发展中治理问题的理论分析

本书通过对地方普通高校转型发展中的治理问题有关的重要概念进行界定，明晰研究对象所包含的范围与意义，分析研究的理论基础，构建地方普通高校转型发展中的治理问题的理论分析框架。通过理论分析，探析地方普通高校转型发展中的治理问题的理论依据和理论分析框架，为本书研究的进一步推进打下坚实的理论基础。

#### 1.4.1.2　国外应用技术型高校典型治理经验及特点分析

本书梳理国外典型的应用技术型高校治理概况与特点，如德国应用技术型大学、芬兰应用技术大学、澳大利亚 TAFE 学院等，为我国地方普通高校的治理策略构建提供科学的参考与借鉴。同时根据国外应用技术型高校治理的成效与经验，亦为我国地方普通高校转型发展中的治理完善原则与完善策略的构建提供更多的现实借鉴依据。

### 1.4.1.3  我国地方普通高校转型发展中的治理问题及原因分析

客观地分析我国地方普通高校转型发展中治理存在的问题及其原因，同样是本书的一个重点内容。本书通过问卷调查、访谈和典型案例分析来深入考察我国地方普通高校转型发展中的治理现状，分析治理中存在的问题，在此基础上，深入地探讨导致地方普通高校转型发展中治理存在诸多问题的主要根源。

### 1.4.1.4  转型发展中的地方普通高校治理的完善原则及完善策略

本书的最后一个研究重点是，在系统分析我国地方普通高校转型发展中的治理现状、存在的问题及其原因后，为了解决地方普通高校转型发展中治理存在的诸多问题，提出有针对性的治理完善原则和完善策略，以推进地方普通高校科学转型。

## 1.4.2  研究的难点

国内外对高校治理理论研究和实践研究还不够全面，关于我国地方普通高校向应用技术型高校转型的研究也是一个新问题，国内研究成果还不够丰富。因此，本书在研究进展中面临许多需要解决的问题，绝非一件容易的事。就本书而言，所面临的研究困难主要在于以下三点。

### 1.4.2.1  我国地方普通高校转型发展中的治理现状与问题分析

我国地方普通高校的转型发展是一个较为复杂的问题，探讨地方普通高校转型发展中的治理问题离不开学校治理发展的实际，为此，需要较为清晰地了解我国地方普通高校转型发展中的治理现状，客观分析其治理中存在的问题。限于时间、空间等因素，有效了解地方普通高校转型发展中的治理现状以及存在的问题必然是研究中的一个难点。

### 1.4.2.2  地方普通高校转型发展中内部多元治理主体交互作用及权责关系的厘清

虽然国家提出了地方普通本科高校的转型发展思路，但是到底应该如何转型，需要厘清不同主体之间的协调互动关系，并且要明确各自在地方普通高校治理过程中的权责关系。而当前地方普通高校仍然面临许多新的问题与挑战，比如治理观念转变问题、师资队伍转型问题、学校管理体制机制改革问题、利益相关者的责任与权利分配问题等。地方普通高校为应对这些新的挑战，必然要对治理模式进行变革，其治理主体也会呈现多元化，如何厘清处于转型发展中的地方普通高校内部多元治理主体间的交互作用及其权责关系，也是研究的难点。

### 1.4.2.3　转型发展中的地方普通高校治理的完善原则及策略

对于处于转型发展中的地方普通高校的治理来说，要提出有针对性的完善原则和对策，既要以治理理念作为研究的基础起点，更需要与社会发展及教育转型发展的具体要求相结合。明确地方普通高校的治理原则，分析地方普通高校在转型发展中的治理所涉及的多元主体、多重因素、多方协作的共同影响作用，并尝试提出转型发展中的地方普通高校治理的完善策略，这亦是研究中的一个难点。

## 1.4.3　研究的创新点

本书的创新点主要包括以下三个方面：

第一，研究视野的拓展。从已有的研究文献来看，以"地方普通高校转型发展中的治理问题"作为研究对象的相关研究不够系统化，内容也不够全面。因此，本书针对我国地方普通本科高校向应用技术型高校转型发展过程中，地方普通高校治理所面临的挑战和问题，对地方普通高校治理问题进行了系统的研究，进一步拓宽了研究视野。

第二，构建了地方普通高校转型发展中治理问题的理论分析框架。本书在对国内外研究文献系统梳理后，分析了我国地方普通高校转型发展中治理问题研究的理论基础，在此基础上，创建了地方普通高校转型发展中治理问题的理论分析框架，将其划分为治理目标、治理依据、治理主体、权责配置、治理方式、治理效果六个维度。

第三，研究观点上的创新。面对目前我国地方普通高校在转型发展中出现的治理目标不够清晰、治理依据不够充分、治理主体参与度不高、权责配置不够合理、治理方式比较单一、治理能力不足和治理效果不突出等问题，本书创新性地提出了五大完善原则和七大完善策略。具体来说，五大完善原则包括：坚持党的领导，以人为本，多元主体参与，特色办学，民主管理。七大完善策略包括：全面加强党的领导，统一思想，形成治理合力；优化地方普通高校内部的权责配置；转变政府职能，扩大并落实地方普通高校的办学自主权；明确治理目标，提高治理能力；建立健全相关的法律法规制度；优化治理方式；充分发挥企业行业在地方普通高校治理中的作用。

# 2  概念界定与研究的理论基础

我国地方普通高校的转型发展是党和国家根据社会发展和教育发展要求所提出的一种教育转型，它也是高等教育内外部规律共同决定的一种历史使命。地方普通高校的转型发展不是一蹴而就的，而是一个从理论到实践的全面探索过程，涉及多主体、多因素、宽范畴以及复杂程序。地方普通高校在转型发展中的有效治理是地方普通高校实现科学转型与内涵式发展的关键。

## 2.1  基本概念界定

概念是思维的基本形式之一，它反映事物的最一般的特征，是后续研究的逻辑基础和理论前提。而概念界定是逻辑学术语，即下定义。要分析和厘清地方普通高校内部治理有关理论问题，首先必须要对基本概念进行一定的界定，了解其内涵或外延，把握治理、地方普通高校治理、地方普通高校转型发展等概念。

### 2.1.1  治理

从"治理"一词的早期定义来看，治理（governance）一词最开始是来自古典拉丁语和古希腊语，其本义是"控制、引导和操纵"，在很长一段时间里，治理与统治（government）被当作同一概念，两个词经常轮换使用，并没有严格进行区分。随后，治理概念的正式出现与现代社会科学的"典范危机"直接相关①，全球化进程的加快也促进了治理理论的兴起。西方部分学者们认为，治理

---

① B. Jessop. The Rise of Governance and the Risk of Failure: the Case of Economic Development [J]. International Social Science Journal, 1998 (155): 35.

的目的就是适应国家和民族发展需要，根据全球化发展的趋势与要求，采取一系列措施以适应外在环境变化所提出的根本要求。① 1992 年，世界银行的《治理与发展》报告中更加系统地阐述了关于治理的界定，指出治理就是各种各样的政府性和非政府性组织、私人企业及社会组织运用权力的方式，其目的是促进国家和社会经济的发展，以及促进社会资源的调配与协调使用。②

在公共管理领域，詹姆斯·N. 罗西瑙（James N. Rasenau）认为"治理是一种规则体系，这种规则体系应该是被多数人接受的，它是一种与统治不同的管理制度，两者的运行机制也不同"。③ 库伊曼（J. Kooiman）和范·弗利埃特（M. Von Vliet）指出，治理"是依靠彼此进行统治或互相发生影响的行为者的协调互动，促进公共事务内部较好的管理秩序，以达到相互之间良好关系结构的形成"。④ 罗茨归纳了六种关于治理的用法：第一，作为最小的国家管理活动的治理，它指的是国家削减公共开支，以最小的成本取得最大的效益。第二，作为新公共管理的治理，它指的是将市场的激励机制和私人部门的管理手段引入政府的公共服务。第三，作为公司管理的治理，它指的是指导、控制和监督企业运行的组织体制。第四，作为社会控制论的治理，它指的是政府与民间、公共部门与私人部门之间的合作与互动。第五，作为自组织网络的治理，它指的是建立在信任与互利基础上的社会协调网络。第六，作为善治的治理，它指的是强调效率、法治和责任的公共服务体系。⑤ 公共管理学中，不同学者对治理进行了多种界定，使得治理一词的含义丰富同时又稍显混乱，以至于鲍勃·杰索普（Bob Jessop）对治理进行了一句经典的评价，"治理成为一个可以指涉任何事物的毫无意义的时髦词语"⑥。

全球治理委员会于 1995 年发表了一份《我们的全球伙伴关系》的研究报告，

---

① J. Pierre. Introduction：Understanding Governance ［M］//Debating Governance. New York：Oxford University Press, 2000：95.

② World Bank. Governance and Development ［C］. Washington D. C. ：World Bank, 1992：3.

③ 詹姆斯·N. 罗西瑙. 没有政府的治理 ［M］. 南昌：江西人民出版社, 2001：65.

④ J. Kooiman, M. Von Vliet. Governance and Public Management ［M］. Sage Press, 1993：25.

⑤ 罗茨. 新治理：没有政府的管理 ［J］. 杨雪冬, 译. 政治学研究, 1996（154）：8.

⑥ 俞可平. 治理与善治 ［M］. 北京：社会科学文献出版社, 2000：2-4.

提出了治理的四个特征，包括"治理不是一整套规则，也不是一种活动，而是一个过程；治理过程的基础不是控制，而是协调；治理既涉及公共部门，也包括私人部门；治理不是一种正式的制度，而是持续的互动"。① 这些特征随后被广泛地应用于多个社会领域中，有效地促进了治理理论研究和治理实践的发展。全球治理委员会对治理的表述具有较大的权威性。②

综合学者们对治理概念的有关界定，笔者认为，治理主要是指在对某一项公共事务进行管理的过程中，确立一定的行动目标，推动多元主体参与，注重权责合理配置，优化管理运行方式，采用灵活的治理方法与手段，有效促进多元主体加强对话与沟通协调，共同对公共事务进行一种持续互动的合作管理过程。

## 2.1.2　地方普通高校治理

地方普通高校也称为地方所属高等学校，是指隶属各省、自治区、直辖市，主要依靠地方财政供养，由地方行政部门划拨经费的普通高等学校。截至2017年5月31日，全国高等学校共计2914所，其中普通高等学校2631所（含独立学院265所）。③ 地方普通高校是我国普通高等学校中的主体部分之一，也是我国高等教育体系的重要组成部分，其主要以服务区域经济社会发展为目标，着力培养适应地方经济发展所需要的高素质人才。根据研究需要，本书中的地方普通高校限定为转型发展中的地方普通公办本科高校，不包括民办高校。第一，从办学定位来看，地方普通高校传统的办学定位主要是面向经济社会发展需要，注重学科专业齐全、多学科均衡发展的学术型办学。第二，从人才培养目标来看，地方普通高校主要是培养德、智、体全面发展的高素质学术型专业人才，其更偏重于基本理论知识的传授和学生综合素质的培养，满足学生进一步深造和全面提升综合素质能力的需要。第三，从满足社会发展需要来看，地方普通高校注重与经

---

① Commission on Global Governance. Our Global Neighborhood [M]. New York: Oxford University Press, 1995: 2.

② Smouts Marie-Claude. The Proper Use of Governance in International Relations [J]. International Social Science Journal, 1998 (155): 25-27.

③ 教育部. 全国高等学校名单 [EB/OL]. (2017-06-14) [2024-03-20]. http://www.moe.gov.cn/srcsite/A03/moe_634/201706/t20170614_306900.html.

济社会的同步发展。

结合前文对治理概念的界定，笔者认为，地方普通高校治理是指对地方普通高校进行有效管理的过程中，确立地方普通高校科学合理的治理目标，推动多元主体在学校管理事务中的有序参与，合理配置学校内外部相应的权责，优化学校管理方式，采用灵活的治理方法与手段，有效加强多元主体之间的沟通协调，共同对地方普通高校进行一种持续互动的合作管理过程。

## 2.1.3 地方普通高校转型发展

所谓转型，就是指事物的结构形态、运转模型和人们观念的根本性转变过程。转型是一个涉及较多层面、范围较广且具有一定抽象性的概念，它包括社会转型、经济转型、教育转型等多方面。而发展是指事物由小到大、由简单到复杂、由低级到高级、由旧物质到新物质的运动变化过程。

考察已有的研究资料，地方普通高校转型发展这一概念大致是从 2013 年开始出现，2014 年在教育部文件中正式提出。2013 年 6 月，应用技术大学（学院）联盟在教育部的指导下成立，联盟致力于促进中国高等教育的分类管理，强调完善现代职业技术教育体系。随后，应用技术大学（学院）联盟在 2013 年发布《地方本科院校转型发展实践与政策研究报告》，指出我国部分地方普通高校应实现以学科学术型人才培养为主向以应用技术型人才培养为主的模式转变，实现学术性专业人才教育模式向职业性专业人才教育模式的转变。

教育部在 2014 年的工作要点中明确提出，要引导一批地方普通本科高校向应用技术型高校转型。随后在 2014 年 2 月 26 日，国务院常委会议进行了一项重要部署，提出要引导一批地方普通本科高校向应用技术型方向转型发展，此后逐渐出现了一些与地方普通高校转型发展这一概念有关的探索。从具体过程来看，起初是国发〔2014〕19 号文《国务院关于加快发展现代职业教育的决定》（2014年 5 月 2 日成文，6 月 22 日发布）中强调，要引导普通本科高等学校转型发展，并提出采取试点推动、示范引领等方式，引导一批地方普通本科高等学校向应用技术类型高等学校转型，重点举办本科职业教育。这一文件明确了地方普通高校转型发展的必要性与重要意义。2014 年底，首届产教融合发展战略国际论坛以

"建设中国特色应用技术大学"为主题，进一步强调要大力推进地方普通高校的转型发展。

近年来，我国学者也对地方普通高校转型发展这一内涵进行了研究。例如，曲绍卫教授等人认为，地方普通高校的转型发展主要是解决定位、方向和路径三个方面的困惑，即原来是什么类型、向什么方向转型以及如何转型发展。[①] 张应强教授指出，地方普通高校的转型发展就是要解决和促进地方普通高校实现"双师型"教师队伍转型，实现教学体系由知识教学向实训教学转型，实现校企深度合作等三个方面的问题。[②] 董立平认为，地方普通高校的转型发展就是要促进地方普通高校优化地方产业结构所需求的学科专业结构；构建以专业技术能力体系为核心的课程体系和质量标准体系；加强实践教学的实效性；加强双师型队伍建设；建立产学研良性互动机制，以高质量的应用技术型人才培养和应用技术研究服务地方。[③]

综上所述，笔者认为，地方普通高校转型发展是指按照党和国家对教育领域改革的部署，促进和引导一批地方普通高校合理定位，优化学科专业结构，加强应用技术型人才培养，建设"双师型"教师队伍，实现校企深度合作，进而促进地方普通高校向应用技术型方向合理转型与科学发展。

## 2.2 相关概念辨析

要全面而系统地分析和掌握地方普通高校发展的理论内涵，除了探讨基本概念外，还需要对相关概念进行辨析，以促进对理论观点和相关范畴的理解与把握。为了系统和深入地研究地方普通高校治理问题，必须要对"治理"的相关概念进行辨析，以规范研究的逻辑起点。

---

① 马世洪，曲绍卫. 地方本科高校"转型"：困惑、论争与突破 [J]. 职教论坛，2015（10）：43-47.

② 张应强. 地方本科高校转型发展：可能效应与主要问题 [J]. 大学教育科学，2014（6）：29-34.

③ 董立平. 地方高校转型发展与建设应用技术大学 [J]. 教育研究，2014（8）：67-74.

## 2.2.1  治理与管理

治理不同于管理（management），"管理"一词来自"manus"，意为亲自控制。后来，该词被美国学者运用于管理学中，意指"为实现一定目标而进行的活动"。科学管理之父泰勒认为，管理就是指在管理活动中，制定明确的活动目的，促进被管理者知道要如何去实施，并且促进他用最好的、相对科学的方法去实施①。1978 年诺贝尔经济学奖获得者赫伯特·西蒙提出"管理即制定决策"；同时西蒙也曾提出，管理是一个系统化的过程，即要根据系统发展的客观规律，通过理顺系统内外部的各种关系，对这个系统施加影响，从而使这个系统遵循规律，并促进新状态的生成过程。② 亨利·法约尔认为，"管理是所有的人类组织都有的一种活动，这种活动由五项要素组成"③。还有学者提出，管理是社会组织中，为了实现预期的目标，以人为中心进行的协调活动。④ 总体来说，管理是指在一定的社会活动中或者在特定的环境条件下，以人为主体，通过计划、组织、指挥、协调、控制及创新等一系列手段，对某一活动组织所拥有的人力、物力、财力、信息等资源进行有效的衡量，从而加强合理决策、促进相关各项工作的协调，以期有效地实现既定的目标的过程。

从运行方式和权力配置来看，治理与管理这两个概念是不相同的。第一，从运行方式来看，管理主要强调自上而下的一种行动方式，治理强调互动和协调运行；第二，管理注重主体的权利保障，促进主体有效督促客体加强执行力，治理则充分体现各相关主体的权利；第三，管理突出政府或上级组织的行政权威，治理包含更多能发挥主体组织调节作用的功能。

从两者的基本目的来看，治理与管理的概念是有所区别的。一般来说，管理的目标是促进企业或某一组织的生产与经营目标，加强产出效率，促进企业或组

① 泰勒. 科学管理原理 ［M］. 北京：中国社会科学出版社，1980：57.
② 赫伯特·西蒙. 管理行为 ［M］. 北京：机械工业出版社，2007：80.
③ 亨利·法约尔. 工业管理与一般管理 ［M］. 成都：四川人民出版社，2007：138.
④ 周三多. 管理学原理与方法 ［M］. 上海：复旦大学出版社，2016：11.

织利益最大化的形成过程。治理的基本目的则是要实现权责的合理安排与制衡，加强某一种组织制度的协调与促进作用，提升生产与经营管理水平。不过，从最终的管理目标与治理目标来看，还存在一些交叉点，即都要求完成相应的目标与任务，理顺关系以促进组织利益最大化。

另外，两者实现的基础不同。管理主要是通过上下级之间的行政命令和行政权威的关系来实现。治理是通过市场机制的作用和不同主体之间的协调，以及某种契约制度来实现的。

## 2.2.2 高校治理与高校管理

高校治理与高校管理两个概念有一定的相关性，其目的都是促进高校各项管理工作的协调，以促进高校教育教学、人才培养、科学研究和社会服务等功能的实现。但是高校治理和高校管理还有一定的区别。

首先，高校治理与高校管理的主体之间相互关系不同。高校管理主体之间更多呈现一种上下级的关系，强调行政命令式，注重上传下达，管理人员多以"督导者"或"检查者"的身份出现。高校治理更加注重多元主体的参与，强调不同主体之间的平等互动关系，相关主体通过对话、沟通和协商共同对高校进行一种合作式的管理。

其次，高校治理和高校管理的权力运行方式不同。高校管理强调权力自上而下的运行方式，强调单向活动和对上一级权力的服从。高校管理中的各级管理主体习惯于采取"独断式"的单向活动，强调权力从上而下运行，主张被管理者服从；或用较为刚性的规章、条例约束被管理者。高校治理中的权力运行状态则处于平行式，不同的主体之间通过有效协调与合作，共同作为权力主体对高校实施合作管理。

最后，与高校管理相比，高校治理更注重多元主体的参与性，更关注各方利益诉求。高校治理着眼于高校发展过程中公共利益最大化，注重采用一定的手段和方法加强高校治理中所涉及的多方利益主体的共同参与，并关注他们的不同需求，以互动方式弥补了高校管理模式的不足，有助于促进高校多元主体加强治校的积极性，提升治理能力。

## 2.3 研究的理论基础

唯物辩证法告诉我们，任何事物的发展都是内因和外因共同作用的结果，内因是事物发展的根据，外因是事物发展的条件，外因必须通过内因才能起作用。理论基础有助于我们找准研究的出发点，找到研究的基点。要系统地研究地方普通高校转型发展中的治理问题，首先需要对其理论基础进行全面分析。

### 2.3.1 治理理论

地方普通高校转型发展是随着高等教育发展而提出的一个新要求，地方普通高校的合理转型与科学发展离不开治理，治理问题的解决状况关系到地方普通高校转型发展的成败。因此，治理理论是本书的主要理论基础之一。

#### 2.3.1.1 治理理论的提出背景及发展状况

从治理理论的起源来看，治理理论是多学科综合发展与作用的结果，政治学、经济学、社会学等各个学科都为治理理论提供了发展的资源。比如，在企业治理、公司治理当中，治理理论由来已久。在公司治理的基准结构当中，股东大会是公司价值的顶点，投射到董事会、监事会和总经理这三个利益者当中。这三个利益者相互制衡，形成较为稳定的三角结构。事实上，与更加注重公司经营的公司管理（corporate management）模式相比，公司治理（corporate governance）更注重所有权与经营权之间的互动。这种模式对当代西方的民主治理理论有着重要的影响。政治学领域的民主理论越来越成为治理的灵魂，民主治理也越来越成为当代西方国家治理的核心特征。

治理理论兴起的一个重要背景是新公共管理的发展。新公共管理注重管理主义与市场经济两个重要的因素，强调管理的科学性、效率性，以及市场导向与竞争意识，为治理理论的兴起提供了良好的生长环境，同时也促进了人们对新公共管理模式的有效审视。例如，英国学者罗茨从治理的角度入手，深入分析基本问题，揭示了新公共管理的各项问题与冲突。① 一些学者们希望能通过治理理论，改变新公共管理对于政治、经济和舆论等各方面的狭隘性的管理模式，而且希望通过治理理论来改变新公共管理所强调的公共部门私有化，以及过度宣扬市场的决定作用。还有一些学者认为，要通过治理理论，促进人们加强平等互动行为，加强对社会事务的公平与民主评判权利。

与此同时，新公共行政学派进一步加强了对治理理论的支持力度，这也是治理理论进一步推广的重要原因。新公共行政理论提出让更多的公民直接参与，以及多中心治理等观点，进一步强调政府的服务性和契约外包功能，要求加强市场化的竞争与激励机制。② 新公共行政理论所要求的多主体参与性，符合治理理论的基本要求，进一步推动了治理理论的发展。而新公民管理也认同治理作用，强调社会治理和公民治理，进一步强调市场化与民主化，促进了治理的发展。

随着经济全球化的发展，治理理论得到进一步的开发和利用，成为公共事务中不可或缺的一种重要手段，因此也逐渐出现了多种不同的治理模式，除了包括多中心治理和公民治理之外，还出现了诸如数字治理、网络治理、综合治理等新词汇，突出了治理实践的重要性。治理一词被赋予了新的含义，甚至被视为一次根本性的变革，而且也衍生出了"更多的治理，更少的统治"（more governance, less government）的提法。

### 2.3.1.2　治理理论的核心观点

随着全球对治理的进一步关注和运用，治理理论的核心观点也逐渐呈现出来，日益体现出其重要性。但是对于治理这一概念的界定仍然有很多种，体现出了复杂性，但是基本核心内容还是比较明显的。从"治理"的定义来看，有多种类型，如作为治理理论的主要创始人之一，詹姆斯·N. 罗西瑙认为，治理是一种原则、规则，也是一种规范或决策程序，治理主要用于规范制度性安排，或

---

① 俞可平. 治理与善治 [M]. 北京：社会科学文献出版社，2000：6.

② 乔治·弗雷德里克森. 公共行政的精神 [M]. 张成福，等，译. 北京：中国人民大学出版社，2004：39.

者协调重叠和冲突的观念、解决相互竞争的利益矛盾等问题。①

此外，还有一部分学者从权力行使的角度对治理进行解释。例如，治理就是给予公民更多的话语权和参与权，治理就是促进不同主体在公共事务和利益问题上的决策、程序或制度等。这些不同的定义有助于我们更加明确治理这一概念的内涵。但是从概念关系和基本特性来看，"治理"并不是某一种固定的基本方式。

在治理的各种定义中，全球治理委员会于 1995 年作出了对治理进行了相对权威性的界定。认为治理是公共机构或私人机构在经营管理相同事务并采取诸多方式的总和，它可以让相互冲突或不同的利益主体以一定的方式进行调和，而且促进双方通过协调而采取持续的行动。它既包括一些让人们遵循的正式机构和相应的管理规定、规章制度，也包括各种非正式组织安排。②

可见，治理指的是一种由共同的目标支持的各种各样的活动，既有公共事务的相关活动，也有私人机构的活动。从治理主体来看，治理活动的主体既包括政府，也包括各种其他管理部门，甚至私人机构或其他参与主体。治理强调国家政治治理和公共社会事务的治理进行有效合作，也强调政府与其他非政府组织包括私人机构等进行一种协商性的合作，并注重建立伙伴关系。从处理治理事务的权力向度来看，治理的权力是多向的，是各种平行发展的向度，并非只有自上而下的命令式。此外，治理还强调社会力量在治理中的作用，强调通过社会力量对政府的政策和治理机制产生一定的影响力。③

## 2.3.1.3 治理理论与本书研究的相关性

地方普通高校转型发展中的治理过程涉及多元主体，组织结构相对复杂，需要有与地方普通高校转型发展相适应的组织体制和有效的管理机构，使学校具有应对转型发展的决策能力、管理能力，同时促进多方主体行使权利，承担责任，

---

① 詹姆斯·N. 罗西瑙. 没有政府的治理 [M]. 南昌：江西人民出版社，2001：9.
② 俞可平. 治理与善治 [M]. 北京：社会科学文献出版社，2000：270-271.
③ 陈广胜. 走向善治 [M]：杭州：浙江大学出版社，2007：129.

因此治理理论是其重要的一个理论基础。

首先,地方普通高校转型发展中的治理集中体现的是一个对地方普通高校实行有效管理的过程,绝不是某一规则条例所能概括的,也不是一种单纯的管理活动形式。要促进地方普通高校转型发展,有赖于采用治理理论的规则体系以及相应的理论依据。

其次,地方普通高校转型发展中的治理涉及多元主体,主要包括政府部门、学校领导及管理人员、教授、一般教职工、学生以及家长、企业行业等,各主体相互之间是平等互补的关系,不是传统的支配管理方式。治理可以促进不同主体之间加强利益协调,调和各种冲突,促进多元主体以协商互动的方式加强对地方普通高校转型发展过程中的合作治理。这些多元主体并不一定要通过正式机构和规章制度来进行约束,但可以通过治理手段来进行各种非正式安排或协调。

最后,地方普通高校的治理涉及持续互动的合作关系,以便发挥出良好的作用。一方面,通过多元主体之间的互动合作关系,能协调和促进合作伙伴加强上下互动的过程,促进政府、学校内部以及企业行业通过治理合作和加强协商,构建合作伙伴的关系。另一方面,通过地方普通高校在转型发展过程中加强治理行动,促进合作权力向度的多元化,这种权力并非纯粹自上而下,而是多方位的。另外,通过治理合作关系,也能促进企业行业等多元力量在治理中的作用。因此,地方普通高校持续互动的合作关系需要通过治理来进行有效地协调。

## 2.3.2　利益相关者理论

地方普通高校转型发展中的治理研究涉及多元利益主体,不同主体有不同的利益诉求,因此利益相关者理论也是本书的理论依据之一。

### 2.3.2.1　利益相关者理论的提出背景和发展状况

利益相关者理论的提出也经历了一个较长的探索过程。约翰霍普金斯大学教授彭罗斯(Penrose E. T.)在1959年出版了《企业成长理论》一书,在此书中首次提出了"企业是人力资产和人际关系的集合"的观点,这个观点为利益相关者理论的构建奠定了基础。① 随后，利益相关者一词最早由斯坦福大学研究小组（SRI）于 1963 年在内部文稿中提出，其主要说明利益相关者是指组织的发展所必不可少的群体，指出利益相关者包括政府部门、企业股东、雇员、消费者、债权人、供销商、本地居民、社区管理者等相关主体，甚至包括一些间接主体，例如自然环境治理主体、受经营管理活动影响的各种客体。② 这些利益相关者以各种不同的方式参与企业的经营管理，影响企业的运行和发展，他们有的参与了企业的经营风险承担，有的参与了对企业的监督工作，有的制约了企业的经营与规模的扩大。从某种意义上来讲，企业是一种智力投资或制度化的专业安排，企业的充分发展取决于利益相关者的质量回应，不仅仅是股东的决策，因此必须考虑利益相关者的影响。

直到 1963 年，斯坦福大学研究所明确提出了利益相关者的定义，随后，瑞安曼（Eric Rhenman）使利益相关者理论成为一个独立的理论分支。瑞安曼是在斯坦福大学研究所之后提出的，与斯坦福大学研究所对单边利益相关者的定义不同，他主要强调的是利益相关者与企业之间的双向关系，将利益相关者视为企业为了实现自身发展必须依托其存在，并且为了实现自身发展同样必须依托企业的个人或群体，比如企业员工、股东、经理层等。③

1984 年，"利益相关者"这一词正式被运用于理论与实践研究中。主要依据是《战略管理：利益相关者方法》一书，此书由弗里曼（Freeman）所作，书里明确提出了利益相关者管理理论。他认为"利益相关者是指对组织目标的实现产生影响的、或因为组织目标的原因而对个体对象产生影响的个人或群体"④。利益相关者理论经历了"利益相关者影响"的第一个阶段、"利益相关者参与"的

---

① 彭罗斯. 企业成长理论 [M]. 上海：上海人民出版社，2007：12.

② 李苹莉. 经营者业绩评价——利益相关者模式 [M]. 杭州：浙江人民出版社，2001：2-3.

③ Ronald K. Mitchell, Bradley R. Agle, Donna J. Wood. Toward a Theory of Stakeholder Identification and Salience: Defining the Principle of Who and What Really Counts [J]. The Academy of Management Review, 1997, 22（4）：853-886.

④ 弗里曼. 战略管理：利益相关者方法 [M]. 王彦华，梁豪，译. 上海：上海译文出版社，2006：182.

第二个阶段，"利益相关者共同治理"的第三个发展阶段①，并在理论研究和实证检验方面取得了很大进展，社会影响迅速扩展。②

## 2.3.2.2 利益相关者理论的核心观点

斯坦福大学研究所对利益相关者下的定义是："利益相关者是支持组织生存的团体。"③从当时来看，这个定义考虑到了利益相关者与企业的相互关系，认为其范围和具体活动会影响到企业。同时，该定义也促进人们认识到更大范围的主体参与性，包括股东在内还有其他相关性的影响企业发展的主体。瑞安曼（Eric Rhenman）认为"利益相关者与企业相关性非常大，前者依靠企业作为平台而实现个人目标，后者需要前者的付出才得以维持和发展"。不断丰富的理论使得利益相关者理论分化成一种独立的理论。

在此后的30年内，出现了数十种对利益相关者的不同角度和层面的界定。例如，比较有代表的弗里曼（Freeman）大大丰富了利益相关者的内容，认为利益相关者可以是个体，也可以是群体，组织目标是两者之间的一个重要关联因素。从弗里曼界定的范畴来看，他主要是从广义方面进行界定，而且将不同的利益相关者作为平等考虑的对象，这也具有一定的片面性。

克拉克森（Clarkson）从投资的角度出发，从具体投资方面对利益相关者进行了描述。他认为，利益相关者因为其在企业生产或经营中投入了相应的资本，包括物质资本、人力因素、经济支出等，因此他们在企业的生产、经营和发展活动中承担了相应的风险。④国内学者将各种观点进行融合，认为利益相关者是指参与企业生产或经营活动，并进行相应的专业投资，同时以促进企业实现目标为主要任务，同时承担一定风险的影响性个体或共同体。这一定义既强调企业生产

---

① 胡赤弟，田玉梅. 高等教育利益相关者理论研究的几个问题 [J]. 中国高教研究，2010 (6)：15-16.

② 王荣辉，孙卫平. 基于利益相关者理论的高校治理研究 [J]. 中国职业技术教育，2010 (30)：34-37.

③ 江若玫，靳云汇. 企业利益相关者理论与应用研究 [M]. 北京：北京大学出版社，2009：16.

④ Clarkson. A Stakeholder Framework for Analyzing and Evaluating Corporate Social Performance [J]. Academy of Management Review, 1995, 20 (1)：92-117.

的风险，又强调了个体或群体的投资，具有一定的代表性。

总的来看，该理论主要强调一种管理活动，即为了企业的有效生产和合理的经营管理，促进利益相关者不同利益要求的有效平衡，并以此为目的而进行相应的管理活动。与传统的股东至上的理念相比较，该理论认为企业追求的是利益相关者的整体利益，任何一个企业或公司的发展都离不开多方利益相关者的参与或投入，因此考虑的不只是其中某些主体的利益，而是一种整体化的利益。利益相关者的共同治理的核心就是加强利益相关各方的合作，在不同主体的权利得到保障的基础上，使所有利益相关者的行为都统一起来，以集中力量提高公司效率和完成相应的生产目标。此外，利益相关者理论还注重加强公司内的正式制度安排，从而保证每个参与主体具有平等地参与公司治理的机会。

同时，利益相关者理论注重资本与风险分析，在对象上注重面向资源提供者。该理论认为，公司的资金来源是多种个体或群体。其认为利益相关者主体也是一种人力资本形式，而不仅仅是物质资本。因此，除了公司的股东面临经济风险之外，其他的利益相关者主体都应该承担企业发展的各种风险，甚至认为其他主体承担的风险并不比股东承担的风险少。

此外，利益相关者理论还有效促进并推动了利益相关者公司治理模式的出现。利益相关者治理模式改变了传统的股东至上的管理模式，改变了企业单向治理的逻辑观念，改变了单边制约的局限性逻辑形式，促进企业积极探索有效的治理模式，并注重以多元激励的方式来取代一元单向激励。随着社会经济的不断发展，利益相关者理论被广泛地应用于其他各行业，包括教育领域等，并推动其发展与应用。

### 2.3.2.3 利益相关者理论与本书的关系

随着大学从社会边缘走向中心，其利益日趋多元化，这些利益涉及大学与公民社会、政府以及各类资助群体之间的关系，这些利益相关者主要包括：政府、社会、大学管理人员、教师和学生。地方普通高校是多元利益相关者共同控制的组织，其治理必然涉及多元利益主体。不同的利益相关者在地方普通高校转型发展的过程中有着不同的利益诉求，并且通过不同的途径、方式对学校产生影响。它们之间相互影响、相互牵制，形成了地方普通高校新型的利益结构。因此，要通过完善地方普通高校转型发展中的治理，促进地方普通高校建立一种治理平衡机制，使各方面力量在一个协商的氛围下能够充分表达自己的意志。

从内外部关系上看，地方普通高校的利益结构由外部和内部利益结构构成。外部利益结构由政府、社会力量等与外部利益相关的个体或组织构成，主要通过政策法规、资金支持等手段，来影响大学的外部环境，通过法律法规制度等途径和方式，向高校传达自身的意愿和需求。地方普通高校的管理人员、教师和学生位于学校组织的内部，构成地方普通高校转型发展中的内部利益结构。行政权力和学术权力，是内部利益结构的主要力量。以教授为代表的学术权力，希望极力保持学术的独立性，避免外界对学术研究的影响，保持大学的传统理念和民主、自由的学术氛围。以校长为代表的行政权力，则是保证大学运行的效率、协调外部利益主体与大学学术权力之间关系的重要力量。就学生和其他利益相关者而言，完善地方普通高校转型发展中的治理结构，不但可以将大学管理置于更广泛的代表性的基础之上，而且有助于大学办学在更广泛的范围得到社会认同，增进大学与社会的联系和互动。

总之，地方普通高校在转型发展的治理过程中，存在多元利益主体，需要依托利益相关者理论的指导，发挥教授、教师、管理人员、理事会、家长及学生、企业行业等主体的作用，协调多元利益主体的共同参与、共同协商、共同治理，平衡利益主体的责、权、利，充分发挥其主体作用，共同促进地方普通高校向应用技术型方向的合理转型与科学发展。同时，以利益相关者理论为基础，地方普通高校在转型发展过程中加强治理合作，特别是与企业行业的有效合作，以及从社会相关机构中获得一定的资源，有利于促进地方普通高校深化开放办学，优化地方普通高校转型发展中的治理结构，进一步提升其对教育发展和地方经济发展的推动能力，以及服务社会的能力。

## 2.3.3　区域经济理论

区域经济理论是由经济地理学逐步演变而来的，从区域经济理论的发展趋势看，区域经济理论注重空间资源配置的合理性，以此为基础形成了日益规范和不断完善的空间分析经济学。

## 2.3.3.1 区域经济理论的提出背景与发展情况

最先对区域经济理论有贡献的是杜能。1826 年，杜能提出了非常有名的"孤立国理论"。他在研究中假设有一个与别国保持隔离的孤立国，一个城市位于这一孤立国中，城市之外是荒芜的平原，因此乡村给这个城市提供所需的农产品，而城市给乡村提供工业加工产品。在这种实验的假设下，杜能按照相应的规划，划分了各种产业的分布情况及范围，也就是给这些产业划分相应的区位。杜能把都市外围按距离进行划分，根据远近划分为 6 个环带，这些环带即是后来所说的"杜能环"。通过研究假设及实验表明，地租价格的差异取决于同都市的距离远近，越靠近都市，地租价格越高，越远离都市，地租价格越低。① 杜能第一次利用这种区位理论，分析了空间距离对人类经济和生产活动的影响，成为区域经济理论的基础。

区域经济理论的另外一位贡献者是韦伯，韦伯强调了区域经济的重要意义，并于 1909 年出版了《工业区位论》一书，该书提出了工业区位理论。该理论对原材料、消费地的位置，工业发展的地位，劳动力的流动性，劳动力的有效供给等方面进行了假设性实验。韦伯发现，如果不考虑劳动力成本因素、相关聚集因素对于工业区位化的影响，运输成本就成为一个非常重要的环节，直接决定工业区位的发展状况。而且工业企业是否能吸引过来，取决于运输成本的高低，运输成本相对较低且能吸引企业进入工业区位的，说明其就是比较合理的工业区位，否则就是不合理的工业区位。② 韦伯分别对生产某种产品使用一种原料和使用两种以及两种以上原料的各种情形下的运输成本最低点进行了分析，认为工业区位可通过原料指数情况进行判断。而且韦伯认为，在区域经济下，除了运输成本之外，劳动力成本也是一个关键因素，地理差异影响着劳动力成本，进而影响到工业区位的运输成本。他还研究了工业环境条件的影响，认为其也会影响到工业区

---

① 杜能. 孤立国同农业和国民经济的关系 [M]. 吴衡康，译. 北京：商务印书馆，1997：4.

② 韦伯. 工业区位论 [M]. 北京：商务印书馆，1997：23.

位劳动力的迁移情况；认为人口密度和运输条件的影响比较大，人口密度和劳动力密度都相对较低的区域，就是均值区域，均值区域内劳动生产效率与工资结构基本保持相同性，对企业的迁移没有太大的影响。①

## 2.3.3.2　区域经济理论的核心观点

区域经济理论是研究生产资源在一定空间（区域）优化配置和组合，以获得最大产出的学说。区域经济理论主要着眼于资源配置，从生产资源的有限性出发，强调在有限的资源条件下，促进资源在区域内进行相应的优化组合，以此可以获得尽可能多的产出与效益。区域经济理论包含有多种不同的理论观点，而不同的理论观点对于区域内资源配置的要求、配置重点以及相应的布局状况有不同的主张。根据其对资源配置方式的不同选择与组合，形成了多种不同的理论派别，其中一些核心理论和观点为本书提供了重要的理论支撑。

平衡发展理论认为，外部经济效果是推进平衡发展理论的核心要素和重要标准，即强调在投资上要针对两个相互补充的不同部门，并同时进行投资。该理论一方面促进企业开拓需求化的市场，解决市场需求度不高的问题，以避免阻碍区域经济的发展；另一方面，该理论有助于企业加大投资力度、降低生产成本、提高效益和利润，解决了企业生产供给不足所带来的有关问题。平衡发展理论非常注重强调产业之间和地区之间的密切联系，要求关注其关联作用和协调互补性，主张在不同的产业发展领域、不同的地区地理位置都加强均衡性布局，促进生产力的有效提升，实现产业和社会区域经济的协调发展。平衡发展理论的主要目的在于促进不同产业之间的协调发展，进一步缩小不同地区之间的发展差距。但是平衡发展需要一定的区域性保障条件，包括发展资金保障和产业优势状况等。如果区域保障条件不够充分，资金也明显缺乏，在这种情况下如果将原本就不充足的少量发展资金分散投放到所有产业，则相关区域内的基本投资得不到保证，优势产业也不能体现出来，区域经济发展也不能获得好的效益，其他产业发展也会受到相应的影响，所以平衡发展理论在实际应用中必须根据区域经济发展情况予

---

① 韦伯. 工业区位论 [M]. 北京：商务印书馆，1997：34.

以合理选择。①

不平衡发展理论也是区域经济理论中的一个重要理论,它遵循了社会经济的区域性和非均衡发展性的基本规律,突出强调要加强重点产业和部分重点地区的资源配置,同时要求加强资源配置的基本效率,保证资源配置的成效。不平衡理论公布以后,在许多国家和地区引起了较大的反响,并在此基础上甚至形成了一些其他的新的区域发展理论。② 该理论指出,不同的经济组织或不同产业之间可以进行不平衡的发展,应该根据资源配置实际状况的优劣,决定优先发展的产业,同时对这些产业加强先行投资,优先发展相关的产业,提高资源利用效率;而对于资源配置差的地区,可以延后投资,并可通过其他方式推动其发展。

### 2.3.3.3 区域经济理论与本书的关系

区域经济理论为本书的研究提供了重要的理论指导。

一方面,地方普通高校转型发展中的治理必须考虑区域经济发展的需要。地方普通高校是我国高等教育结构的重要组成部分,其特质主要包括两点,一是"地方性",二是"应用性"。"地方性"阐释了地方普通高校转型发展的本土立场,因此地方普通高校具有"地方投资""地方管理""立足地方""服务地方"的办学特点,这种区域立场和意识应该贯穿于地方普通高校转型发展中治理的各个方面。地方普通高校要在应用技术型人才培养、学科布局、科学研究、专业设置、教学模式、校企及社会合作、质量评价等各个层面与地方区域经济发展相适应,在遵循教育规律的前提下,服务于地方经济社会的发展需要。

另一方面,从区域经济理论的观点来看,区域经济社会发展对地方普通高校转型发展中的治理具有重要的影响。第一,区域经济发展需要影响着地方普通高校治理目标的选择与确立。地方普通高校治理目标的确立依据之一就是要面向区域经济发展需要,培养适应区域经济和社会发展所需要的应用技术型人才。因

---

① Paul Rosenstein-Rodan. Problems of Industrialization of Eastern and South-Eastern Europe [J]. Economic Journal, 1943, 53 (210/211): 202.

② 艾伯特·赫希曼. 经济发展战略 [M]. 北京:经济科学出版社,1991:13.

此，地方普通高校在治理目标的选择上，要充分考虑人才培养需要，并以实际的教学体系构建为核心，围绕区域经济对职业能力的培养要求以及企业行业需求来培养应用型人才。地方普通高校的专业设置也要与地方区域、企业行业紧密结合，瞄准地方的支柱性优势产业，立足学校自身的办学实际办出特色，突出专业设置的应用性和针对性。

第二，区域经济的发展水平影响着地方普通高校转型发展中治理的有效性。其一，从办学经费来看，地方普通高校的办学经费大部分来自地方政府的投入，而区域经济的发展水平影响地方政府的财政收入，也影响其对地方普通高校的经费拨款状况，并最终影响着地方普通高校向应用技术型高校转型发展中治理的有效性。另外，地方普通高校转型发展中还有部分经费需要学校自筹，而区域经济发展水平的高低会影响地方普通高校自筹经费的渠道通畅与否。其二，从与企业行业合作以及外部的技术支持来看，区域经济发展水平的高低，影响到企业行业与地方普通高校的合作层次，以及企业行业所能提供的外部技术支持力度。一般来说，区域经济发展水平越高，则两者之间的合作层次更为深入，另外企业行业也能提供更多的外部技术支持，这无疑有助于提升地方普通高校转型发展中治理的有效性。其三，区域经济的发展水平影响地方普通高校在转型发展中的多元治理主体的观念认识。一般来说，区域经济发展状况良好，则多元治理主体的积极性更高，更容易达到较好的治理效果。

## 2.4　地方普通高校转型发展中治理问题的理论分析框架

地方普通高校转型发展中的治理涉及多元主体和多个层面的问题。为了全面把握地方普通高校转型发展中的治理现状，有效分析当前地方普通高校转型发展过程中治理所面临的挑战和问题，本书构建了地方普通高校转型发展中治理问题的理论分析框架，并从治理目标、治理依据、治理主体、权责配置、治理方式、治理效果六个重要维度，对地方普通高校转型发展中的治理问题进行系统研究。

### 2.4.1　治理目标

治理目标就是指地方普通高校向应用技术型高校转型发展的过程中，其治理活动所期望达到的预期成果。治理目标的科学与否，决定着地方普通高校规章制度的合理制订、体制机制的健全运行、文化氛围的有序营造。有明确的治理目标的前提下，才能有序进行任务布置、实施及考核，从这种意义上说，科学合理的治理目标是促进治理手段和方式有效实施的前提。

科学合理的治理目标是地方普通高校持续发展的前提，治理目标也是实现目标管理所必需的关键因素之一。如果缺乏科学治理目标，地方普通高校的合理发展机制的建立以及科学转型目标的达成往往是一句空话。当前我国地方普通高校在治理目标上主要包括建立现代大学制度，依照国家和政府有关法律法规进行规范化办学，并为国家、区域经济社会发展培养高素质的应用技术型人才。我国地方普通高校在治理目标确立的过程中，首先要解决治理方向上存在的困惑，明确如何设立科学的应用技术型高校治理目标。当前，我国正处于产业结构升级换代关键期，但高层次技术技能人才供给不足、人力资本结构失调正成为制约技术创新的短板。基于此，必然要求地方普通高校以高质量的应用技术型人才培养目标为重点，结合地方产业特点和自身办学优势，科学定位、深化改革，构建与地方产业结构需求高度契合的学科专业结构，实施与传统学术型人才培养有明显区别的人才培养方案，在课程设置、教材研发、实习实践以及教师队伍建设等方面作出相应调整，以适应地方经济发展对教育的需求。

## 2.4.2 治理依据

地方普通高校转型发展中的治理必须依法依规来进行，国家颁布的法律法规政策以及地方普通高校内部的大学章程及各项规章制度是地方普通高校转型发展中的治理的重要依据。

### 2.4.2.1 国家颁发的相关法律法规政策

国家出台的相关法律法规政策是地方普通高校转型发展中治理的重要依据。主要包括两个方面的内容：

一是宏观上的教育法律法规政策，包括《教育法》《高等教育法》以及教育部等政府部门制定的高等教育管理方面的各种法规条例和政策等，是地方普通高校治理的重要依据。地方普通高校必须要严格按照《教育法》《高等教育法》以及高等学校管理有关规定来开展治理活动、形成内外部良好的治理关系。例如，《教育法》规定，教育法规定教育治理活动要坚持以马克思列宁主义、毛泽东思想、邓小平理论、"三个代表"重要思想、科学发展观、习近平新时代中国特色社会主义思想为指导，遵循宪法确定的基本原则，发展社会主义的教育事业，规定教育必须为社会主义现代化建设服务、为人民服务，必须与生产劳动和社会实践相结合。① 《高等教育法》除了进一步明确教育法所规定的学校治理依据外，还对高校治理依据的细节内容进行了规定，如高校治理必须按照社会主义现代化建设需要，结合市场经济发展要求，立足于学校发展实际，优化资源配置，优化高等教育结构，提高高等教育的效益，促进教育质量。② 《国家中长期教育改革和发展规划纲要（2010—2020 年）》提出，要从国家的基本实际情况出发，以时代发展为背景，构建学校与政府和社会之间的新型关系，提出完善中国特色现代大学制度，完善治理结构。③

二是国家和各省出台的有关地方普通高校转型发展的相关治理政策。①专门针对地方普通本科高校向应用技术型方向转型发展的政策文件。例如，教育部、国家发展改革委和财政部联合发布的《关于引导部分地方普通本科高校向应用型转变的指导意见》（以下简称《指导意见》）（2015）系统阐述了地方普通本科高校转型发展的基本思路、主要任务及推进机制等，其中转型发展的主要任务从转型发展的定位和路径、转型发展方式、人才培养方式与考试招生制度改革、双师型教师队伍建设、实验实训实习基地建设、校内评价和信息公开等方面作出了具体阐释。具体来说，《指导意见》中提出了转型发展的四条基本思路，包括坚持顶层设计、综合改革；坚持需求导向、服务地方；坚持试点共行、示范引领；坚持省级统筹、协同推进。在转型发展的十四项任务中提出要创新应用型技术技能型人才培养模式，具体做法是"建立以提高实践能力为引领的人才培养流程，

---

① 教育部.中华人民共和国教育法［EB/OL］.（1995-09-01）［2024-03-25］.http：//old.moe.gov.cn/publicfiles/business/htmlfiles/moe/moe_619/200407/1316.html.

② 教育部.中华人民共和国高等教育法［EB/OL］.（2015-12-27）［2024-03-25］.http：//www.moe.edu.cn/s78/A02/zfs__left/s5911/moe_619/201512/t20151228_226196.html.

③ 教育部.国家中长期教育改革和发展规划纲要（2010—2020年）［EB/OL］.（2010-07-29）［2024-03-25］.http：//old.moe.gov.cn/publicfiles/business/htmlfiles/moe/info_list/201407/xxgk_171904.html.

率先应用'卓越计划'的改革成果，建立产教融合、协同育人的人才培养模式，实现专业链与产业链、课程内容与职业标准、教学过程与生产过程对接。加强实验、实训、实习环节……扩大学生的学习自主权等"。

各省关于地方普通高校转型也有一些专门性的政策文件。例如，2015年4月浙江省发布《关于积极促进更多本科高校加强应用型建设的指导意见》，该政策文件提出了转型发展的主要思路，指出了转型发展的四个基本原则，即鼓励试点，面向需求，突出改革，分类指导。提出的总体目标是在鼓励试点的基础上，推动更多本科院校加强应用型建设。应用型专业占所在院校专业数的70%以上，一批院校应用型建设走在全国同类院校前列。提出的主要任务是转变办学理念，创新办学机制，改革培养方式，加强教师队伍建设，优化学科专业，增强创业能力。此外，提出四项保障措施是加强组织领导，加强示范引领，加强政策支持，完善评价机制。又如，2015年7月，甘肃省发布《关于引导部分省属本科院校向应用技术型大学转型发展的通知》，该政策文件指出充分认识高校转型发展的重要性；坚持试点先行、示范引领的原则，逐步推进试点工作；坚持需求导向和综合改革，明确试点高校转型发展的主要任务；完善政策配套措施，支持试点高校转型发展。

②在政策文件中提及地方本科院校转型及治理的教育政策。这些政策主要是将普通本科高等学校的转型发展作为加快构建现代职业教育体系、创新高等职业教育发展方式、服务地方经济发展的一种方式。例如，国务院在2014年出台的《关于加快发展现代职业教育的决定》（以下简称《决定》）从总体要求、加快构建现代职业教育体系、激发职业教育办学活力、提高人才培养质量、提升发展保障水平五个方面系统论述了发展现代职业教育的要求与任务，在加快构建现代职业教育体系这一部分指出要注重以推动引领等方式，引导一批地方普通高校向应用技术类型高等学校转型。又如，为了进一步贯彻落实《决定》的要求、创新高等职业教育发展方式，教育部于2015年发布了《高等职业教育创新发展行动计划（2015—2018年）》（以下简称《计划》）。《计划》从总体要求、主要任务与举措、保障措施三个方面论述了高等职业教育创新发展行动计划的任务与项目，在第二部分主要任务与举措中，"完善高等职业教育结构"的主要内容之一就是加快推动部分地方普通本科高等学校向应用技术型方向的合理转型发展。

### 2.4.2.2　地方普通高校内部治理的相关制度

地方普通高校内部治理的相关制度，同样是地方普通高校转型发展中治理的重要依据。地方普通高校治理不仅需要严格依据国家的法律法规政策，还必须遵循学校内部治理的制度，例如大学章程。大学章程是以建立现代大学制度为目标，通过一系列明确的规定使高校内部各种行动具有可信度和一致性，以提高办学效益。大学章程也是以法律化为核心，是约束参与者的协商性契机，能反映高校的历史传统、精神底蕴和价值追求。因此，大学章程是地方普通高校有效治理的重要依据。

此外，地方普通高校转型发展中的治理还需要遵循学校内部的各种规章制度，例如学术委员会制度。2014年1月，教育部颁布了《高等学校学术委员会规程》①，明确了学术委员会制度。学术委员会制度明确了地方普通高校的学术权地位，有助于保障教授以及其他学术人员在学校教学、科研和人才培养等学术事务中发挥重要的参与和决策作用，有利于促进地方普通高校把握教育发展规律、推动学校治理的科学性和有效性。因此，学术委员会制度是一种重要的治理依据。

再如，教授委员会制度。教授委员会制度能促进地方普通高校进一步完善内部治理结构，充分发挥教授在地方普通高校的改革、建设、发展中的作用。教授委员会通过履行地方普通高校治理中的学术权力职责，担负学术研究，教育教学，学位、职称评定的决策、审议、评价等职责；从专业学术的角度规范地方普通高校的治理行为，确定治理方案，维护学校的学术尊严和学校教师、学生在学术上的正当权利，并为加强全校教风和学风建设提出具体意见，有助于提升地方普通高校治理的有效性。

总之，只有明确并遵循地方普通高校转型发展中的治理依据，才能有效规范多个主体的决策行为，加强权力制约与均衡配置，进而提高地方普通高校的办学效益，实现地方普通高校转型发展中的有效治理。

---

① 教育部. 高等学校学术委员会规程［Z］. 2014-01-29.

## 2.4.3　治理主体

地方普通高校治理要求多元主体的共同参与,以形成治理合力,进而促进地方普通高校的科学发展。地方普通高校治理主体的共同参与,其实就是地方普通高校内部的相关利益主体进行个人行动的有效选择,同时进行合作参与的过程。这种共同参与是一整套处理大学内部各种利益关系,规范大学组织及成员的各种行为规则的沟通平台和对话机制。对于地方普通高校治理来说,多元主体主要包括:政府、学校领导及部门管理者、教职员工、院系管理者、学生及家长、企业行业等。

现阶段,我国地方普通高校治理的过程中,尤其应重视广大教职员工及学生等治理主体的重要作用。一方面,地方普通高校治理需要充分发挥教职员工的重要作用。教职员工处于学校治理的第一线,是治理活动的主要参与者,也是治理行动的重要实施者,教职员工这一主体的治理能力关系到地方普通高校治理的实际效果。另一方面,学生及家长也是一个重要的参与主体,学生在学校接受教育,对学校的治理行为、治理效果最有发言权;学生会也是学生参与地方普通高校治理的一个重要组织,地方普通高校在学校治理事务中可听取学生会的意见,扩大学生参与学校治理的途径。① 家长可以从自身参与学校治理活动,包括人才培养及其他活动中,从参与者或观察者的主体角度,对学校的治理活动及效果进行一定的判断。

同时,企业行业是另外一个重要的治理主体,地方普通高校与企业行业的沟通与联络,可为学校拓展对外联系空间,筹集办学资金,密切产学研合作;而企业行业治理主体参与学校的咨询层、决策层、管理层、评价层、监督层等,也是产学研结合的重要知识源头和创新源头。

此外,在地方普通高校的治理中,政府作为一个重要治理主体,必须转变观念,扮演新角色,发挥新作用。一方面,政府要加强宏观政策引导,健全地方普通高校转型发展的政策语境,强化地方本科高校转型发展的政策支持体系建设,扩大并落实地方普通高校的办学自主权。另一方面,政府要加强顶层设计和政策

---

①　朱益上.论当前我国高校内部治理结构的失衡与对策［J］.湘潮,2009(8):24-25.

引导，用改革思维和综合改革的模式，为地方普通高校实现一种系统性转变，主动思考、主动谋划、主动作为，探索出一条真正符合地方普通高校发展实际的内涵与特色发展之路。

### 2.4.4　权责配置

所谓权责配置，主要是指地方普通高校治理主体间的权力如何安排和分配，并根据权力的分配而承担相应的责任，达到权责对等。地方普通高校治理主体的权责配置包括多个方面的内容。

第一，政府与地方普通高校之间的权责配置。地方普通高校在政府部门的宏观指导下开展办学活动，政府对地方普通高校进行领导和治理统筹，两者需要理顺权责关系。政府部门要把宏观调控与地方普通高校的办学自主权有机结合起来，既要保证政府对地方普通高校的宏观管理与办学保障，也要促进地方普通高校自身办学自主权的进一步扩大和落实。

第二，地方普通高校内部治理中的权责配置。例如，校院系三级权责配置。要在学院层面建立院系治理机制，赋予院系更多的自主权，切实落实"教授治院"，让学院一级成为管理执行的主体，以扩大基层学术人员参与学术事务管理和决策的学术权力，有效地保障院系治理权力落到实处。再如，地方普通高校内部的政治权、行政权、学术权之间的配置。地方普通高校内部治理的政治权主要是保证地方普通高校的办学方向，是地方普通高校转型发展的根本保证；行政权是维持地方普通高校内部治理结构及层级建制的重要保证。此外，需要进一步突出学术权力的作用，合理配置行政权与学术权，通过充分发挥学术权在地方普通高校治理中的作用，推动地方普通高校治理的规范化、科学性与法治化。

第三，教职工、学生及企业行业的参与权。一是通过赋予教师、学生以及企业行业等其他治理主体的参与权，让广大师生积极参加学校管理活动，让企业行业也有效地参与学校决策，以促进地方普通高校转型发展中治理的民主化。二是为保证其参与的积极性和有效性，可以通过相应的大学制度建设，包括大学章程，明确不同主体参与的权利以及治理中各自的行动职责，确保师生参与地方普通高校治理决策与实践，保障教职工和学生的参与权。三是加强企业行业的治理参与权，进一步优化地方普通高校完善转型发展中的治理环节，不断加强民主监督力度。而且，通过较为充分的参与权，促进重大事项集体决策，进一步建立健全地方普通高校治理制度体系，提高治理的有效性。

## 2.4.5 治理方式

在治理方式上，地方普通高校转型发展中的治理不能只依靠行政化方式和手段。因为从一方面来看，当前地方普通高校治理中过于注重行政化的方式与手段，不利于大学的学术自由发展和现代大学精神的体现，抑制了教师参与学校治理的积极性，导致教师在教学与科研上的创造性越来越少，学术活动越来越功利化，在人才培养方式上也显得极为呆板，不利于地方普通高校的科学转型发展。从另一方面来看，治理方式的不科学使得学校的管理效率比较低，行政人员官本位思想突出，教育服务意识比较缺乏，不利于转型发展中学校的有效治理。此外，行政化的治理方式也难以促进多元主体的参与度，地方普通高校的其他治理主体无法有效参与学校治理的活动，参与权和决策权都缺乏相应的保障。

所以，在治理方式上要注重多样化，实行制度化管理与人性化管理并举。一方面，地方普通高校转型发展中治理的复杂性需要多元主体积极有效地参与学校管理活动，促进学校在人才培养、科学研究和社会服务等方面发挥出应有的作用，满足社会对高等教育发展的基本要求，以及区域经济发展的需要。另一方面，随着大众教育时代的来临，地方普通高校转型发展中的管理效能比较低下，难以适应教育发展的根本需要，因此需要加强制度化与人性化相结合的治理方式，强调以人为本，注重多元主体潜能的开发，以一种柔性化的管理方式促进地方普通高校加强转型发展中的价值观和理想信念，促进地方普通高校加强治理变革，复归学术自由，发扬独立自主的大学文化与大学精神，这也是地方普通高校转型发展中治理方式改革的重要路径选择。

## 2.4.6 治理效果

效果就是指由某种动因或原因所产生的结果。这里所强调的治理效果是指地方普通高校治理活动进展的最终状况及其结果。近年来，我国地方普通高校发展与改革的速度较快，这也是高等教育实现大众化，并逐渐走向高质量发展的一个过程。当然，在这个过程中，也有一些地方普通高校盲目效仿其他研究型高校的治理方式，追随大流，进行不符合自身发展水平的改革，忽视了教育发展的规律，使得治理效果不尽如人意。事实上，无论地方转型高校采取哪种治理方式，如制定大学章程，抑或是制定高校内部治理政策，都应当以地方普通高校本身的历史背景、发展特点为基准，立足于地方经济发展需求，在遵循高等教育发展基本规律的基础上，进一步完善党委领导下的校长负责制，完善治理策略，力求实现良好的治理效果，这也是建设一所现代化地方普通高校的应有之义。

# 3 地方普通高校转型发展中的
治理现状调查及其分析

在前面的内容中，笔者对地方普通高校转型发展中治理相关的理论进行了研究，为本书的进一步研究奠定了理论基础。然而，当前我国地方普通高校转型发展中的治理状况如何，需要运用调查研究的方法来进行系统分析。为此，本章将从治理目标、治理依据、治理主体、治理方式、权责配置、治理效果六个方面，系统分析我国地方普通高校转型发展中的治理现状。

## 3.1 调查设计与调查实施

为了全面了解我国地方普通高校转型发展中的治理现状，笔者采取问卷调查和访谈的方式，通过编写调查问卷和访谈提纲，对我国6所地方普通高校的治理情况进行了调查。

### 3.1.1 调查样本选择

调查样本的选择考虑了经济社会发展、教育发展的区域差异性，分别从东部地区选取2所高校、中部地区选取2所高校、西部地区选取2所高校，共6所地方普通高校作为调查样本进行分析。

在东部、中部和西部6所学校的选取上，分别参考不同区域的发展特点，选取能代表各地区平均发展水平的地方普通高校。同时，作为样本选取的学校，也考虑到其是否处于省会城市或非省会城市。另外，所选取的学校均相隔有一定的距离，避免"近亲"效应。在此原则之下，笔者在相应区域内进行了随机抽样选取，最终确定了6所学校作为调查样本。

从具体的学校分布来看，东部选取广东金融学院和惠州学院，为了研究的需要，将2所学校分别标记为GDU1和HZU2。中部选取武汉商学院和湖北科技学院，将2所学校分别标记为WHU3和HBU4。西部选取成都工业学院和西昌学院，将2所学校分别标记为CDU5和XCU6。

表3-1                    调查样本学校的基本情况

| 样本学校 | 基本情况介绍 |
| --- | --- |
| GDU1 | 该校是一所省属公办普通本科院校，也是华南地区唯一的金融类高校。始创建于1950年，在2000年院校管理体制改革后，实行中央与地方共同管理，以广东省管理为主。2004年5月，经教育部批准，正式升格为本科院校。学校现有教职工1200多人，专任教师895人，全日制本、专科在校生规模2.1万人。2016年9月获批为该省首批转型试点学校 |
| HZU2 | 该校是广东省省属公办综合性普通本科院校，是广东省与惠州市共建高校，位于全国文明城市惠州。始创于1946年，2000年3月，经教育部批准升格为本科院校，更为现名。学校有全日制在校生约1.7万人。2016年9月获批为该省首批转型试点学校 |
| WHU3 | 该校位于"九省通衢"的湖北省武汉市，是一所突出商科教育，以管理学为主，经济学、工学为两翼，教育学、文学、艺术学等多学科协调发展的省属财经类普通本科高等院校。学校始建于1963年，2013年4月更为现名；学校全日制办学规模1万余人，教职员工700余人。2014年9月获批为该省首批转型试点学校 |
| HBU4 | 该校坐落于长江之滨的中国香城泉都——湖北省咸宁市，是第一批卓越医生教育培养计划项目试点高校，是一所省属公立办校。2011年经教育部同意更名为现名。学校有教职工总数1400余人，在校学生人数1.7万余人。2015年2月获批为该省转型试点学校 |
| CDU5 | 该校是四川省人民政府主管的公办全日制普通本科学校，由四川省教育厅、四川省经济和信息化委员会"厅委共建"。入选全国"十三五"产教融合发展工程规划项目应用型本科建设院校、四川省"本科院校整体转型发展改革"试点单位。学校始创于1913年，2012年3月升格为省属普通本科院校并更为现名。学校有教职工600余人，在校学生约1.3万人。2015年11月获批为该省转型试点学校 |

| 样本学校 | 基本情况介绍 |
|---|---|
| XCU6 | 该校坐落在国家级优秀旅游城市——四川省西昌市,是四川省人民政府主管的公办全日制普通本科学校。该校是国家教育现代化推进工程应用型本科高校建设项目学校、四川省"本科院校整体转型发展改革"试点单位;始创于 1939 年,2003 年 5 月经合并重组后更为现名。学校有全日制普通在校生 1.8 万余人,有教职工近 1000 人,2015 年 2 月获批为该省首批转型试点学校 |

## 3.1.2 调查问卷设计与实施

笔者注重调查问卷的合理设计,根据所选取的地方普通高校样本,注重对调查对象的全面考察。

### 3.1.2.1 问卷构成及内容

第一,从问卷的构成来看,主要包括两种类型的问卷。一是关于所选取的地方普通高校教职工的问卷;二是关于所选取的地方普通高校学生的问卷。每种问卷均包括三大块内容,其一是基本信息,其二是治理满意度调查,其三是治理现状调查。

第二,从教职工问卷的内容来看,重点考察地方普通高校的治理满意度以及治理情况,着重了解地方普通高校治理的现状,集中反映地方普通高校的治理目标、治理主体、治理依据、治理手段、治理方法、治理效果等方面的实际状况。侧重的问题主要在于了解地方普通高校治理的状况,学校行政权与学术权的配置状况,内部治理多元主体的参与状况,多元主体的权责分配状况,教授委员会的基本状况,董事会的运行状况,大学制度建设(包括大学章程),学校内部治理模式上的变化,本科生教学状况及其改进等方面。

第三,从学生问卷的内容来看,主要了解学生在参与学校、院系管理方面的情况,包括总体参与情况,参与院校二级治理的决策状况;学生对学校教育教学质量、学校总体办学情况、内部治理情况的看法;学生对大学制度(如大学章程）的基本了解程度等。

### 3.1.2.2 问卷试测与修正、信度效度检测

笔者从问卷试测、问卷的信度和效度上分析符合地方普通高校治理问题的理论构想，并通过探索性因素分析，获取了地方普通高校治理现状调查问卷的基本结构，结果表明理论构想与实际调查的结果具有一致性。

（1）问卷的试测与修正

为检查测试问卷的制订情况是否能达到要求，采用随机抽样的方法从中部地区抽取到了一所地方普通高校，并以其作为正式实施前的试测对象，对教职工发放问卷 60 份，回收有效问卷 53 份，有效率为 88.33%；对学生发放问卷 220 份，回收有效问卷 194 份，有效率为 88.18%。将所有数据录入 SPSS19.0 软件，对预测结果进行项目分析和探索性因素分析。

通过对所选取的试测对象进行分析，删除掉不符合问卷要求的条目。分析方法上，主要采用了项目鉴别指数法和相关法。通过对预测问卷的区分度和内部一致性计算，在因素分析结果的基础上结合理论模型，删除了因素负荷在 0.4 以下的几项内容。

结果表明，教师问卷中有 3 个调查项目缺乏鉴别力，予以删除，包括：第 22 题 "您认为校长在完善学校内部治理中所发挥的作用如何"；第 23 题 "您认为党委书记在完善学校内部治理中所发挥的作用如何"；第 27 题 "您认为贵校在制度建设方面的效果如何"。学生问卷中有 2 个调查项目缺乏鉴别力，予以删除，包括：第 12 题 "您认为学校对治理能力培养的重视程度如何"；第 18 题 "贵校的制度建设对于学校转型发展的作用如何"。

（2）问卷的信度分析

信度就是表示测验结果的状况，包括具有稳定性、一致性或可靠性。对地方普通高校治理模式的问卷调查，按照信度计算方法，一般采用同质性信度和分半信度。对内部一致性系数一般采用克隆巴赫系数。分半信度是指一项调查中，调查问卷两组题目的调查结果的变异程度。

Guielford 认为，信度系数若大于 0.7，表明信度比较高；当系数介于 0.7 和 0.35 之间时，表明信度可以接受，或系数小于 0.35 则表示信度低。① 根据本研究的结果来看，克隆巴赫系数最低值为 0.819，最高值是 0.865；分半信度中，最高值为 0.834，最低值为 0.818，这表示问卷的信度是可靠的。

表 3-2　　　　　　　调查问卷各结构要素的内部一致性信度结果

| 维度 | 治理目标 | 治理依据 | 治理主体 | 权责配置 | 治理方式 | 治理效果 |
|---|---|---|---|---|---|---|
| 克隆巴赫系数 | 0.823 | 0.842 | 0.826 | 0.865 | 0.819 | 0.827 |
| 分半信度 | 0.818 | 0.824 | 0.831 | 0.826 | 0.834 | 0.821 |

（3）问卷的效度分析

效度指的是有效性，表示通过测量手段或测量工具、方法来衡量事物的有效程度。效度是指所测量到的结果反映所想要考察内容的程度，测量结果与要考察的内容越吻合，则效度越高；反之，则效度越低。效度分为三种类型：内容效度、准则效度和结构效度。

第一，问卷的结构效度较好。从问卷题目的形成状况来看，首先是在基于理论模式形成的过程与方式，逐步提炼形成多个可能的共同因素，再根据共同因素的范围和界定框架来提出开放式问卷的内容。在对一部分有代表性的教职工和在校大学生进行初步的有目的性的访谈和开放式问卷调查之后，根据他们对问卷题目的反馈结果，整理与本研究主题有关的内容，融合并组成问卷项目。在问卷初步形成之后，又咨询了相关专家，经过专家对问卷维度的审核，一致认为该问卷较为科学合理。同时，经过统计分析，结合分析法评价结论和对照相关系数，认为本研究的问卷具有显著的相关性，以此判断为有效问卷。综合实际调查和访谈，经过因素分析，得出的内容与地方普通高校治理问题的理论构想模型保持一致，相关系数符合斯皮尔曼对因素分析的理论解释，各个因素之间保持中等程度

① Guielford. Fundamental Statistics in Psychology and Education［M］. New York：McGraw-Hill Book Company, 1956：565.

的相关。

第二,为了进一步验证该问卷的理论构想与实际情况的拟合程度,本研究采用 Amos17.0 统计分析软件对大学生个人知识管理能力问卷进行验证性因素分析。根据路径分析的基本要求,综合以往诸多研究者的实践经验与建议,本研究使用了以下几项指标,如卡方检验(Chi-square test),CFI(Comparative Fit Index),近似误差均方根 RMSEA,拟合优度指数 GFI,模型简约程度指数 PGFI,常规拟合指数,调整拟合优度指数 AGFI,以及 SRMR 标准化残差均方根指数等。

从表 3-3 来看,各因素之间的相关在 $0.644 \sim 0.835$,这说明各个因素之间相关度较高。同时各因素与总分之间的相关在 $0.837 \sim 0.896$,而且各个因素与总分之间的相关普遍高于各个因素之间的相关,这表明地方普通高校治理现状调查问卷与理论构想的问卷是一致的,该问卷的构想效度较好。

表 3-3　　　　　　　　　各因素间以及各因素与总分间的相关

| 维度 | 治理目标 | 治理依据 | 治理主体 | 权责配置 | 治理方式 | 治理效果 |
|---|---|---|---|---|---|---|
| 治理目标 | 1 | | | | | 0.853 ** |
| 治理依据 | 0.715 ** | | | | | 0.865 ** |
| 治理主体 | 0.738 ** | 0.801 ** | | | | 0.837 ** |
| 权责配置 | 0.644 ** | 0.778 ** | 0.763 ** | | | 0.842 ** |
| 治理方式 | 0.742 ** | 0.835 ** | 0.814 ** | 0.781 ** | | 0.896 ** |
| 治理效果 | 0.816 ** | 0.724 ** | 0.821 ** | 0.824 ** | 0.783 ** | 0.874 ** |

注:** 表示 $P$ 小于 0.01

### 3.1.2.3　问卷实施

根据研究的需要,笔者对所选取的东部 2 所地方普通高校、中部 2 所地方普通高校、西部 2 所地方普通高校,共计 6 所地方普通高校进行问卷调查。从问卷发放的总数量来看,共计发放问卷 1320 份,回收有效问卷 1262 份,有效回收率

95.61%。其中，对每所学校发放教职工调查问卷 70 份，6 所学校共计发放教职工问卷 420 份，回收有效问卷 396 份，有效回收率为 94.29%。另外，对每所学校发放学生调查问卷 150 份，6 所学校共计发放 900 份，回收有效问卷 863 份，有效回收率为 95.89%。

## 3.1.3　访谈提纲设计与实施

为进一步了解地方普通高校治理现状，围绕研究目的，笔者制订了详细的访谈提纲。访谈对象之一是 6 所地方普通高校的教职工。教职工访谈提纲由 9 个题目所组成，涉及的内容主要包括：如何看待学术权与行政权之间的关系，本校的权力配置状况是否合理；学校在转型发展中面临哪些问题；董事会参与学校的经营与管理的现状；教职工参与院系及学校管理的情况及校院在教师和学生参与方面采取的措施；教职工代表大会、教授委员会、学术委员会的运作情况及其存在的问题；学校本科生教学质量及改进教学或教学管理举措；对学校总体治理情况的评价以及完善建议；对学校章程的了解情况以及章程执行的情况；校企合作情况以及促进企业行业参与学校治理的措施等。

此外，根据研究需要，本研究还访谈了 6 所学校的校领导。校领导访谈提纲主要由 10 个题目构成，涉及的内容主要包括：地方普通高校与政府的关系；办学自主权情况；校内的政治权、行政权与学术权的关系及配置状况；院校两级权责配置；学校治理存在的问题及原因；董事会参与的状况；教职工代表大会、教授委员会、学术委员会的运作情况及存在的问题；大学制度建设及章程执行的情况；校企合作及企业参与治理的措施及问题等。

本研究访谈了企业行业组织负责人。企业行业组织负责人的访谈提纲主要由 7 个问题构成，涉及的内容主要包括：企业行业在地方普通高校治理中的作用；当前企业行业在地方普通高校治理中的参与状况；企业行业参与学校治理的困难与问题；当前校企合作的状况与建议；企业行业提供治理支持的情况；如何优化企业行业与地方普通高校的权责配置；企业行业参与学校治理的能力等。

本研究还访谈了 6 所地方普通高校的学生代表。学生访谈提纲主要由 8 个问题构成，涉及的内容主要包括：学生在地方普通高校治理中的作用；学生在地方普通高校治理中的参与状况；学生参与学校治理的主要困难和问题；当前校企合作的状况及建议；学生参与学校治理的能力；学校总体治理情况及完善等。

从访谈样本的选择依据和数量来看，笔者根据研究需要一共访谈了 78 名对象，其中访谈每所学校的校领导 1 名，主要是校长或副校长，共计 6 人；每所学校随机访谈 2 位院系负责人，共访谈院系负责人 12 人；每所学校访谈 3 名教职工，其中包括教授 1 名，另外 2 名教师是在不同的院系中随机选择，6 所学校共计访谈教职工 18 人；每所学校随机选取 5 名来自不同院系的学生，共计访谈了 30 名学生。此外，为达成研究目的，笔者还对企业行业组织负责人进行了访谈，选择与每所地方普通高校相关的企业行业负责人 2 名，6 所地方普通高校共计访谈了 12 名企业行业负责人。具体情况见表 3-4。

表 3-4　　　　　　　　　　访谈样本的总体情况

| 访谈对象 | 校领导 | 院系负责人 | 教职工 | 学生 | 企业行业负责人 | 合计 |
|---|---|---|---|---|---|---|
| 访谈人数 | 6 | 12 | 18 | 30 | 12 | 78 |

### 3.1.4　问卷调查对象的基本情况

问卷调查对象主要包括两大类：一是教职工，而教职工问卷所面向的对象包括学校领导、院系负责人、教授、一般职工等；二是学生，包括研究生和本科生。

#### 3.1.4.1　教职工的基本情况

从调查对象的总体情况来看，问卷调查的对象具有一定的代表性。每所学校选取的学校领导是副校长或校长；院系负责人是随机抽取院系所选取的；所选取的教职工是随机的。

（1）性别比例

如表 3-5 所示，男性教师的平均比例占 56%，女性教师的平均比例占 44%，性别比例相差不大。

表 3-5 调查对象的性别比例

| 学校类别 | GDU1 | HZU2 | WHU3 | HBU4 | CDU5 | XCU6 | 平均 |
|---|---|---|---|---|---|---|---|
| 男（%） | 54 | 58 | 59 | 55 | 56 | 54 | 56 |
| 女（%） | 46 | 42 | 41 | 45 | 44 | 46 | 44 |

（2）年龄分布

从调查对象的年龄分布来看，各年龄段的教师比例均有侧重。如表 3-6 所示，6 所地方普通高校的教职工年龄段情况如下：21~30 岁的比例为 8.08%，31~40 岁的比例为 29.29%，41~50 岁的比例为 37.63%，51~60 岁的比例为 17.42%，60 岁以上年龄段的比例为 7.58%。

表 3-6 年龄段及人数总体比例

| 年龄段（岁） | 21~30 | 31~40 | 41~50 | 51~60 | 60 以上 |
|---|---|---|---|---|---|
| 人数（人） | 32 | 116 | 149 | 69 | 30 |
| 比例（%） | 8.08 | 29.29 | 37.63 | 17.42 | 7.58 |

（3）教龄（或工龄）情况

教龄（或工龄）状况如表 3-7 所示，其中 1~3 年的占 7.32%，4~5 年的占 11.36%，6~9 年的占 22.22%，10~15 年的占 31.57%，15 年以上的占 27.53%。教龄分布相对比较均匀。

表 3-7 教龄（工龄）统计

| 教龄或工龄（年） | 1~3 | 4~5 | 6~9 | 10~15 | 15 以上 |
|---|---|---|---|---|---|
| 人数（人） | 29 | 45 | 88 | 125 | 109 |
| 比例（%） | 7.32 | 11.36 | 22.22 | 31.57 | 27.53 |

（4）职称情况

从教职工的调查问卷来看，调查对象的职称分布状况如图 3-1 所示，教授（正高级）职称的占比 21%；副教授（副高级）职称的占比为 35%，讲师（中级）职称的占比为 36%，助教（初级）职称的占比为 8%。调查对象的职称分布比较合理，体现出不同层次。

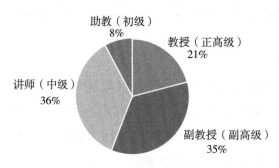

图 3-1　教师职称情况

（5）行政职务

从被调查的教职工的行政职务来看，副厅级以上干部占 3.28%，处级或副处级干部占 13.64%，科级或副科级干部占 31.57%，普通教职工占 51.52%。从行政职务的分布来看，各层级的分布比较合理，详见表 3-8。

表 3-8　　　　　　　　　　　教职工行政职务状况分析

| 行政职务 | A. 厅级或副厅级干部 | B. 处级或副处级干部 | C. 科级或副科级干部 | D. 普通教职工 |
|---|---|---|---|---|
| 人数（人） | 13 | 54 | 125 | 204 |
| 比例（%） | 3.28 | 13.64 | 31.57 | 51.52 |

### 3.1.4.2　学生的基本情况

在学生方面，选取不同年级、不同学科专业的大学生以及部分研究生进行调查，学科专业考虑到文、理、工等不同类型。调查对象中的学生基本情况如表

3-9所示，男生和女生的平均性别比例分别为 55.5% 和 45.5%。从学生的学历层次来看，本科生占比 83.7%，研究生占比 16.3%，如图 3-2 所示。

表 3-9 　　　　　　　　　　　**学生基本情况分析**

| 学校类别 | GDU1 | HZU2 | WHU3 | HBU4 | CDU5 | XCU6 | 平均 |
|---|---|---|---|---|---|---|---|
| 男（%） | 54 | 57 | 58 | 57 | 52 | 55 | 55.5 |
| 女（%） | 46 | 43 | 42 | 43 | 48 | 45 | 45.5 |

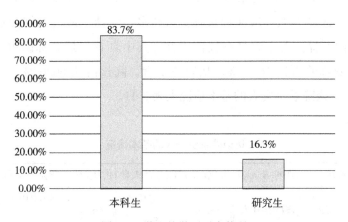

图 3-2　学生的学历层次状况

## 3.1.5　访谈调查对象的基本情况

第一，访谈对象中的校领导情况。所访谈的 6 名校领导均为副校长，均具有教授职称。从性别来看，男性校领导多于女性校领导，分别为 4 人和 2 人。从教龄来看，分布比较均衡。从任教学科的类别来看，既有文科类，也有理工科类。根据研究需要，6 所学校的校领导分别用代号 L1—L6 表示，具体情况见表 3-10。

表 3-10 　　　　　　　　　　　**访谈校领导的基本情况**

| 校领导姓名代号 | 职务 | 职称 | 性别 | 年龄 | 教龄 | 任教学科类别 |
|---|---|---|---|---|---|---|
| L1 | 副校长 | 教授 | 男 | 52 | 24 | 理工科类 |
| L2 | 副校长 | 教授 | 男 | 51 | 25 | 理工科类 |

续表

| 校领导姓名代号 | 职务 | 职称 | 性别 | 年龄 | 教龄 | 任教学科类别 |
|---|---|---|---|---|---|---|
| L3 | 副校长 | 教授 | 女 | 49 | 21 | 文科类 |
| L4 | 副校长 | 教授 | 男 | 52 | 24 | 理工科类 |
| L5 | 副校长 | 教授 | 男 | 53 | 28 | 理工科类 |
| L6 | 副校长 | 教授 | 女 | 47 | 24 | 文科类 |

第二，访谈对象中的院系负责人情况。共访谈了院系负责人12名，6所地方普通高校各选取2人。从性别来看，男性多于女性，所占比例分别为75%和25%。从职称来看，大多数具有教授职称，其中具有教授职称的占比83.33%，具有副教授职称的占比16.67%。从职务来看，院长占比66.67%，副院长占比33.33%。所访谈院系负责人的基本情况见表3-11。

表3-11　　　　　　　　　　**访谈院系负责人的基本情况**

| 性别及人数 | 占比(%) | 职称及人数 | 占比(%) | 职务及人数 | 占比(%) | 年龄及人数 | 占比(%) |
|---|---|---|---|---|---|---|---|
| 男9人 | 75 | 教授10人 | 83.33 | 院长8人 | 66.67 | 50岁以上7人 | 58.33 |
| 女3人 | 25 | 副教授2人 | 16.67 | 副院长4人 | 33.33 | 40~50岁5人 | 41.67 |

第三，访谈对象中的教职工情况。每所地方普通高校访谈3名教职工，访谈教职工人数共计18人。从性别比例来看，男性教职工人数占61.11%，女性教职工人数占38.89%，见表3-12。

表3-12　　　　　　　　　　**访谈教职工的性别情况**

| 性别 | 人数 | 占比 |
|---|---|---|
| 男 | 11 | 61.11% |
| 女 | 7 | 38.89% |

此外，从所访谈的教职工职称情况来看，具有教授（正高级）职称的占比 33.33%；具有副教授（副高级）职称的占比 27.78%，具有讲师（中级）职称的占比 38.89%。调查对象的职称分布情况，如图 3-3 所示。

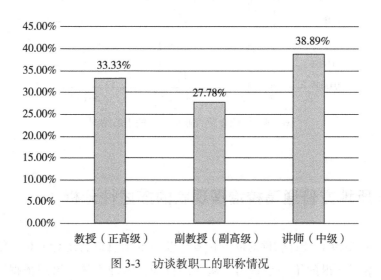

图 3-3　访谈教职工的职称情况

第四，访谈对象中的企业行业负责人情况。每所学校选取企业行业负责人 2 名，共计选取访谈对象 12 名，其中男性 8 人，女性 4 人，其性别情况见表 3-13。

表 3-13　　　　　　　访谈企业行业负责人的性别情况

| 性别 | 人数 | 占比 |
| --- | --- | --- |
| 男 | 8 | 66.67% |
| 女 | 4 | 33.33% |

从所访谈的企业行业负责人的工龄来看，普遍工龄较长，其中工作 20 年以上的企业行业负责人占比 55.56%，工作年限为 10～20 年的占比 33.33%，工作年限为 5～10 年的占比 11.11%，如图 3-4 所示。

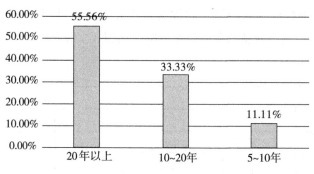

图 3-4　访谈企业行业负责人的工龄情况

## 3.2　6 所地方普通高校治理现状的描述性分析

通过 SPSS19.0 统计软件对问卷调查所获得的信息进行统计分析，结合访谈和实地考察等获得的第一手资料，从治理目标、治理主体、治理依据、权责配置、治理方式五个方面对 6 所地方普通高校治理现状进行描述性分析。

### 3.2.1　治理目标分析

笔者通过问卷和访谈等方式对东部、中部和西部共 6 所地方普通高校的治理目标进行深入调查，了解了地方普通高校在治理目标上的表述状况，同时对 6 所地方普通高校的治理目标进行了比较。

#### 3.2.1.1　治理目标的表述

一般来说，治理的最终目的是善治，即良好的治理，所以从宏观方面说，地方普通高校治理的最终目的当然也是促进地方普通高校实现良好的治理，实现地方普通高校向应用技术型高校的合理转型和科学发展。从微观方面来说，如表 3-14 所示，发现 6 所地方普通高校都制订了具体的治理目标，而且基本能围绕应用型高校定位来确立治理目标，在治理目标的基本表述上呈现如下特点：一是全面贯彻党的教育方针，坚持社会主义办学方向；二是面向经济社会发展需求，面向区域经济发展需要；三是培养应用技术型专门人才；四是强调培养人才的素质与质量；五是不同程度地表述了学校的治理方向，即要努力建成特色鲜明的高水平应用技术型大学。

表 3-14                           **6 所地方普通高校的治理目标**

| 学校 | 治 理 目 标 |
|---|---|
| GDU1 | 全面贯彻党的方针、坚持社会主义办学方向；致力于人才培养、科学研究、社会服务、文化传承创新，服务地方和国家经济社会发展。培养应用型人才，开展应用研究，提供应用服务 |
| HZU2 | 全面贯彻党的方针、坚持社会主义办学方向；立足区域经济建设和社会发展，建设特色鲜明的高水平应用型地方本科院校。培养科学与人文并重，具有国际视野、创新能力的高素质应用型人才 |
| WHU3 | 全面贯彻党的方针、坚持社会主义办学方向；坚持立足武汉、面向湖北、辐射全国，面向现代服务业，重点培养服务区域经济社会发展所需要的应用型、技术技能型人才 |
| HBU4 | 全面贯彻党的方针、坚持社会主义办学方向；坚持"学生为本、学者为先、依法治校、立德树人"的办学理念，面向经济社会发展需求，培养具有社会责任、人文素养、创新精神和实践能力的应用型高级专门人才，努力建成特色鲜明的高水平应用型大学 |
| CDU5 | 全面贯彻党的方针、坚持社会主义办学方向；坚持地方性、应用性、开放性的办学思路，主动服务地方区域社会经济和行业产业发展，开展校企合作、校地合作和产教融合，以社会需求为导向，以工程技术、职业规范、创新意识和综合素质等为重点，培养高质量的基层应用型专门人才 |
| XCU6 | 全面贯彻党的方针、坚持社会主义办学方向；坚持"应用型、地方性、民族性"，培养适应社会经济发展需要的应用型高级人才，努力建设全国民族地区知名的、特色鲜明的应用型本科院校 |

当然，从以上也可以看出，地方普通高校在治理目标上表现出一定的趋同性，缺乏自身特色。另外，治理目标的内容比较宽泛，缺少对治理目标具体细节的描述，针对性也不够突出。

此外，笔者对 6 所地方普通高校的校领导进行访谈，数据结果显示地方普通高校对治理目标上的重视程度比较高。如副校长 L1 描述了该校的治理目标，他说:"治理目标是地方普通高校实行有效治理的必要条件,因此我校非常重视治理目标的确立。比如我校在治理目标的制订上下了很大工夫,首先是经校务会通过议题讨论后,在全校范围内发布通知,接下来是广泛征集意见,经过教代会和学校常务会的数次讨论和研究,最后形成了现在我们所看到的本校治理目标。在治理目标的确立上,我校既注重贯彻党和国家的方针政策,也注重区域经济发展与应用技术型人才的培养,高度重视学校治理的基本方向。在治理行动上,我们将注重培养应用型人才,开展应用研究,提供应用服务。"

副校长 L3 指出:"治理目标是治理的要素之一,现阶段要解决好地方普通高校的治理问题,首先必须要确定合理的治理目标。在治理目标的确立上,我校经过了较为系统的考察、调研和摸索。我校是一所地方普通高校,地方性这一特征要求我校在治理目标上要立足于区域发展,因此本校非常注重应用技术型人才的培养工作,治理目标也紧紧围绕这一主线。本校的治理目标主要是培养面向现代服务业,重点培养服务区域经济社会发展所需要的应用型、技术技能型人才。"

### 3.2.1.2 治理目标的落实情况

笔者通过调研发现,6 所地方普通高校都十分重视对治理目标的落实,注重对治理效果的把握和监控。

例如,为落实治理目标,进一步加强向应用技术型高校转型的力度,HBU4 学校将学校现在的专业进行一定的整合,注重应用技术型人才培养的基本要求。该校一位二级学院的院长说:"治理目标当然是地方普通高校实施有效治理的重要步骤,我校注重治理目标的落实进度及执行状况,例如我校对照治理目标,每学期的期中和期末实施学期中评估、学期末总结。而且学校要求各院系仔细梳理目标执行情况,要求认真对照检查,并按时提交治理目标落实的基本情况。"

副校长 L2 也介绍了该校治理目标的落实情况,他说:"我校注重治理目标的落实,加大了检查和执行力度,做到'时时有检查,时时有更正,时时有落实'。此外,根据治理目标的基本要求,以及充分参与兄弟院校的治理经验,我校整合了现有培养方案,增加了学生的实习实训比重,并且调整了实习进程,灵活安排实习时间。"

CDU5学校也注重治理目标的落实，其副校长L5指出："制订合理的治理目标是地方普通高校治理实施的关键程序，但是有了治理目标后，还必须重视治理目标的落实情况。因此，我校设有一个学校转型治理领导小组，随时抽查并通报治理进程。领导小组的成员也在不断地丰富中，既有校领导，也有教职工和学生代表，此外我校也在考虑如何有效促进企业行业参与对治理目标执行情况的检查。"

## 3.2.2　治理主体分析

治理主体是地方普通高校治理的重要构成要素，各主体的观念、能力及其相互之间的关系极大影响着地方普通高校治理的有效性。如表3-15所示，6所地方普通高校治理涉及了多元主体，包括政府机构、学校领导与中层管理者、教职工、学生、家长、以及企业行业等。

表 3-15　　　　　　　　　　　治理主体的分布情况

| 学校 | 主要的治理主体 | 主体的呈现状态 |
|------|----------------|----------------|
| GDU1 | 政府、学校领导、中层干部、教职工、学生、家长、企业行业 | 对治理主体认识比较全面，主体分布情况比较合理；部分学校的家长主体性地位需进一步明确；主体的治理行动能力有待加强 |
| HZU2 | | |
| WHU3 | | |
| HBU4 | | |
| CDU5 | | |
| XCU6 | | |

从治理主体的分布情况来看，6所地方普通高校治理中的主体比较明晰，分布状况比较合理，表明这6所学校对治理主体的认识比较全面，但有部分学校没有明确提出家长作为学校治理的重要主体。但是，从访谈数据了解到，6所地方普通高校各治理主体对自身位置认识不太清晰。正如CDU5学校的一位中层干部说："地方普通高校治理主体的重要性不言而喻，但是相关治理主体在各自的位置上还存在模糊认识，不知道应该如何发挥治理主体的作用。"XCU6学校一位副院长说："一些治理主体，比如一般教职工，并不知道应该如何进行治理行动。家长只是从孩子成绩、孩子成长环境的角度来关注学校治理状况，他们自身也不

知道如何做，治理主体的执行力有待提高。"

### 3.2.2.1　教职工参与治理情况

第一，从教职工参与的总体情况来看，如表 3-16 所示，6 所地方普通高校教职工参与的总均值得分是 2.452，处于中等偏下水平。其中，GDU1、HZU2、WHU3、HBU4、CDU5、XCU6 6 所学校的均值得分分别是 2.727、2.621、2.364、2.312、2.456、2.231，基本处于中等偏下水平，见表 3-17。这说明我国地方普通高校教职工参与学校的治理程度不高。

表 3-16　　　　　　　　　　　教职工参与治理的总体情况

| | |
|---|---|
| 平均 | 2.452 |
| 标准差 | 0.6103 |
| 方差 | 0.3725 |
| 峰度 | −0.521 |
| 偏度 | 0.6784 |
| 区域 | 3 |
| 最小值 | 1 |
| 最大值 | 4 |

表 3-17　　　　　　　　　6 所地方普通高校教职工参与治理的情况

| GDU1 | | HZU2 | | WHU3 | | HBU4 | | CDU5 | | XCU6 | |
|---|---|---|---|---|---|---|---|---|---|---|---|
| 平均 | 2.727 | 平均 | 2.621 | 平均 | 2.364 | 平均 | 2.312 | 平均 | 2.456 | 平均 | 2.231 |
| 标准差 | 0.7862 | 标准差 | 0.6564 | 标准差 | 0.4502 | 标准差 | 0.5763 | 标准差 | 0.8202 | 标准差 | 0.4987 |
| 方差 | 0.6182 | 方差 | 0.4309 | 方差 | 0.2026 | 方差 | 0.3321 | 方差 | 0.6727 | 方差 | 0.2487 |
| 峰度 | −0.967 | 峰度 | −1.153 | 峰度 | −1.685 | 峰度 | −2.444 | 峰度 | 0.1875 | 峰度 | 0.1536 |
| 偏度 | 0.5736 | 偏度 | 0.1876 | 偏度 | 0.5602 | 偏度 | 0.2128 | 偏度 | 0.1757 | 偏度 | 0.1542 |
| 区域 | 2 | 区域 | 2 | 区域 | 1 | 区域 | 1 | 区域 | 3 | 区域 | 3 |

| GDU1 | | HZU2 | | WHU3 | | HBU4 | | CDU5 | | XCU6 | |
|------|---|------|---|------|---|------|---|------|---|------|---|
| 最小值 | 2 | 最小值 | 2 | 最小值 | 2 | 最小值 | 2 | 最小值 | 1 | 最小值 | 1 |
| 最大值 | 4 | 最大值 | 4 | 最大值 | 3 | 最大值 | 3 | 最大值 | 4 | 最大值 | 4 |

第二，从培养教职工参与学校治理能力的重视程度来看，如表 3-18 所示，6
所地方普通高校教职工参与治理能力的重视度的总均值得分是 2.389，处于中等
偏下水平。其中，GDU1、HZU2、WHU3、HBU4、CDU5、XCU6 6 所学校的均值
得分分别是 2.625、2.63、2.375、2.25、2.125、2.25，均处于中等偏下水平，
见表 3-19。这说明我国地方普通高校对培养教职工参与学校治理能力的重视程度
普遍不高。

表 3-18　　　　　　对培养教职工参与学校治理能力的总体重视程度

| | |
|---|---|
| 平均 | 2.389 |
| 标准差 | 0.56243 |
| 方差 | 0.3163 |
| 峰度 | 0.05142 |
| 偏度 | 0.32154 |
| 区域 | 3 |
| 最小值 | 1 |
| 最大值 | 4 |

表 3-19　　　　　　对培养教职工参与学校治理能力的重视程度

| GDU1 | | HZU2 | | WHU3 | | HBU4 | | CDU5 | | XCU6 | |
|------|---|------|---|------|---|------|---|------|---|------|---|
| 平均 | 2.625 | 平均 | 2.63 | 平均 | 2.375 | 平均 | 2.25 | 平均 | 2.125 | 平均 | 2.25 |
| 标准差 | 0.74402 | 标准差 | 0.6184 | 标准差 | 0.5175 | 标准差 | 0.5634 | 标准差 | 0.6408 | 标准差 | 0.7642 |
| 方差 | 0.55357 | 方差 | 0.3546 | 方差 | 0.2679 | 方差 | 0.3174 | 方差 | 0.4107 | 方差 | 0.584 |
| 峰度 | -0.1515 | 峰度 | -2.56 | 峰度 | -2.24 | 峰度 | 0 | 峰度 | 0.7410 | 峰度 | -1.528 |

| GDU1 | | HZU2 | | WHU3 | | HBU4 | | CDU5 | | XCU6 | |
|------|------|------|------|------|------|------|------|------|------|------|------|
| 偏度 | 0.82377 | 偏度 | 0 | 偏度 | 0.6441 | 偏度 | 1.5432 | 偏度 | −0.0678 | 偏度 | −0.532 |
| 最小值 | 2 | 最小值 | 2 | 最小值 | 2 | 最小值 | 2 | 最小值 | 1 | 最小值 | 1 |
| 最大值 | 4 | 最大值 | 3 | 最大值 | 3 | 最大值 | 3 | 最大值 | 3 | 最大值 | 4 |

第三，从教职工参与学校治理的举措来看，笔者从调查中发现，尽管6所地方普通高校均重视教职工参与学校治理，但是，有利于教职工参与治理的举措和途径并不充分。例如，HZU2学校的一位教授指出："地方普通高校治理是一个相对复杂的问题，从理论上来说我校还是比较重视教职工参与学校治理这一问题。但是我校还没有制订教职工参与的相应举措，教职工目前还只关注教书育人，完成相应的教学和科研任务，还没有了解到底有哪些可以进行实质性参与的途径。可以说，教职工治理能力比较欠缺与治理参与途径的缺乏是有关系的。"

HBU4学校的一位教师也指出了教师参与途径不足的问题，他说："我们学校的教职工也比较重视学校转型过程中的治理问题，但是学校并没有制订教师参与治校的明确途径与办法，教师在学校治理中的理论认识与治理行动能力不能保持在同一水平线上，可见，治理参与途径的不充分，是教职工参与学校治理能力较弱的一个重要原因。"

CDU5学校的一个二级学院的院长也指出教职工参与治理途径偏少这一问题，他说："我校领导和教职工普遍还是很重视治理参与问题，但是学校刚处于转型发展中的起步阶段，到底有哪些途径可以让教职工更好地参与，哪些举措会更有利于治校行为，这些问题目前还没有上升到有效解决的层面，但是学校会逐步制订一些参照方案。"

### 3.2.2.2　学生参与情况

第一，从学生参与的总体情况来看，如表3-20所示，6所地方普通高校学生总体参与度不高，总均值得分是1.86，处于较低水平。从不同学校来看，GDU1、HZU2、WHU3、HBU4、CDU5、XCU6 6所学校的均值得分分别是2.125、2.06、2.02、1.87、1.5、1.56，均处于相对较低水平，特别是HBU4、CDU5、XCU6 3

所学校表现得更为明显（见表3-21）。这说明我国地方普通高校学生参与学校治理的程度很低。

表 3-20　　　　　　　　　　　　**学生参与治理的总体情况**

| | |
|---|---|
| 平均 | 1.86 |
| 标准差 | 0.65324 |
| 方差 | 0.42672 |
| 峰度 | −0.75864 |
| 偏度 | 0.32155 |
| 区域 | 2 |
| 最小值 | 1 |
| 最大值 | 4 |

表 3-21　　　　　　　　　　　**6 所地方普通高校学生参与治理情况**

| GDU1 | | HZU2 | | WHU3 | | HBU4 | | CDU5 | | XCU6 | |
|---|---|---|---|---|---|---|---|---|---|---|---|
| 平均 | 2.125 | 平均 | 2.06 | 平均 | 2.02 | 平均 | 1.87 | 平均 | 1.5 | 平均 | 1.56 |
| 标准差 | 0.6408 | 标准差 | 0.6859 | 标准差 | 0.6524 | 标准差 | 0.5421 | 标准差 | 0.5345 | 标准差 | 0.6372 |
| 方差 | 0.4107 | 方差 | 0.4705 | 方差 | 0.4256 | 方差 | 0.2938 | 方差 | 0.2857 | 方差 | 0.406 |
| 峰度 | 0.7410 | 峰度 | −0.254 | 峰度 | −0.65 | 峰度 | −2.45 | 峰度 | −2.8 | 峰度 | −2.51 |
| 偏度 | −0.067 | 偏度 | −0.235 | 偏度 | 0 | 偏度 | −0.321 | 偏度 | 0 | 偏度 | 0.564 |
| 区域 | 2 | 区域 | 2 | 区域 | 2 | 区域 | 1 | 区域 | 1 | 区域 | 1 |
| 最小值 | 1 | 最小值 | 1 | 最小值 | 1 | 最小值 | 1 | 最小值 | 1 | 最小值 | 1 |
| 最大值 | 4 | 最大值 | 4 | 最大值 | 3 | 最大值 | 4 | 最大值 | 4 | 最大值 | 3 |

　　第二，从参与机会和参与举措来看，6 所地方普通高校从理论上都比较认可学生在参与学校治理中的作用，因此在学校治理中采取了一些举措，在有限的条件下提供了一定的机会和途径。例如，WHU3 学校制定了《学生会管理条例》《班级活动与团学活动管理办法》等文件，进一步明确了学生在学校治理中的重要作用。正如该校一位辅导员老师指出："我校重视学生在学校治理中的作用，

在有限的条件下提供了学生实质性参与的一些措施。例如，我校根据现行治校要求的学习自主权，试行学生自由选课制度，表现在多名老师同时开设一门相同的课程，学生可以根据自己参与治校的经验认识，选择相应的课程进行学习。摒弃了传统的强制学生学习某门功课、指定必须上某位老师的课的做法，给了学生一定的学习自主权。"

GDU1学校一名班主任老师说："我校相对而言是比较重视学生的治校参与，例如我们让学生会等组织参与学生管理，全面负责学生文体活动，学生成立了学习部、权益保障部，我认为这些措施和途径有助于学生提升治理参与能力。"

HZU2学校的一位学生会副主席说："我认为学校采取了一定的措施促进学生的治校参与，例如学校让我们参加期中和期末教学检查活动、教学信息反馈活动，这些措施提升了我们学生参与学校治理的机会，增加了学生的参与度。"

CDU5学校一名学生干部说："从我校来看，学生有一些参与学校治理的机会，例如学校专门在各班级设置教学信息员，由管理能力较强的班长或学习委员担任，教学信息员宣传学校管理的重大决策、指导同学们学习有关学校治理的文件。"

CDU5学校的教务处副处长说："我校重视学生参与学校的治理活动。从我分管教学的这一块工作来看，学校现在尝试弹性学制，本科生的基本学制是四年，但是弹性修业年限为4~6年，学生可以根据自己的需要，灵活地选择学习时长。甚至可以与课外创业同时进行。另外，学校也准备对学生实行学分制，改变学生被动上课的局面，给学生更多的学习自主权。"

但是，调研也发现，6所地方普通高校学生参与学校治理的机会和途径依然偏少。GDU1学校的一名教研室主任说："我们都知道学生在参与学校治理中的作用非常大，应该充分调动学生的治理参与。但是鉴于观念原因、资源条件原因，当前我校学生参与学校治理的途径不多，学生主要的治理参与是体现在学习过程中，如学习能力、学习成绩、实践能力等；学生也会参加一些校级或院级活动。除此之外，我发现其他参与治校的机会很少，学校也没有精力或者专门制订好的举措来推动学生的参与。"

针对学生的参与问题，HBU4学校的一位辅导员也提出了他的看法，他说："我们学校较少设计学生参与学校治理的环节，学生参与学校治理的机会很少。从主要原因来分析，一是学校缺乏相应的较为明确的治理制度设计；二是缺乏学生参与的具体方案，学生除了对教和学有所了解之外，对其他的治校问题均不关注，学生在学校治理中的参与度比较差。"

CDU5学校的一位教师说："我校学生对治理的认识度不够，学校也没有进行相应的宣传活动。至于学生参与学校治理，通常就是参加一些学生座谈会，如期中教学检查座谈、期末教学检查座谈。此外，还有各级部门检查的一些座谈反馈。除此之外，学生没有明显的参与途径。"

### 3.2.2.3　企业行业的参与情况

第一，从企业行业治理参与的总体情况来看，如表3-22所示，6所地方普通高校治理中企业行业总体参与度偏低，总均值得分是1.96，处于较低水平。从不同学校来看，GDU1、HZU2、WHU3、HBU4、CDU5、XCU6 6所学校的企业行业参与均值得分分别是2.25、2.15、2.07、1.92、1.625、1.74，均处于相对较低水平，尤其是HBU4、CDU5、XCU6 3所学校，见表3-23。这一结果说明6所地方普通高校治理中企业行业的参与度普遍偏低。

表3-22　　　　　　　　**企业行业参与治理的总体情况**

| 平均 | 1.96 |
|---|---|
| 标准差 | 0.46542 |
| 方差 | 0.21661 |
| 峰度 | 0.136415 |
| 偏度 | −2.465214 |
| 区域 | 2 |
| 最小值 | 1 |
| 最大值 | 4 |

表3-23　　　　　　　**6所地方普通高校企业行业参与治理的情况**

| GDU1 | | HZU2 | | WHU3 | | HBU4 | | CDU5 | | XCU6 | |
|---|---|---|---|---|---|---|---|---|---|---|---|
| 平均 | 2.25 | 平均 | 2.15 | 平均 | 2.07 | 平均 | 1.92 | 平均 | 1.625 | 平均 | 1.74 |
| 标准差 | 0.4629 | 标准差 | 0.4523 | 标准差 | 0.5175 | 标准差 | 0.3536 | 标准差 | 0.5175 | 标准差 | 0.4629 |
| 方差 | 0.2143 | 方差 | 0.2143 | 方差 | 0.2679 | 方差 | 0.125 | 方差 | 0.2679 | 方差 | 0.2143 |
| 峰度 | 0 | 峰度 | 0 | 峰度 | −2.24 | 峰度 | 8 | 峰度 | −2.24 | 峰度 | 0 |

续表

| GDU1 | | HZU2 | | WHU3 | | HBU4 | | CDU5 | | XCU6 | |
| --- | --- | --- | --- | --- | --- | --- | --- | --- | --- | --- | --- |
| 偏度 | 1.4401 | 偏度 | -1.2145 | 偏度 | 0.6245 | 偏度 | 2.828 | 偏度 | -0.644 | 偏度 | -1.441 |
| 区域 | 1 | 区域 | 1 | 区域 | 1 | 区域 | 1 | 区域 | 1 | 区域 | 1 |
| 最小值 | 2 | 最小值 | 2 | 最小值 | 2 | 最小值 | 2 | 最小值 | 1 | 最小值 | 1 |
| 最大值 | 3 | 最大值 | 4 | 最大值 | 3 | 最大值 | 3 | 最大值 | 2 | 最大值 | 2 |

第二，访谈结果也显示企业行业的参与度不高。GDU1 学校的一位分管实践教学工作的副院长指出："从学校转型发展与治理过程来看，企业行业的参与是非常关键的因素。从我校治理的现状来看，目前企业行业的参与度是有一些，但是总体来说参与程度不高。当前两个单位的合作还没有找到密切契合的结合点，因为参与意味着双方在人、财、物等方面的投入，意味着权力的分配，还有相应的责任承担等问题，这些问题的解决也涉及多方面的因素，双方还需要进一步的探索。从目前来看，企业行业的参与是不充分的。"

HZU2 学校的一个合作企业的部门经理说："我们企业与该校的合作有四年时间了，时间也不短。但是合作程度不高，我们单位是一个与能源开发和节能设备销售有关的企业，这所学校也有相应的对口专业。自从学校提出转型发展以来，我们两个单位也进行多次协商，但是因为缺乏相应的协调机制，加之各自的出发点不同，我们的合作还仅限于举行一两场讲座，或是举办一场招聘会，新型的参与合作比较少。"

WHU3 学校的一个合作企业的部门负责人也提出了自己的看法，他说："企业行业参与学校治理是新形势下地方普通高校治理的重要途径。如果企业行业在地方普通高校治理中的参与程度更高，学校的治理决策也会更科学，治理行动也更有力，这也有利于企业行业从学校治理合作中获得更多的发展机会，也有利于挖掘更多适合企业行业发展的高素质人才。然而，当前本地企业和行业组织在学校治理中的参与度不高，双方在参与度方面需要进一步加强协商，另外最好是有一个明确的参与制度，通过制度来促进企业行业的参与，这也能保障企业行业的利益，促进其参与的积极性。"

第三，调查数据也显示，6 所地方普通高校与企业行业在合作办学、协同治理方面，已开始作出一些较好的尝试。例如，HZU2 学校的教务处实践教学科科长说："我认为企业行业在地方普通高校治理中有非常重要的作用。目前我校与企业行业之间已经有了一些初步的合作。例如，我校根据不同的专业需要，目前已和企业行业共建了好几所实习实训基地，这有利于不同专业的学生加强实践技能，而且在学校的学术活动周里，我校还聘请了企业高管给学生们举办讲座，有利于进一步丰富和提升学生们的理论与实践水平。

WHU3学校的一位教授说："企业行业与学校治理活动密切相关，我校与企业行业进行了一定的治理合作。据我观察，一是创新创业教育，我校现在长年有驻校企业代表，帮助学生们提升就业能力，甚至进行对口就业，我认为这是双方合作治理的一个有效尝试。二是校企共建实习实训基地和大学生创业基地，这些基地的建设有助于促进企业行业的合作治理，也有利于提升双方治理合作的有效性。总之，我认为本校在促进学校治理中的企业行业的参与度方面，已经重视并作出了一定的努力，取得了初步的成效，但是总体来说，企业行业的治理参与度还不足够，双方还有很长的路要走。"

XCU6学校的一位教授说："从校企合作方面来说，我校的进步比较明显。比如我校在转型发展初期不太重视企业行业参与，后来学校转变了观念意识，逐渐开始重视校企合作参与。比如我校积极探索，充分发挥沟通、交流的纽带作用，进一步与浙江蓝特等高新企业加强合作，提高人才培养的质量，进一步加强和企业的科研合作，建立产学研的立体合作模式。"

## 3.2.3　治理依据分析

地方普通高校治理是高等教育领域的一个重要议题，有其基本的治理依据。调查显示，6所地方普通高校治理的首要依据是国家有关的法律法规及政策性文件，如《中华人民共和国教育法》、《中华人民共和国高等教育法》、《中华人民共和国教师法》、《关于坚持和完善普通高等学校党委领导下的校长负责制的实施意见》（中办发〔2014〕55号）、《高等学校章程制定暂行办法》（教育部令第31号）等。除此之外，省级政府层面的政策以及地方普通高校内部的制度也是地方普通高校治理的另一个重要依据。

### 3.2.3.1　省级政府层面的相关政策分析

针对地方普通高校的转型发展问题，广东省、湖北省、四川省等省份对地方本科高校转型发展均出台了专门的政策文件。省级政府发布政策文件主要基于党和国家作出的有关教育改革发展的部署，以及有关地方本科高校转型、职业教育发展规划或指示时，省级政府都会贯彻执行党中央的文件精神，根据本省发展需要而发布本省高校转型发展的具体政策。

表3-24 部分省的地方普通高校政策

| 省份 | 政策文件 | 发布背景 | 价值取向 | 政策内容 | 时间 |
|------|----------|----------|----------|----------|------|
| 湖北省 | 《关于在省属本科高校中开展转型发展试点工作的通知》 | 为贯彻落实党中央、国务院关于地方普通高校转型发展的重大决策以及湖北省中长期教育改革和发展规划纲要，根据国务院关于加快发展现代职业教育的工作部署和教育部的工作要求，提高地方高等教育支撑产业升级、技术进步和社会管理创新的能力 | 从价值取向来看，体现了贯彻执行国家有关教育政策文件的基本精神，教育服务经济社会发展、特别是地方经济发展以及追求教育自身发展的价值需求 | 提出了转型发展的主要思路，转型发展的基本原则，转型发展的主要任务，以及转型发展的保障措施等 | 2014.4 |
| 四川省 | 《关于引导部分普通本科高校向应用型转变的实施意见》 | 为贯彻落实党中央、国务院关于地方普通高校科学转型发展的重大决策，四川省实施"三大发展战略"深化高等教育综合改革，增强地方高校服务区域经济社会发展的能力 | | | 2016.3 |
| 广东省 | 《关于引导部分普通本科高校向应用型转变的实施意见》 | 为贯彻落实党中央、国务院关于地方普通高校转型发展的重大决策，结合广东省教育改革发展实际，推行广东省关于高等教育创新驱动发展战略与区域经济社会发展战略 | | | 2016.6 |

　　湖北省为贯彻落实《关于引导部分地方普通本科高校向应用型转变的指导意见》（以下简称《意见》），以及湖北省中长期教育改革和发展规划纲要，根据国务院关于加快发展现代职业教育的工作部署和教育部的工作要求，决定在省属本科高校中开展向应用技术型普通高校转型发展的省级试点工作，湖北省教育厅等部门于2014年4月联合发布《关于在省属本科高校中开展转型发展试点工作

的通知》。四川省为贯彻落实《意见》，按照四川省实施"三大发展战略""两个跨越"的总体部署，主动适应经济发展新常态、加强产业转型和创新驱动发展，于2016年3月发布《关于引导部分地方普通本科高校向应用型转变的实施意见》。广东省根据《意见》，结合广东省教育改革发展实际，推行广东省关于高等教育创新驱动发展战略与区域经济社会发展战略，于2016年6月发布《关于引导部分普通本科高校向应用型转变的实施意见》。从价值取向来看，体现了贯彻执行国家有关教育政策文件的基本精神，教育服务经济社会发展、特别是地方经济发展以及追求教育自身发展的价值需求。从政策内容来看，主要是提出了转型发展的主要思路、转型发展的基本原则、转型发展的主要任务以及转型发展的保障措施等。

### 3.2.3.2 学校内部治理制度建设

与此同时，调查也发现，6所地方普通高校能够从社会需求出发，结合学校的办学条件以及学校发展的特点，重视学校内部的制度建设，将大学章程以及相关制度作为学校治理的重要依据。

（1）对制度建设的重视情况

从教职工的问卷调查数据统计结果来看，如图3-5所示，选择在学校治理中对制度建设"非常重视"的教职工有32人，所占比例为8.08%；选择"比较重视"的有56人，所占比例为14.14%；选择"重视度一般"的有142人，所占比例为35.86%；选择"不太重视"的有120人，所占比例为30.30%；选择"非常不重视"的有46人，所占比例为11.62%。

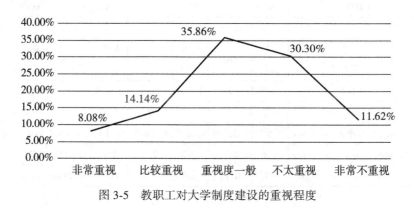

图3-5 教职工对大学制度建设的重视程度

如表 3-25 所示，总体来看，在学校治理中"对大学制度建设的总体重视情况"这个问题上，总的得分均值是 2.13，处于中等偏下水平。6 所地方普通高校在这一问题上的得分均值分别为 2.61、2.52、2.12、2.05、1.75、1.71，见表3-26。其中，CDU5、XCU6 2 所高校对于制度建设的重视程度处于较低水平。这一数据结果说明，在教职工看来，6 所地方普通高校在学校治理中对大学制度建设的重视程度不高。

表 3-25 　　　　　　　　对大学制度建设的总体重视情况均值表

| 平均 | 2.13 |
|---|---|
| 标准误差 | 0.087564 |
| 中位数 | 2 |
| 众数 | 2 |
| 标准差 | 0.578462 |
| 方差 | 0.33461 |
| 峰度 | 0.332154 |
| 偏度 | 0.252463 |
| 区域 | 3 |
| 最小值 | 1 |
| 最大值 | 4 |

表 3-26 　　　　　　6 所地方普通高校对大学制度建设的重视情况均值表

| GDU1 | | HZU2 | | WHU3 | | HBU4 | | CDU5 | | XCU6 | |
|---|---|---|---|---|---|---|---|---|---|---|---|
| 平均 | 2.61 | 平均 | 2.52 | 平均 | 2.12 | 平均 | 2.05 | 平均 | 1.75 | 平均 | 1.71 |
| 标准误差 | 0.1765 | 标准误差 | 0.1562 | 标准误差 | 0.16254 | 标准误差 | 0.17563 | 标准误差 | 0.352 | 标准误差 | 0.1985 |
| 中位数 | 3 | 中位数 | 3 | 中位数 | 2 | 中位数 | 2 | 中位数 | 2 | 中位数 | 2 |
| 众数 | 3 | 众数 | 3 | 众数 | 2 | 众数 | 2 | 众数 | 2 | 众数 | 2 |
| 标准差 | 0.51624 | 标准差 | 0.42561 | 标准差 | 0.23564 | 标准差 | 0.528456 | 标准差 | 0.608562 | 标准差 | 0.521471 |
| 方差 | 0.26651 | 方差 | 0.18114 | 方差 | 0.05526 | 方差 | 0.27927 | 方差 | 0.3703 | 方差 | 0.2719 |
| 峰度 | -2.31 | 峰度 | -2.32 | 峰度 | 0.13 | 峰度 | 3.5 | 峰度 | -0.23546 | 峰度 | -2.24 |

续表

| GDU1 | | HZU2 | | WHU3 | | HBU4 | | CDU5 | | XCU6 | |
|------|------|------|------|------|------|------|------|------|------|------|------|
| 偏度 | -0.54126 | 偏度 | -0.57842 | 偏度 | 1.54263 | 偏度 | 0.2 | 偏度 | 0.45124 | 偏度 | -0.54626 |
| 区域 | 1 | 区域 | 1 | 区域 | 1 | 区域 | 2 | 区域 | 2 | 区域 | 1 |
| 最小值 | 2 | 最小值 | 2 | 最小值 | 2 | 最小值 | 1 | 最小值 | 1 | 最小值 | 1 |
| 最大值 | 3 | 最大值 | 4 | 最大值 | 3 | 最大值 | 3 | 最大值 | 3 | 最大值 | 2 |

（2）大学章程的建设情况

第一，对大学章程内容的了解程度。教职工的问卷调查结果，如图 4-5 所示，选择对大学章程内容"非常了解"的人数为 31 人，占比 7.83%；选择"比较了解"的有 48 人，占比 12.12%；选择"了解一些"的有 108 人，占比 27.27%；选择"了解较少"的人数为 120 人，占比 30.31%；选择"不了解"的人数为 89 人，占比 22.47%。

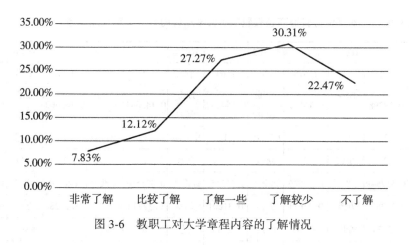

图 3-6　教职工对大学章程内容的了解情况

如表 3-27、表 3-28 所示，在学校治理中"对大学章程内容的了解程度"这个问题上，总的得分均值是 1.49。6 所地方普通高校的得分均值分别为 1.625，1.618、1.64、1.58、1.25、1.22。这说明 6 所地方普通高校的教职工对自己学校的大学章程内容了解程度非常低，有超过 20% 的教职工根本不了解自己学校的大学章程。

表 3-27　　　　　　　教职工对大学章程内容的总体了解程度均值表

| 平均 | 1.49 |
|---|---|
| 标准误差 | 0.070124 |
| 中位数 | 1 |
| 众数 | 1 |
| 标准差 | 0.494521 |
| 方差 | 0.24456 |
| 峰度 | −1.54214 |
| 偏度 | 0.710251 |
| 区域 | 1 |
| 最小值 | 1 |
| 最大值 | 3 |

表 3-28　　　　6 所地方普通高校教职工对大学章程内容的了解程度均值表

| GDU1 | | HZU2 | | WHU3 | | HBU4 | | CDU5 | | XCU6 | |
|---|---|---|---|---|---|---|---|---|---|---|---|
| 平均 | 1.625 | 平均 | 1.618 | 平均 | 1.64 | 平均 | 1.58 | 平均 | 1.25 | 平均 | 1.22 |
| 标准误差 | 0.18298 | 标准误差 | 0.16547 | 标准误差 | 0.154687 | 标准误差 | 0.145641 | 标准误差 | 0.163663 | 标准误差 | 0.14251 |
| 中位数 | 2 | 中位数 | 1.5 | 中位数 | 1 | 中位数 | 1 | 中位数 | 1 | 中位数 | 1 |
| 众数 | 2 | 众数 | 2 | 众数 | 1 | 众数 | 1 | 众数 | 1 | 众数 | 1 |
| 标准差 | 0.517549 | 标准差 | 0.52546 | 标准差 | 0.562153 | 标准差 | 0.421563 | 标准差 | 0.46291 | 标准差 | 0.54512 |
| 方差 | 0.267857 | 方差 | 0.27611 | 方差 | 0.31601 | 方差 | 0.17772 | 方差 | 0.214286 | 方差 | 0.29716 |
| 峰度 | −2.24 | 峰度 | −2.63 | 峰度 | −2.45 | 峰度 | 0 | 峰度 | 0 | 峰度 | 8 |
| 偏度 | −0.64406 | 偏度 | 0 | 偏度 | 0.61201 | 偏度 | 1.44032 | 偏度 | 1.440165 | 偏度 | 2.25461 |
| 区域 | 1 | 区域 | 1 | 区域 | 1 | 区域 | 1 | 区域 | 1 | 区域 | 1 |
| 最小值 | 1 | 最小值 | 1 | 最小值 | 1 | 最小值 | 1 | 最小值 | 1 | 最小值 | 1 |
| 最大值 | 2 | 最大值 | 3 | 最大值 | 3 | 最大值 | 2 | 最大值 | 2 | 最大值 | 2 |

　　学生的问卷调查结果，如图 3-7 所示，选择对大学章程内容"非常了解"的学生人数为 32 人，所占比例为 3.69%；选择"比较了解"的人数为 42 人，所占

比例为 4.84%；选择"了解一些"的人数为 142 人，所占比例为 16.36%；选择"了解较少"的人数为 480 人，所占比例为 55.30%；选择"不了解"的人数为 172 人，所占比例为 19.81%。

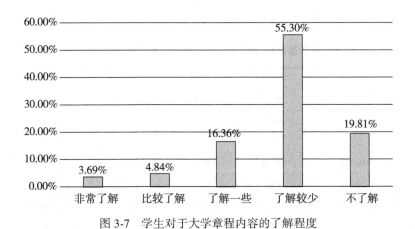

图 3-7　学生对于大学章程内容的了解程度

如表 3-29、表 3-30 所示，在学生对"大学章程内容的了解程度"这个问题上，6 所学校的总得分均值是 1.289。6 所地方普通高校的得分均值分别为 1.384、1.352、1.31、1.24、1.25、1.208，处于较低水平。这说明我国地方普通高校治理中，学生对大学章程的了解程度偏低，对本校章程了解较少或根本不了解的学生人数甚至达到了 75%。

表 3-29　　　　　　学生对大学章程内容的总体了解程度均值表

| 平均 | 1.289 |
| --- | --- |
| 标准误差 | 0.065142 |
| 中位数 | 1 |
| 众数 | 1 |
| 标准差 | 0.494125 |
| 方差 | 0.24416 |
| 峰度 | −1.45265 |
| 偏度 | 0.591421 |

续表

| 区域 | 1 |
|---|---|
| 最小值 | 1 |
| 最大值 | 4 |

表 3-30    **6 所地方普通高校学生对大学章程内容的了解程度均值表**

| GDU1 | | HZU2 | | WHU3 | | HBU4 | | CDU5 | | XCU6 | |
|---|---|---|---|---|---|---|---|---|---|---|---|
| 平均 | 1.384 | 平均 | 1.352 | 平均 | 1.31 | 平均 | 1.24 | 平均 | 1.25 | 平均 | 1.208 |
| 标准误差 | 0.18898 | 标准误差 | 0.23452 | 标准误差 | 0.171245 | 标准误差 | 0.18014 | 标准误差 | 0.182981 | 标准误差 | 0.163663 |
| 中位数 | 3 | 中位数 | 3 | 中位数 | 3 | 中位数 | 3 | 中位数 | 2 | 中位数 | 2 |
| 众数 | 3 | 众数 | 3 | 众数 | 3 | 众数 | 3 | 众数 | 2 | 众数 | 2 |
| 标准差 | 0.53452 | 标准差 | 0.52456 | 标准差 | 0.418545 | 标准差 | 0.55421 | 标准差 | 0.517549 | 标准差 | 0.46291 |
| 方差 | 0.28571 | 方差 | 0.2752 | 方差 | 0.17518 | 方差 | 0.30715 | 方差 | 0.267857 | 方差 | 0.214286 |
| 峰度 | 3.5 | 峰度 | 0.64511 | 峰度 | -2.32 | 峰度 | -2.51 | 峰度 | -2.24 | 峰度 | 0 |
| 偏度 | 0 | 偏度 | 0.06325 | 偏度 | -0.58942 | 偏度 | -0.45782 | 偏度 | 0.644061 | 偏度 | 1.440165 |
| 区域 | 2 | 区域 | 2 | 区域 | 1 | 区域 | 1 | 区域 | 1 | 区域 | 1 |
| 最小值 | 2 | 最小值 | 2 | 最小值 | 2 | 最小值 | 2 | 最小值 | 2 | 最小值 | 2 |
| 最大值 | 4 | 最大值 | 4 | 最大值 | 3 | 最大值 | 3 | 最大值 | 3 | 最大值 | 3 |

第二，对大学章程在治理中所起的作用认可情况。教职工的问卷调查结果，如图 3-8 所示，选择在地方普通高校治理中大学章程对学校发展的推动作用为"作用很大"的教职工有 66 人，所占比例为 16.26%；选择"作用较大"的有 84 人，所占比例为 20.69%；选择"作用较小"的有 109 人，所占比例为 26.85%；选择"基本无作用"的有 101 人，所占比例为 24.88%；选择"无作用"的有 46 人，所占比例为 11.32%。由此可见，6 所地方普通高校的教职工对大学章程所起作用的认可度还不高。

学生的问卷调查结果，如图 3-9 所示，选择在地方普通高校治理中大学章程对学校发展的推动作用为"作用很大"的学生有 86 人，所占比例为 9.97%；选择"作用较大"的有 121 人，所占比例为 14.02%；选择"作用较小"的有 256 人，所占比例为 29.66%；选择"基本无作用"的有 267 人，所占比例为

30.94%；选择"无作用"的有133人，所占比例为15.41%。可见6所地方普通
高校的学生对大学章程在学校治理中所起作用的认可度更低。

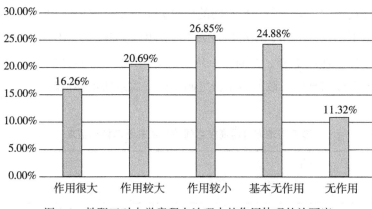

图 3-8　教职工对大学章程在治理中的作用体现的认可度

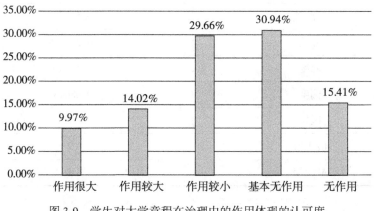

图 3-9　学生对大学章程在治理中的作用体现的认可度

## 3.2.4　权责配置分析

权责配置是地方普通高校治理中的一个关键问题。为厘清地方普通高校治理中的权责配置状况，笔者通过问卷和访谈等方式对所选取的调查对象进行了调查。

### 3.2.4.1　政府与高校之间的权责配置

第一，政府与高校之间的权责关系清晰状况。如表 3-31 所示，6 所地方普通高校在治理过程中，政府与学校之间的权责关系清晰状况的总均值得分是 2.385，处于中等偏下水平。其中，GDU1、HZU2、WHU3、HBU4、CDU5、XCU6 6 所学校的均值得分分别是 2.75、2.64、2.35、2.18、2.25、2.14，见表 3-32。这说明在地方普通高校治理中，政府与学校之间的权责关系还不够清晰。

表 3-31　　　　政府与地方普通高校之间的权责关系总体均值表

| | |
|---|---|
| 平均 | 2.385 |
| 标准误差 | 0.072154 |
| 中位数 | 2 |
| 众数 | 2 |
| 标准差 | 0.512541 |
| 方差 | 0.262698 |
| 峰度 | −2.32154 |
| 偏度 | 0.086457 |
| 区域 | 1 |
| 最小值 | 2 |
| 最大值 | 4 |

表 3-32　　　　政府与 6 所地方普通高校之间的权责关系均值表

| GDU1 | | HZU2 | | WHU3 | | HBU4 | | CDU5 | | XCU6 | |
|---|---|---|---|---|---|---|---|---|---|---|---|
| 平均 | 2.75 | 平均 | 2.64 | 平均 | 2.35 | 平均 | 2.18 | 平均 | 2.25 | 平均 | 2.14 |
| 标准误差 | 0.16366 | 标准误差 | 0.17458 | 标准误差 | 0.19542 | 标准误差 | 0.178425 | 标准误差 | 0.16366 | 标准误差 | 0.1532 |
| 中位数 | 3 | 中位数 | 3 | 中位数 | 3 | 中位数 | 2.5 | 中位数 | 2 | 中位数 | 2 |
| 众数 | 3 | 众数 | 3 | 众数 | 2 | 众数 | 2 | 众数 | 2 | 众数 | 2 |
| 标准差 | 0.46291 | 标准差 | 0.45781 | 标准差 | 0.51246 | 标准差 | 0.521347 | 标准差 | 0.46291 | 标准差 | 0.34956 |

续表

| GDU1 | | HZU2 | | WHU3 | | HBU4 | | CDU5 | | XCU6 | |
|---|---|---|---|---|---|---|---|---|---|---|---|
| 方差 | 0.214286 | 方差 | 0.20959 | 方差 | 0.26262 | 方差 | 0.2718 | 方差 | 0.214286 | 方差 | 0.0622 |
| 峰度 | 0 | 峰度 | -2.41 | 峰度 | -2.35 | 峰度 | -2.63 | 峰度 | 0 | 峰度 | -3.12 |
| 偏度 | -1.44016 | 偏度 | -0.54213 | 偏度 | 0 | 偏度 | 1.21452 | 偏度 | 1.44016 | 偏度 | 2.57421 |
| 区域 | 1 | 区域 | 1 | 区域 | 1 | 区域 | 1 | 区域 | 1 | 区域 | 1 |
| 最小值 | 2 | 最小值 | 2 | 最小值 | 2 | 最小值 | 2 | 最小值 | 2 | 最小值 | 2 |
| 最大值 | 3 | 最大值 | 4 | 最大值 | 4 | 最大值 | 3 | 最大值 | 3 | 最大值 | 3 |

第二，6所地方普通高校办学自主权的情况。学校教职工的问卷调查结果，如表 3-33 所示，6所地方普通高校办学自主权情况的总均值得分是 2.235，处于中等偏下水平。其中，GDU1、HZU2、WHU3、HBU4、CDU5、XCU6 6所学校的均值得分分别是 2.5、2.43、2.21、2.18、2.06、2.03，见表3-34。这一结果说明，6所地方普通高校的办学自主权还不够充分。

表 3-33　　　　　　地方普通高校办学自主权情况总均值表

| 平均 | 2.235 |
|---|---|
| 标准误差 | 0.0687541 |
| 中位数 | 2 |
| 众数 | 2 |
| 标准差 | 0.5642531 |
| 方差 | 0.318382 |
| 峰度 | -0.246325 |
| 偏度 | -0.075423 |
| 区域 | 2 |
| 最小值 | 1 |
| 最大值 | 4 |

表3-34                   6所地方普通高校办学自主权情况均值表

| GDU1 | | HZU2 | | WHU3 | | HBU4 | | CDU5 | | XCU6 | |
|---|---|---|---|---|---|---|---|---|---|---|---|
| 平均 | 2.5 | 平均 | 2.43 | 平均 | 2.21 | 平均 | 2.18 | 平均 | 2.06 | 平均 | 2.03 |
| 标准误差 | 0.188982 | 标准误差 | 0.172564 | 标准误差 | 0.163663 | 标准误差 | 0.24215 | 标准误差 | 0.188982 | 标准误差 | 0.174522 |
| 中位数 | 2.5 | 中位数 | 2 | 中位数 | 2 | 中位数 | 2 | 中位数 | 2 | 中位数 | 2 |
| 众数 | 2 | 众数 | 2 | 众数 | 2 | 众数 | 2 | 众数 | 2 | 众数 | 2 |
| 标准差 | 0.534522 | 标准差 | 0.511234 | 标准差 | 0.432547 | 标准差 | 0.698452 | 标准差 | 0.534522 | 标准差 | 0.459214 |
| 方差 | 0.285714 | 方差 | 0.26136 | 方差 | 0.187097 | 方差 | 0.48784 | 方差 | 0.285714 | 方差 | 0.210877 |
| 峰度 | -2.8 | 峰度 | -2.12 | 峰度 | 0 | 峰度 | -0.214567 | 峰度 | 3.5 | 峰度 | 0.5 |
| 偏度 | 0 | 偏度 | 0.562143 | 偏度 | 1.440165 | 偏度 | -0345 | 偏度 | 0 | 偏度 | -1.25631 |
| 区域 | 1 | 区域 | 1 | 区域 | 1 | 区域 | 2 | 区域 | 2 | 区域 | 1 |
| 最小值 | 2 | 最小值 | 2 | 最小值 | 2 | 最小值 | 1 | 最小值 | 1 | 最小值 | 1 |
| 最大值 | 3 | 最大值 | 4 | 最大值 | 3 | 最大值 | 3 | 最大值 | 3 | 最大值 | 3 |

第三，围绕高校办学自主权的问题，笔者对6所地方普通高校的校领导进行了深入访谈。访谈数据显示，我国地方普通高校普遍比较重视办学自主权问题，但是当前我国地方普通高校的办学自主权依然缺乏。例如，副校长L1说："首先，我认为办学自主权是影响地方普通高校治理的一个重要因素，也是影响地方普通高校治理效果的一个重要问题。地方普通高校的办学自主权是保证地方普通高校坚持社会主义办学方向的重要支撑力量，也是地方普通高校治理取得成效的关键因素之一。学校需要充足的办学自主权来促进学校的改革与发展，促进学校各项治理关系的理顺，从而保证学校治理的有效性。但是，尽管目前学校已经有了一定的办学自主权，但办学自主权还不够充分，具体表现如人事制度、经费管理及使用等方面。因此，需要进一步扩大学校的办学自主权，这样才能发挥学校的主观能动性，避免对政府的过度依赖，更大程度地推动学校科学转型发展。"

副校长L2说："办学自主权是地方普通高校治理有效性的一个重要保障，没有基本的权利保障，就没有良好的治理效果。省政府重视办学自主权问题，采取了一些简政放权的措施，包括科研奖励的自主分配，学校对教师的自主聘任备案制等措施，调动了我校在办学过程中的部分活力，学校治理的效率有了提升。但是当前办学自主权总体来说还不充分，学校与政府部门之间的权责关系还有待更多地理顺，办学自主权需要进一步有序地扩大。"

副校长 L3 也重点谈及了地方普通高校办学自主权的问题，他说："我校是一所地方普通高校，因为观念保守、办学条件欠缺等原因，我校的办学自主权并不充分，一定程度上学校还是习惯于由政府把控的治理方式，学校主要投身于育人事务，所以更多的是由政府来考虑学校的权力分配问题。从学校治理现状来看，办学自主权真正的下放力度是不够的。但是办学自主权问题如何把握，怎么做到权责相一致，这也是我们要思考的问题。本校的校务会上，很多同志也谈到了学校转型发展过程中的权力配置问题，对这个问题学校非常重视，后期我们将更进一步明晰思路。"

副校长 L4 也指出："我校重视办学自主权，因此学校在发展过程中，一直注重分清与政府间的关系，积极行动，主动承担学校治理的各项权责。不过总体来说，因为我校是一所地方性的学校，地理位置也不占优势，因此我校的办学自主权总体还需要进一步扩大，学校也要想办法扩大办学特色，争取更多的自主权，履行更多的人才培养与科学研究的重任。"

### 3.2.4.2　行政权与学术权的配置情况

第一，行政权与学术权配置的合理程度。在"行政权与学术权配置的合理程度"这一问题上，如图 3-10 所示，选择"非常合理"的教职工有 68 人，占比 17.17%；选择"比较合理"的有 79 人，占比 19.95%；选择"一般"的有 135 人，占比 34.09%；选择"不太合理"的有 67 人，占比 16.92%；选择"非常不合理"的有 47 人，占比 11.87%。

从该问题的均值得分情况来看，如表 3-35 所示，6 所地方普通高校的总均值得分是 2.488，处于中等偏下水平。其中 GDU1、HZU2、WHU3、HBU4、CDU5、XCU6 6 所学校的均值得分分别是 2.875、2.82、2.52、2.45、2.125、2.14，见表 3-36。这说明 6 所地方普通高校治理中的行政权与学术权配置的合理程度不高。

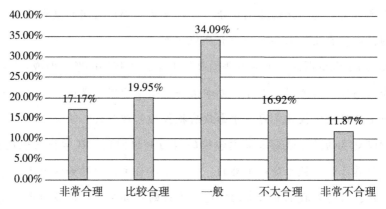

图 3-10　行政权与学术权配置的合理程度

表 3-35　　　　　　　　　　　　行政权与学术权配置的总均值表

| 平均 | 2.488 |
|------|-------|
| 标准误差 | 0.079632 |
| 中位数 | 2 |
| 众数 | 2 |
| 标准差 | 0.598431 |
| 方差 | 0.358119 |
| 峰度 | −0.18964 |
| 偏度 | 0.423546 |
| 区域 | 3 |
| 最小值 | 1 |
| 最大值 | 4 |

表 3-36　　　　　　　6 所地方普通高校行政权与学术权配置的均值表

| GDU1 | | HZU2 | | WHU3 | | HBU4 | | CDU5 | | XCU6 | |
|------|------|------|------|------|------|------|------|------|------|------|------|
| 平均 | 2.875 | 平均 | 2.82 | 平均 | 2.52 | 平均 | 2.45 | 平均 | 2.125 | 平均 | 2.14 |
| 标准误差 | 0.295048 | 标准误差 | 0.23241 | 标准误差 | 0.168452 | 标准误差 | 0.17324 | 标准误差 | 0.226582 | 标准误差 | 0.1423 |

续表

| GDU1 | | HZU2 | | WHU3 | | HBU4 | | CDU5 | | XCU6 | |
|---|---|---|---|---|---|---|---|---|---|---|---|
| 中位数 | 3 | 中位数 | 3 | 中位数 | 3 | 中位数 | 3 | 中位数 | 2 | 中位数 | 2 |
| 众数 | 2 | 众数 | 3 | 众数 | 3 | 众数 | 3 | 众数 | 2 | 众数 | 2 |
| 标准差 | 0.834523 | 标准差 | 0.69842 | 标准差 | 0.5121213 | 标准差 | 0.502134 | 标准差 | 0.64087 | 标准差 | 0.421531 |
| 方差 | 0.696429 | 方差 | 0.4878 | 方差 | 0.2623 | 方差 | 0.252138 | 方差 | 0.410714 | 方差 | 0.17769 |
| 峰度 | -1.39172 | 峰度 | -0.20215 | 峰度 | -2.52 | 峰度 | -2.01 | 峰度 | 0.741021 | 峰度 | -2.45 |
| 偏度 | 0.276528 | 偏度 | 0.421457 | 偏度 | -0.58942 | 偏度 | -0.550642 | 偏度 | -0.06784 | 偏度 | 2.828427 |
| 区域 | 2 | 区域 | 2 | 区域 | 1 | 区域 | 1 | 区域 | 2 | 区域 | 1 |
| 最小值 | 2 | 最小值 | 2 | 最小值 | 2 | 最小值 | 2 | 最小值 | 1 | 最小值 | 2 |
| 最大值 | 4 | 最大值 | 4 | 最大值 | 3 | 最大值 | 3 | 最大值 | 3 | 最大值 | 3 |

第二，教授拥有的学术权情况。如图 3-11 所示，在对地方普通高校教授拥有学术权的调查中，选择"非常大"的有 36 人，所占比例为 9.09%；选择"较大"的有 69 人，所占比例为 17.42%；选择"一般"的有 156 人，所占比例为 39.39%；选择"比较小"的有 110 人，所占比例为 27.78%；选择"完全没有"的有 25 人，所占比例为 6.32%。

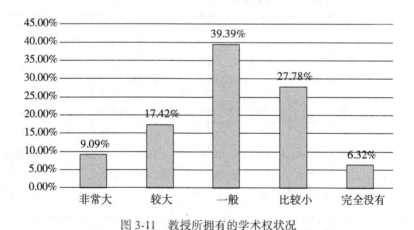

图 3-11  教授所拥有的学术权状况

从该问题的均值得分情况来看，如表 3-37 所示，6 所地方普通高校的总均值得分是 2.46，处于中等偏下水平。其中 GDU1、HZU2、WHU3、HBU4、CDU5、

XCU6 6 所学校的均值得分分别是 2.71、2.73、2.55、2.36、2.35、2.08，见表 3-38。这一结果说明，6 所地方普通高校治理中，教授拥有的学术权比较小。

表 3-37    教授拥有学术权情况的总均值表

| | |
|---|---|
| 平均 | 2.46 |
| 标准误差 | 0.0897245 |
| 中位数 | 3 |
| 众数 | 3 |
| 标准差 | 0.678542 |
| 方差 | 0.460419 |
| 峰度 | -0.17214 |
| 偏度 | -0.25124 |
| 区域 | 3 |
| 最小值 | 1 |
| 最大值 | 4 |

表 3-38    6 所地方普通高校的教授拥有学术权情况均值表

| GDU1 | | HZU2 | | WHU3 | | HBU4 | | CDU5 | | XCU6 | |
|---|---|---|---|---|---|---|---|---|---|---|---|
| 平均 | 2.71 | 平均 | 2.73 | 平均 | 2.55 | 平均 | 2.36 | 平均 | 2.35 | 平均 | 2.08 |
| 标准误差 | 0.25 | 标准误差 | 0.302154 | 标准误差 | 0.187546 | 标准误差 | 0.17124 | 标准误差 | 0.25 | 标准误差 | 0.2721 |
| 中位数 | 3 | 中位数 | 3 | 中位数 | 3 | 中位数 | 2 | 中位数 | 2 | 中位数 | 2 |
| 众数 | 3 | 众数 | 3 | 众数 | 3 | 众数 | 2 | 众数 | 2 | 众数 | 2 |
| 标准差 | 0.707107 | 标准差 | 0.821341 | 标准差 | 0.43218 | 标准差 | 0.52214 | 标准差 | 0.71737 | 标准差 | 0.687452 |
| 方差 | 0.5 | 方差 | 0.6746 | 方差 | 0.18678 | 方差 | 0.27259 | 方差 | 0.5 | 方差 | 0.47259 |
| 峰度 | -0.22857 | 峰度 | 1.74523 | 峰度 | -0.2113 | 峰度 | -2.51 | 峰度 | -0.22857 | 峰度 | -0.21456 |
| 偏度 | 0.404061 | 偏度 | -1.14572 | 偏度 | -1.21416 | 偏度 | 0.56478 | 偏度 | -0.40406 | 偏度 | -0.2145 |
| 区域 | 2 | 区域 | 3 | 区域 | 1 | 区域 | 1 | 区域 | 2 | 区域 | 2 |
| 最小值 | 2 | 最小值 | 1 | 最小值 | 2 | 最小值 | 2 | 最小值 | 1 | 最小值 | 1 |
| 最大值 | 4 | 最大值 | 4 | 最大值 | 3 | 最大值 | 3 | 最大值 | 3 | 最大值 | 3 |

第三，逐步重视行政权与学术权的合理配置。通过教职工的访谈，笔者了解到 6 所地方普通高校都开始重视行政权和学术权的合理分配。例如，在权责配置上，处于东部地区的副校长 L1 指出："我校提出依法保障广大师生的权利，加强责任意识，目前开始关注学术权的保障问题。我们已经采取了一些具体行动，例如已开始在校内试行改革，将行政职能机构按照分工负责的原则，履行管理、执行、服务、监督等职责，避免干涉过多的学术事务。"副校长 L2 指出："我校在权力配置上相对比较合理，我校行政部门都有明确的分工，学术事务有专门的学术专家予以把关。在现行的地方高校转型发展过程中，我校特别关注权力的合理分配与使用，总体状况还算比较好，但权力执行的细节有待进一步明确。"

此外，6 所地方普通高校中，有 5 所高校已经建立了校级学术委员会，另有 1 所高校已形成决议，也即将实行学术委员会制。例如，处于西部地区的 XCU6 学校新建了校学术委员会，并对学术委员会的权责进行了比较详尽的描述。副校长 L6 说："我校重视学术委员会的作用，在学校的统一领导下，学术委员会能独立行使我校学术事务的决策权，还能发挥其在学术评价和教师评聘方面的重要作用，另外，学术委员会还参加学校的人才引进与培养决策工作。"

处于中部地区的 WHU3 学校的人事处负责人指出："我校重视学术委员会的作用，学术委员会在学术事务上有较大的参与权和决定权。例如，校学术委员会就学科建设和教师发展问题进行有效决策，有助于在学校治理中把握正确的学术方向。我校的学术委员会还建立了议事规则，在学术事务上有一定的自主权。后期将进一步明晰其在人才培养和其他学术事务中的参与权和决策权，以推动学校治理工作的科学化。"

第四，学校治理中行政化倾向依然明显。例如，HBU4 高校的一名教授说："我校的行政权远远超过了学术权，学术权在学校发展事务中所起的作用较小，因为行政干部多数承担了学术职务，学校治理中带有明显的行政化倾向。"CDU5 学校有 2 名教职工也发表了类似的看法："我校是一所地方普通高校，当前学校治理中的实际状况不佳，表现在行政化意识和倾向非常严重。普通教师很少能参与学校的重要管理事务，更不能参与学术决策。从资源配置方面来看，学校主要的学术资源也偏重行政力量，多用行政化方式来决定的。"XCU6 学校一名教师指出："我校的学术委员会成员分布不太合理，处级干部们以教授身份在学术委员会中担任主要职务，我认为这不利于学校学术事务的民主，一般普通教师在职称评定、科研课题申报方面，难以对抗更多的行政干扰。"

### 3.2.4.3 政治权与行政权的配置情况

为了解政治权与行政权的配置情况，笔者对 6 所地方普通高校展开了问卷调查。如表 3-39 所示，在对 6 所地方普通高校的校长和党委书记的权责配置是否合理这一问题上，6 所地方普通高校的总均值得分是 3.03，处于中等水平。其中GDU1、HZU2、WHU3、HBU4、CDU5、XCU6 6 所学校的均值得分分别是 3.225、3.21、3.01、2.94、2.91、2.87，见表 3-40。这说明在地方普通高校治理中，政治权与行政权配置的合理程度依然有待进一步提高。

表 3-39　　　　　校长和党委书记权责配置的合理状况总均值表

| 平均 | 3.03 |
| --- | --- |
| 标准误差 | 0.0945123 |
| 中位数 | 3 |
| 众数 | 3 |
| 标准差 | 0.642154 |
| 方差 | 0.41236 |
| 峰度 | −0.0123 |
| 偏度 | 0.545126 |
| 区域 | 3 |
| 最小值 | 2 |
| 最大值 | 5 |

表 3-40　　6 所地方普通高校校长和党委书记权责配置的合理状况均值表

| GDU1 | | HZU2 | | WHU3 | | HBU4 | | CDU5 | | XCU6 | |
| --- | --- | --- | --- | --- | --- | --- | --- | --- | --- | --- | --- |
| 平均 | 3.225 | 平均 | 3.21 | 平均 | 3.01 | 平均 | 2.94 | 平均 | 2.91 | 平均 | 2.87 |
| 标准误差 | 0.26305 | 标准误差 | 0.197421 | 标准误差 | 0.22131 | 标准误差 | 0.314258 | 标准误差 | 0.18298 | 标准误差 | 0.2145 |

| GDU1 | | HZU2 | | WHU3 | | HBU4 | | CDU5 | | XCU6 | |
|------|------|------|------|------|------|------|------|------|------|------|------|
| 中位数 | 3.5 | 中位数 | 4 | 中位数 | 2.5 | 中位数 | 3 | 中位数 | 3 | 中位数 | 3 |
| 众数 | 3 | 众数 | 4 | 众数 | 3 | 众数 | 3 | 众数 | 3 | 众数 | 3 |
| 标准差 | 0.74402 | 标准差 | 0.42556 | 标准差 | 0.691245 | 标准差 | 0.684527 | 标准差 | 0.51753 | 标准差 | 0.64578 |
| 方差 | 0.55357 | 方差 | 0.181103 | 方差 | 0.47781 | 方差 | 0.468577 | 方差 | 0.26787 | 方差 | 0.5 |
| 峰度 | -0.1515 | 峰度 | -2.03 | 峰度 | -0.17142 | 峰度 | 0.6425 | 峰度 | -2.24 | 峰度 | -0.41703 |
| 偏度 | 0.82377 | 偏度 | -0.59876 | 偏度 | 0.752489 | 偏度 | 1.45213 | 偏度 | 0.64406 | 偏度 | -0.54216 |
| 区域 | 2 | 区域 | 1 | 区域 | 2 | 区域 | 2 | 区域 | 1 | 区域 | 2 |
| 最小值 | 3 | 最小值 | 3 | 最小值 | 3 | 最小值 | 3 | 最小值 | 3 | 最小值 | 2 |
| 最大值 | 5 | 最大值 | 4 | 最大值 | 5 | 最大值 | 5 | 最大值 | 4 | 最大值 | 4 |

通过访谈数据，也得出一致的结论。副校长L3说："有效协调政治权力和行政权力的科学运行，能促进地方普通高校更好地实现治理效率。我校当前政治权和行政权的配置相对比较合理，两种权力能并行运行。但是仍然有一些交叉的问题，可能有待进一步理顺关系。"

副校长L5也指出："在学校治理过程中产生诸多问题，与政治权和行政权的配置不够科学是密切相关的。我校的政治权和行政权配置尚可，符合学校当前发展的现实状况。但是要促进学校的科学发展，加强治理实效，还需要进一步完善权责配置，包括政治权和行政权的合理配置，同时注重协调关系。"

XCU6学校的一位二级学院的院长说："当前我校的政治权和行政权配置基本合理，但是二者的权力边界有待进一步理顺。我认为地方普通高校治理中之所以出现诸多问题，就是因为权力配置关系明晰度不够，因此在面对一些比较棘手的问题时，经常出现推诿现象。当然，要有效确定政治权和行政权，还需要进一步加强规章制度建设，通过建章立制，促进两种权力的科学配置与有效协调。"

HBU4学校的一位二级学院的院长说："我认为学校的政治权和行政权配置可以进一步明确，如何加强二者的合理配置，促进学校领导鼓励和推进教师及学生参与治校、企业行业参与治校的作用，这可能是一个关键性的因素。"

GDU1学校的一位教授说："政治权和行政权是学校不可或缺的两种权力。

当前我校在治理过程中的政治权和行政权的配置还不够科学，有待进一步优化。从具体优化方式来看，我认为一是校长和党委书记要加强责任意识，进一步明晰职责和权利；二是要完善校务公开制度，进一步明确广大教职工的知情权和参与监督权。"

　　HZU2 学校的一位教授也指出："我校在政治权力和行政权力的配置上要进一步优化，要采取相应的措施保证在政治权和行政权的配置上能有力坚持党的群众路线，进一步加强学校治理进程的民主化和规范化，优化政治权力和行政权力各自在治校过程中的推动作用。"

### 3.2.4.4　校院二级治理权责配置的情况

　　第一，校院二级治理权责配置的合理程度。如表 3-41 所示，调查结果显示，6 所地方普通高校的总均值得分是 2.95，处于中等稍偏下水平。其中 GDU1、HZU2、WHU3、HBU4、CDU5、XCU6 6 所学校的均值得分分别是 3.25、3.22、2.98、2.87、2.75、2.64，见表 3-42。这说明在 6 所地方普通高校治理中，校院二级治理权责配置的合理程度有待提高。

表 3-41　　　　　　　　　　　校院二级治理权责配置总均值表

| | |
|---|---|
| 平均 | 2.95 |
| 标准误差 | 0.094568 |
| 中位数 | 3 |
| 众数 | 3 |
| 标准差 | 0.514523 |
| 方差 | 0.451361 |
| 峰度 | 0.203727 |
| 偏度 | −0.01458 |
| 区域 | 2 |
| 最小值 | 2 |
| 最大值 | 4 |

表 3-42                    **6 所地方普通高校校院二级治理权责配置均值表**

| GDU1 | | HZU2 | | WHU3 | | HBU4 | | CDU5 | | XCU6 | |
|---|---|---|---|---|---|---|---|---|---|---|---|
| 平均 | 3.25 | 平均 | 3.22 | 平均 | 2.98 | 平均 | 2.87 | 平均 | 2.75 | 平均 | 2.64 |
| 标准误差 | 0.163613 | 标准误差 | 0.23254 | 标准误差 | 0.1745126 | 标准误差 | 0.174528 | 标准误差 | 0.15126 | 标准误差 | 0.173694 |
| 中位数 | 3 | 中位数 | 3 | 中位数 | 3 | 中位数 | 3 | 中位数 | 3 | 中位数 | 3 |
| 众数 | 3 | 众数 | 3 | 众数 | 3 | 众数 | 3 | 众数 | 3 | 众数 | 3 |
| 标准差 | 0.451243 | 标准差 | 0.645217 | 标准差 | 0.514251 | 标准差 | 0.412457 | 标准差 | 0.46151 | 标准差 | 0.531245 |
| 方差 | 0.214286 | 方差 | 0.416304 | 方差 | 0.264454 | 方差 | 0.17012 | 方差 | 0.21299 | 方差 | 0.28222 |
| 峰度 | 0 | 峰度 | -0.21245 | 峰度 | -0.25421 | 峰度 | 0 | 峰度 | 0 | 峰度 | -2.62 |
| 偏度 | 1.24 | 偏度 | -0.41241 | 偏度 | -0.31144 | 偏度 | -1.12451 | 偏度 | -1.6312 | 偏度 | -0.54267 |
| 区域 | 1 | 区域 | 2 | 区域 | 2 | 区域 | 1 | 区域 | 1 | 区域 | 1 |
| 最小值 | 3 | 最小值 | 2 | 最小值 | 2 | 最小值 | 2 | 最小值 | 2 | 最小值 | 2 |
| 最大值 | 4 | 最大值 | 4 | 最大值 | 4 | 最大值 | 3 | 最大值 | 3 | 最大值 | 3 |

第二，校院二级治理的治理效果，如表 3-43 所示，6 所地方普通高校的总均值得分是 2.57，处于中等偏下水平。其中 GDU1、HZU2、WHU3、HBU4、CDU5、XCU6 等学校的均值得分分别是 2.80、2.75、2.67、2.51、2.45、2.23，见表3-44。这说明在我国地方普通高校治理中，校院二级治理的治理效果一般。

表 3-43                    **校院二级治理效果总均值表**

| 平均 | 2.57 |
|---|---|
| 标准误差 | 0.0813647 |
| 中位数 | 3 |
| 众数 | 3 |
| 标准差 | 0.541278 |
| 方差 | 0.29298 |
| 峰度 | 0.312457 |
| 偏度 | -0.124563 |

续表

| 区域 | 2 |
|---|---|
| 最小值 | 2 |
| 最大值 | 4 |

表 3-44　　　　　　　　　**6 所地方普通高校校院二级治理效果均值表**

| GDU1 | | HZU2 | | WHU3 | | HBU4 | | CDU5 | | XCU6 | |
|---|---|---|---|---|---|---|---|---|---|---|---|
| 平均 | 2.80 | 平均 | 2.75 | 平均 | 2.67 | 平均 | 2.51 | 平均 | 2.45 | 平均 | 2.23 |
| 标准误差 | 0.163256 | 标准误差 | 0.21456 | 标准误差 | 0.19823 | 标准误差 | 0.174551 | 标准误差 | 0.163663 | 标准误差 | 0.162387 |
| 中位数 | 3 | 中位数 | 3 | 中位数 | 3 | 中位数 | 3 | 中位数 | 3 | 中位数 | 3 |
| 众数 | 3 | 众数 | 3 | 众数 | 3 | 众数 | 3 | 众数 | 3 | 众数 | 3 |
| 标准差 | 0.446531 | 标准差 | 0.687451 | 标准差 | 0.54751 | 标准差 | 0.412457 | 标准差 | 0.46293 | 标准差 | 0.412694 |
| 方差 | 0.19939 | 方差 | 0.472589 | 方差 | 0.29976 | 方差 | 0.17012 | 方差 | 0.214286 | 方差 | 0.17032 |
| 峰度 | 0 | 峰度 | -0.2245 | 峰度 | -0.2102 | 峰度 | 0 | 峰度 | 0 | 峰度 | -2.12 |
| 偏度 | -1.4264 | 偏度 | -0.35412 | 偏度 | 0 | 偏度 | -1.51234 | 偏度 | -1.44251 | 偏度 | -0.7247 |
| 区域 | 1 | 区域 | 2 | 区域 | 2 | 区域 | 1 | 区域 | 1 | 区域 | 1 |
| 最小值 | 3 | 最小值 | 2 | 最小值 | 2 | 最小值 | 2 | 最小值 | 2 | 最小值 | 2 |
| 最大值 | 4 | 最大值 | 4 | 最大值 | 4 | 最大值 | 3 | 最大值 | 3 | 最大值 | 3 |

　　第三，校院二级权责配置的改革举措。为深入了解地方普通高校在校院二级治理方面的状况，笔者还对地方普通高校的学校领导和院系负责人进行了深入访谈，访谈数据显示地方普通高校已开始重视校院二级治理问题。例如，副校长L2说："校院二级治理权责是促进学校办学活力的一个重要节点，我校比较重视校院二级治理权责，当前给予院系更多的自主权。比如各院系根据教学和科研需要，可以灵活调配院系内部教师，组成相应的职责小组，以完成相应的目标任务，对这些小组成员，院系可以自行予以计算相应绩效，在年终时给予一定的奖励。"

　　WHU3学校的一个二级学院的院长描述了该校的校院二级治理权责状况，他说："校院二级治理是学校治理现代化的重要保证，我校当前比较重视二级治理权责配置。相比以前来说，我校给予了院系更多的自主权，院系在学校的统一领导下，能自主决定院内的一些发展事项，例如提出教师招聘计划、院内教师的合理调度、岗位分配等事项，相比以前有了更多的自主权。"

副校长 L5 则指出："校院二级治理是当前教育治理现代化的基本要求，也是学校转型发展的重要保障。我校目前比较重视校院二级治理改革，一是在规章制度上注重二级治理方面的建章立制，二是在教学、科研以及其他各项活动中注重对院系二级治理工作的考核力度。在学校的统一领导下，校院二级治理工作有了一定的起色，院系办学活力明显增强。"

第四，校院二级治理的考核与调控机制。通过访谈数据，笔者还了解到地方普通高校开始关注"校—学院"二级治理状况的考核机制和治理调控机制。例如，WHU3 学校是第一批转型发展试点高校，该校副校长 L3 说："我校处于转型发展的关键时期，因此加强了院系二级治理规划，年初学校与院系签订了二级治理责任目标。通过校院二级治理机制，学院的办学积极性有了提升，教师和管理人员都能在二级治理责任制中找到适合自己的位置，年终考核时，学校也会根据学院二级治理的成效，进行相应的表彰。而且，我校还注重平时的二级治理中期考核，以防止年末检查前的突击应付。从目前来看，二级治理考核和调控状况处于正常轨道上。"

HBU4 学校人事处的一位科长说："我认为校院二级治理是很重要的工作，当前我校正在着手进行此项建设活动。我校有二级治理考核名目，有二级治理考核领导小组，而且有相应的工作机制，这对学校的各项治理工作有很大促进。以前学校不太注重二级治理，学校管控过多、过严，院系处于被动观望状态，现在学校的校院二级治理考核调控后，各院系的工作效率和状态都有很大改变。我校后期将进一步加强校院两级治理工作，同时会优化相应的考核与调控机制，并保持此项工作的常态化。"

CDU5 学校的一位教师说："校院二级治理考核与调控机制实施以后，学校教学、科研等工作的成效有所提高。以前归学校管理的事项，需要逐级上报，行动比较迟缓，现在部分管理权限下放到了学院，教师们工作的灵活度更高了，主人翁意识更强了。不过我认为考核机制和标准需进一步明确，以增加考核的透明度。"

## 3.2.5 治理方式分析

笔者通过调查发现，6 所地方普通高校的治理方式也处在不断丰富与完善中。具体来说，第一，行政命令式还是地方普通高校比较常见的治理方式。地方普通高校的起步比较晚，长期以来的行政命令方式依然有其存在的意义，便于促进地方普通高校行政命令的统一，从某种意义上说有利于学校治理目标的达成。

例如，GDU1 学校办公室的一名教师说："行政命令式的治理方式是学校治理有效性的一个重要保障。我校作为地方普通高校，转型时间不长，转型中确实面临一些新的问题，多元主体有不同的利益诉求。在当前阶段，学校坚持行政命令的方式是非常有必要的，而且我认为学校需要进一步强调行政管理的方式，只有这样，多元主体的治理行动才能有效统一，学校的治理目标才能实现，治理成效才会有所保证。"

HZU2 学校的一位中层干部说："学校治理所采用的方式，肯定会影响到治理进展和治理效果。从当前来看，我校主要还是采用传统的行政命令方式，通过这种方式，学校治理的方向性保持得很好，治理工作也在稳步推进。至于其他的治理方式，暂时还没有有效采用。随着治理工作的进一步深入，我认为学校应该考虑更多灵活的治理方式，以应对地方普通高校治理的新要求和新挑战。"

WHU3 学校的一位教授说："我校当前所采用的治校方式还是传统的行政管理方式，确保了学校对学校各项管理工作和转型治理的全面领导，有一定的积极作用。但是在治理方式上还需要进一步加强创新，否则还是会影响治理的效率和效果，目前学校在这方面投入的精力不多。"

第二，运用法律法规制度也是当前 6 所地方普通高校治理中的一种重要方式。例如，对教职工进行问卷调查，调查"是否有必要通过立法来规范企业行业参与地方普通高校治理"，如图 3-12 所示，选择"很有必要"的占比 32.15%，选择"较有必要"的占比 23.95%，选择"一般"的占比 23.60%，选择"基本没必要"的占比 15.12%，选择"没必要"的仅占比 5.18%。从数据来看，选择"基本没必要"和"没必要"的总共占比仅为 20.3%。这说明，从总体来看，地方普通高校的教职工非常重视法律法规在促进地方普通高校治理中的作用。

GDU1 学校的一名中层干部说："我校近年来非常重视法律法规制度，并将

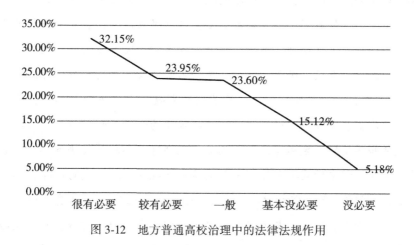

图 3-12    地方普通高校治理中的法律法规作用

其作为学校治理的重要依据。俗话说得好，不以规矩，不能成方圆。学校近两年特别强调法律法规的重要性，要求全校各部门完善学校治理所要求的各项相关制度，学校治理的法治意识进一步增强，促进了学校治理工作的有效推进。"

HBU4 学校一位副院长说："我校目前已经认识到法律法规制度在学校治理中的重要作用，正在规范和完善学校治理相关制度。学校也要求各院系参与制定院部的治理制度文件，这些文件都要经学院党政联席会讨论通过，然后提交学校备案和留存，也可作为学校衡量院系治理工作有效性的一个重要参照。"

CDU5 学校一位教师说："我认为法律法规制度是学校转型发展的关键因素之一。目前学校已开始有序推进法规制度建设。一方面积极将有关法规制度上墙，另一方面积极丰富院系层面的治理法规与制度。学校这方面的思路是比较科学的，不过从实践层面来看，治理法规和制度都还比较缺乏，有待随后进一步加快推行的进度。"

第三，通过问卷调查，笔者了解到民主参与也是地方普通高校的治理方式之一。副校长 L2 指出："民主参与是地方普通高校治理的有效方式之一，只有加强民主，才能更好地促进教职工以及学生和其他主体参与学校治理。我校也采取了一些措施加强教师和学生的民主参与度，主要包括扩大教师和学生民主参与的渠道，引导他们参与学校的民主决策过程，教师的责任感更强了，学生的凝聚力也有了进一步的提升。"

HBU4 学校的一个二级学院的院长说："我校目前已开始关注民主参与的方式，采取了一些加强教师民主参与的方法，包括吸收教师代表参加学校的重大决策，完善教师参与工作制度；另外，也开始注重学生民主参与意识的培养。通过进一步发扬民主，有效促进教授治学、教师治教以及学生的自我学习。"

CDU5 学校的一位教师说："学校治理的有效性也取决于教职工、学生以及其他主体的民主参与程度，进一步推进学校治理的科学性和实效性。我校逐步开始重视教师和学生的民主参与途径，例如，教师可以参与学校决策，可以自由向学校反馈治理过程中的主要问题，教师的参与途径也得到一定的保障。"

CDU5 学校的一名研究生说："我们经常从新闻媒体中听到要加强教育领域中的民主参与方式。民主参与方式能促进学校完善内部治理过程，充分发扬民主氛围。我们学校现在也开始重视民主参与的这种治理方式，例如，学校制订了一些促进学生参与学校治理的激励措施，学生参与学校治理的有关活动可作为评优评先的依据之一。"

第四，教授治学也是治理方式之一，并且逐渐在 6 所地方普通高校得到更多的重视。副校长 L6 指出："教授治学是学校治理的一个重要内容，也是保障教授的学术权的一个重要手段。当前我校正在推进教授治学这一方式，强调赋予教授治学权，保证教授在学术事务上的话语权和决策权。从这一治理方式的效果来看，确实对学校治理的发展起到一定的作用。"

WHU3 学校的一位教授说："教授治学是一个重要的治理方式，在地方普通高校的发展过程中尤为重要。我校近来注重教授的治学权，教授们感觉在学术方面的发言权更多了，有了更多的话语权。因此教授们的治学治校热情大大提高，这是一个好的现象，有助于推进学校治理的科学性。教授在学术事务上参与得更多，也有利于保障教授们的权利，促进其履行治学责任。"

HBU4 学校的一位人事处的科室负责人说："从理论上来说，教授治学是学校治理中最重要的方式之一。教授们凭借学术能力，在学校治理中能发挥重要的参与和决策作用。从之前来看，我校教授拥有的学术权比较小，现在这种状况已经引起了学校的重视，学校即将出台相应的措施来鼓励教授治学，并提供相应的权利保障、经费支持。"

当然，从笔者的调查来看，6 所地方普通高校的教授治学权和学术权还需要进一步体现和落实。调查问卷中考察了教授治学的权力状况，选择"非常大"的所占比例为 9.09%；选择"较大"的所占比例为 17.42%；选择"一般"的所占比例为 39.39%；选择"比较小"的所占比例为 27.78%；选择"完全没有"的所占比例为 6.32%，见图 3-13。从前文的调查数据来看，6 所地方普通高校教授治学权的总均值为 2.46，处于中等偏下水平。

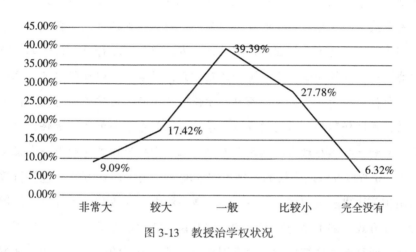

图 3-13　教授治学权状况

第五，经费杠杆、绩效评价与问责也逐渐成为一些地方普通高校的治理方式。例如，处于东部地区的 GDU1 学校强调经费杠杆的方式，该校的副校长 L1 指出："地方普通高校的治理方式有很多，其中比较重要的方式之一就是经费杠杆。我们知道，地方普通高校的办学经费部分来源于地方政府拨款，另外有很大一部分需要学校自筹解决。因此，学校要保证充足的办学经费就必须面向市场，紧密结合社会和区域经济发展需要，以培养能适应社会发展、面向企业行业所需要的技术人才。只有这样，企业行业才愿意投入经费，并且通过参与学校治理活动以共同培养应用技术型人才。"

另外，地方普通高校治理的有效性离不开绩效评价，因此绩效评价也成为地方普通高校主要的治理方式之一。正如副校长 L3 所说："绩效评价是衡量地方普通高校治理有效性的重要方式。通过绩效评价，可以有效了解投入与产出的效率，了解治理的执行状况，绩效评价是我校以后将会保持运用的一种重要治理方式。从目前我校治理状况来看，我们已经考虑了绩效问题，如绩效考核、绩效奖励等，这些其实也是绩效评价的不同表现方式。不过绩效评价方式在我校尚未完全铺开来，因为这需要一个适应过程，可能还需要进一步的调研，确定其实施的具体方案，保证科学性。"

而且，随着地方普通高校治理问题的进一步深入，问责已成为地方普通高校另一种重要的治理方式。副校长 L4 说："我认为问责制是一种重要的治理方式，有必要通过问责方式，促进学校治理过程的规范性。同时通过问责方式，能对权力进行有效监督，也可对错误的权力行为进行一定的责任追究。我校近年来也重视加强问责制，促进了学校理顺治理关系，有效规范治理行为，促进其有效运用治理权力。所以我校开始注重问责的治理方式，对学校治理过程中不认真履职的教师，实行校内公开发文批评，而且对于情节严重的，由校务会讨论后，可以任免相应的校内聘任职务。通过问责制，学校各级领导干部加强了责任意识，提升了学习能力和治校参与动力，这无疑有助于推动学校治理工作的进一步深入。"

可见，6 所地方普通高校的治理不同程度地运用了多种方式，包括行政命令式、运用相关法律法规制度、民主参与、教授治学、绩效和问责等方式。但不管哪一种治理方式，都不是绝对有效的，因此在一定的条件下，要综合运用不同的治理方式。而且随着经济环境、教育因素以及社会因素的影响与变化，地方普通高校的治理方式也会不断地更新和完善。

## 3.3  6 所地方普通高校治理效果的相关性分析

为了进一步了解地方普通高校的治理效果，笔者对 6 所地方普通高校的教职工和学生的满意度进行调查，并对 6 所地方普通高校的治理效果进行相关性分析。

### 3.3.1  教职工的满意度分析

笔者采用均值统计分析，对 6 所地方普通高校的教职工对学校治理现状的总体满意度、内部治理结构满意度、内部治理模式运行情况满意度以及学生参与情况满意度等方面进行分析。

第一，从教职工对地方普通高校治理现状的总体满意度来看（见表 3-45），

总均值是 2.76，处于中等偏下水平。如表 3-46 所示，其中 GDU1、HZU2、
WHU3、HBU4、CDU5、XCU6 6 所学校教职工的满意度均值分别为 3.05、2.94、
2.83、2.76、2.5、2.47。其中 GDU1 学校稍稍高于中等水平，其他学校则处于中
等偏下水平。

表 3-45　　　　　　　　教职工对治理现状的总体满意度均值表

| 平均 | 2.76 |
|---|---|
| 标准误差 | 0.054327 |
| 中位数 | 3 |
| 众数 | 3 |
| 标准差 | 0.434523 |
| 方差 | 0.18881 |
| 峰度 | -1.67452 |
| 偏度 | -0.32451 |
| 区域 | 1 |
| 最小值 | 2 |
| 最大值 | 4 |

表 3-46　　　　6 所地方普通高校教职工对治理现状的满意度均值表

| GDU1 | | HZU2 | | WHU3 | | HBU4 | | CDU5 | | XCU6 | |
|---|---|---|---|---|---|---|---|---|---|---|---|
| 平均 | 3.05 | 平均 | 2.94 | 平均 | 2.83 | 平均 | 2.76 | 平均 | 2.5 | 平均 | 2.47 |
| 标准误差 | 0.153469 | 标准误差 | 0.145362 | 标准误差 | 0.182981 | 标准误差 | 0.188982 | 标准误差 | 0.188982 | 标准误差 | 0.182981 |
| 中位数 | 3 | 中位数 | 3 | 中位数 | 3 | 中位数 | 2.5 | 中位数 | 2.5 | 中位数 | 3 |
| 众数 | 3 | 众数 | 3 | 众数 | 3 | 众数 | 2 | 众数 | 3 | 众数 | 3 |
| 标准差 | 0.686333 | 标准差 | 0.46731 | 标准差 | 0.517549 | 标准差 | 0.534522 | 标准差 | 0.507681 | 标准差 | 0.51342 |
| 方差 | 0.471053 | 方差 | 0.218378 | 方差 | 0.267857 | 方差 | 0.285714 | 方差 | 0.25774 | 方差 | 0.2636 |
| 峰度 | -0.63043 | 峰度 | 0 | 峰度 | -2.24 | 峰度 | -2.8 | 峰度 | -2.8 | 峰度 | -2.24 |
| 偏度 | -0.0624 | 偏度 | -1.44016 | 偏度 | -0.64406 | 偏度 | 0 | 偏度 | 0 | 偏度 | -0.61203 |
| 区域 | 1 | 区域 | 1 | 区域 | 1 | 区域 | 1 | 区域 | 1 | 区域 | 1 |

| GDU1 | | HZU2 | | WHU3 | | HBU4 | | CDU5 | | XCU6 | |
|------|---|------|---|------|---|------|---|------|---|------|---|
| 最小值 | 2 | 最小值 | 2 | 最小值 | 2 | 最小值 | 2 | 最小值 | 2 | 最小值 | 2 |
| 最大值 | 4 | 最大值 | 4 | 最大值 | 3 | 最大值 | 3 | 最大值 | 3 | 最大值 | 3 |

　　第二，教职工对地方普通高校内部治理结构的总体满意度，如表3-47所示，总均值是2.52，处于中等偏下水平。如表3-48所示，GDU1、HZU2、WHU3、HBU4、CDU5、XCU6 6所学校教职工的满意度均值分别为2.75、2.68、2.53、2.41、2.375、2.41，均处于中等偏下水平。

表 3-47　　　　　　　教职工对内部治理结构的总体满意度均值表

| 平均 | 2.52 |
|------|------|
| 标准误差 | 0.074312 |
| 中位数 | 2 |
| 众数 | 2 |
| 标准差 | 0.512398 |
| 方差 | 0.262551 |
| 峰度 | −2.13421 |
| 偏度 | 0.06754 |
| 区域 | 1 |
| 最小值 | 2 |
| 最大值 | 4 |

表 3-48　　　　6 所地方普通高校教职工对内部治理结构的满意度均值表

| GDU1 | | HZU2 | | WHU3 | | HBU4 | | CDU5 | | XCU6 | |
|------|---|------|---|------|---|------|---|------|---|------|---|
| 平均 | 2.75 | 平均 | 2.68 | 平均 | 2.53 | 平均 | 2.41 | 平均 | 2.375 | 平均 | 2.41 |
| 标准误差 | 0.163663 | 标准误差 | 0.182543 | 标准误差 | 0.17521 | 标准误差 | 0.165477 | 标准误差 | 0.182981 | 标准误差 | 0.1867545 |
| 中位数 | 3 | 中位数 | 3 | 中位数 | 2.5 | 中位数 | 2 | 中位数 | 2 | 中位数 | 2.5 |
| 众数 | 3 | 众数 | 3 | 众数 | 2 | 众数 | 2 | 众数 | 2 | 众数 | 3 |

续表

| GDU1 | | HZU2 | | WHU3 | | HBU4 | | CDU5 | | XCU6 | |
|---|---|---|---|---|---|---|---|---|---|---|---|
| 标准差 | 0.46291 | 标准差 | 0.516532 | 标准差 | 0.534522 | 标准差 | 0.517654 | 标准差 | 0.517549 | 标准差 | 0.539867 |
| 方差 | 0.214286 | 方差 | 0.266805 | 方差 | 0.285714 | 方差 | 0.267965 | 方差 | 0.267857 | 方差 | 0.291456 |
| 峰度 | 0 | 峰度 | -2.14 | 峰度 | -2.8 | 峰度 | -2.6 | 峰度 | -2.16 | 峰度 | -2.4 |
| 偏度 | -1.4401 | 偏度 | -0.632411 | 偏度 | 0 | 偏度 | 0.644 | 偏度 | 0.5643 | 偏度 | 0 |
| 区域 | 1 | 区域 | 1 | 区域 | 1 | 区域 | 1 | 区域 | 1 | 区域 | 1 |
| 最小值 | 2 | 最小值 | 2 | 最小值 | 2 | 最小值 | 2 | 最小值 | 2 | 最小值 | 2 |
| 最大值 | 3 | 最大值 | 4 | 最大值 | 3 | 最大值 | 3 | 最大值 | 3 | 最大值 | 3 |

第三，教职工对治理模式运行状况满意度，如表 3-49 所示，总均值是 2.50，处于中等偏下水平。如表 3-50 所示，GDU1、HZU2、WHU3、HBU4、CDU5、XCU6 6 所学校教职工的满意度均值分别为 2.75、2.58、2.42、2.33、2.38、2.52，均处于中等偏下水平。

表 3-49　　　　　　教职工对治理模式的总体满意度均值表

| | |
|---|---|
| 平均 | 2.50 |
| 标准误差 | 0.051432 |
| 中位数 | 2 |
| 众数 | 2 |
| 标准差 | 0.512321 |
| 方差 | 0.26247 |
| 峰度 | -2.13245 |
| 偏度 | 0.198571 |
| 区域 | 1 |
| 最小值 | 2 |
| 最大值 | 3 |

表 3-50　　　　　　**6 所地方普通高校教职工对治理模式的满意度均值表**

| GDU1 | | HZU2 | | WHU3 | | HBU4 | | CDU5 | | XCU6 | |
|---|---|---|---|---|---|---|---|---|---|---|---|
| 平均 | 2.75 | 平均 | 2.58 | 平均 | 2.42 | 平均 | 2.33 | 平均 | 2.38 | 平均 | 2.52 |
| 标准误差 | 0.163663 | 标准误差 | 0.188945 | 标准误差 | 0.188982 | 标准误差 | 0.165347 | 标准误差 | 0.182981 | 标准误差 | 0.186534 |
| 中位数 | 3 | 中位数 | 2.5 | 中位数 | 2.5 | 中位数 | 2 | 中位数 | 2 | 中位数 | 2.5 |
| 众数 | 3 | 众数 | 2 | 众数 | 2 | 众数 | 2 | 众数 | 2 | 众数 | 3 |
| 标准差 | 0.46291 | 标准差 | 0.505643 | 标准差 | 0.56753 | 标准差 | 0.517549 | 标准差 | 0.517549 | 标准差 | 0.50453 |
| 方差 | 0.214286 | 方差 | 0.25567 | 方差 | 0.32209 | 方差 | 0.26785 | 方差 | 0.267857 | 方差 | 0.25455 |
| 峰度 | 0 | 峰度 | -2.2 | 峰度 | -2.6 | 峰度 | -2.24 | 峰度 | -2.24 | 峰度 | -2.6 |
| 偏度 | -1.44 | 偏度 | 0 | 偏度 | 0 | 偏度 | 0.6067 | 偏度 | 0.644 | 偏度 | 0 |
| 区域 | 1 | 区域 | 1 | 区域 | 1 | 区域 | 1 | 区域 | 1 | 区域 | 1 |
| 最小值 | 2 | 最小值 | 2 | 最小值 | 2 | 最小值 | 2 | 最小值 | 2 | 最小值 | 2 |
| 最大值 | 3 | 最大值 | 3 | 最大值 | 3 | 最大值 | 3 | 最大值 | 3 | 最大值 | 3 |

　　第四，教职工对学校治理中的民主参与情况满意度，如表 3-51 所示，总均值是 2.50，处于中等偏下水平。如表 3-52 所示，GDU1、HZU2、WHU3、HBU4、CDU5、XCU6 6 所学校教职工的满意度均值分别为 2.67、2.45、2.53、2.31、2.42、2.45，均处于中等偏下水平。

表 3-51　　　　　　**教职工对民主参与情况的满意度总均值表**

| 平均 | 2.50 |
|---|---|
| 标准误差 | 0.144543 |
| 中位数 | 3 |
| 众数 | 3 |
| 标准差 | 0.567432 |
| 方差 | 0.32197 |
| 峰度 | -0.67543 |
| 偏度 | 0.43259 |

| 区域 | 2 |
|---|---|
| 最小值 | 2 |
| 最大值 | 4 |

表3-52　　　　6所地方普通高校教职工对民主参与情况的满意度均值表

| GDU1 | | HZU2 | | WHU3 | | HBU4 | | CDU5 | | XCU6 | |
|---|---|---|---|---|---|---|---|---|---|---|---|
| 平均 | 2.67 | 平均 | 2.45 | 平均 | 2.53 | 平均 | 2.31 | 平均 | 2.42 | 平均 | 2.45 |
| 标准误差 | 0.153431 | 标准误差 | 0.179232 | 标准误差 | 0.174589 | 标准误差 | 0.176534 | 标准误差 | 0.181829 | 标准误差 | 0.176493 |
| 中位数 | 3 | 中位数 | 2.5 | 中位数 | 2.5 | 中位数 | 2 | 中位数 | 2 | 中位数 | 2.5 |
| 众数 | 3 | 众数 | 2 | 众数 | 2 | 众数 | 2 | 众数 | 2 | 众数 | 3 |
| 标准差 | 0.43128 | 标准差 | 0.435624 | 标准差 | 0.56815 | 标准差 | 0.524865 | 标准差 | 0.549256 | 标准差 | 0.43245 |
| 方差 | 0.186002 | 方差 | 0.189768 | 方差 | 0.322794 | 方差 | 0.275483 | 方差 | 0.301682 | 方差 | 0.187013 |
| 峰度 | −2.2 | 峰度 | −2.24 | 峰度 | −2.2 | 峰度 | −2.26 | 峰度 | −2.2 | 峰度 | −2.26 |
| 偏度 | −1.62 | 偏度 | 0 | 偏度 | 0.462 | 偏度 | 0.506 | 偏度 | 0.528 | 偏度 | 0.402 |
| 区域 | 1 | 区域 | 1 | 区域 | 1 | 区域 | 1 | 区域 | 1 | 区域 | 1 |
| 最小值 | 2 | 最小值 | 2 | 最小值 | 2 | 最小值 | 2 | 最小值 | 2 | 最小值 | 2 |
| 最大值 | 3 | 最大值 | 3 | 最大值 | 3 | 最大值 | 3 | 最大值 | 3 | 最大值 | 3 |

## 3.3.2　学生的满意度分析

笔者采用均值统计分析，对6所地方普通高校学生对学校治理现状的总体满意度、内部治理结构满意度、内部治理模式运行情况满意度以及学生参与情况满意度等方面进行分析。

第一，如表3-53、表3-54所示，学生对地方普通高校治理现状的总体满意度均值得分是2.58，处于中等偏下水平。其中GDU1、HZU2、WHU3、HBU4、CDU5、XCU6 6所学校学生的满意度均值分别为2.88、2.79、2.48、2.41、2.51、2.43，均处于中等偏下水平。

表 3-53　　　　　　　　学生对治理现状的总体满意度均值表

| | |
|---|---|
| 平均 | 2.58 |
| 标准误差 | 0.067543 |
| 中位数 | 3 |
| 众数 | 3 |
| 标准差 | 0.534217 |
| 方差 | 0.285387 |
| 峰度 | −0.62231 |
| 偏度 | 0.228564 |
| 区域 | 2 |
| 最小值 | 2 |
| 最大值 | 4 |

表 3-54　　　　　　6 所地方普通高校学生对治理现状的满意度均值表

| GDU1 | | HZU2 | | WHU3 | | HBU4 | | CDU5 | | XCU6 | |
|---|---|---|---|---|---|---|---|---|---|---|---|
| 平均 | 2.88 | 平均 | 2.79 | 平均 | 2.48 | 平均 | 2.41 | 平均 | 2.51 | 平均 | 2.43 |
| 标准误差 | 0.226582 | 标准误差 | 0.24123 | 标准误差 | 0.261276 | 标准误差 | 0.16564 | 标准误差 | 0.188982 | 标准误差 | 0.17653 |
| 中位数 | 3 | 中位数 | 3 | 中位数 | 2 | 中位数 | 3 | 中位数 | 2.5 | 中位数 | 3 |
| 众数 | 3 | 众数 | 3 | 众数 | 2 | 众数 | 3 | 众数 | 3 | 众数 | 3 |
| 标准差 | 0.64087 | 标准差 | 0.707107 | 标准差 | 0.755929 | 标准差 | 0.487656 | 标准差 | 0.534522 | 标准差 | 0.504532 |
| 方差 | 0.410714 | 方差 | 0.5 | 方差 | 0.571429 | 方差 | 0.214286 | 方差 | 0.285714 | 方差 | 0.254557 |
| 峰度 | 0.74102 | 峰度 | −0.2285 | 峰度 | 0.875 | 峰度 | 0.834 | 峰度 | −2.8 | 峰度 | −2.28 |
| 偏度 | 0.06784 | 偏度 | 0.40406 | 偏度 | 1.32287 | 偏度 | −1.44016 | 偏度 | 0 | 偏度 | −0.6 |
| 区域 | 2 | 区域 | 2 | 区域 | 2 | 区域 | 1 | 区域 | 1 | 区域 | 1 |
| 最小值 | 2 | 最小值 | 2 | 最小值 | 2 | 最小值 | 2 | 最小值 | 2 | 最小值 | 2 |
| 最大值 | 4 | 最大值 | 4 | 最大值 | 4 | 最大值 | 3 | 最大值 | 3 | 最大值 | 3 |

　　第二，如表 3-55 所示，学生对地方普通高校内部治理结构的总体满意度均值得分是 2.27，处于中等偏下水平。如表 3-56 所示，其中 GDU1、HZU2、WHU3、HBU4、CDU5、XCU6 6 所学校学生的满意度均值分别为 2.63、2.57、

2.12、2.04、2.26、2.01，均处于中等偏下水平。

表 3-55　　　　　　　　学生对内部治理结构的总体满意度均值表

| | |
|---|---|
| 平均 | 2.27 |
| 标准误差 | 0.072364 |
| 中位数 | 2 |
| 众数 | 2 |
| 标准差 | 0.5879314 |
| 方差 | 0.345663 |
| 峰度 | −1.935881 |
| 偏度 | 0.071952 |
| 区域 | 1 |
| 最小值 | 2 |
| 最大值 | 4 |

表 3-56　　　　　6所地方普通高校学生对内部治理结构的满意度均值表

| GDU1 | | HZU2 | | WHU3 | | HBU4 | | CDU5 | | XCU6 | |
|---|---|---|---|---|---|---|---|---|---|---|---|
| 平均 | 2.63 | 平均 | 2.57 | 平均 | 2.12 | 平均 | 2.04 | 平均 | 2.26 | 平均 | 2.01 |
| 标准误差 | 0.15366 | 标准误差 | 0.1562 | 标准误差 | 0.16254 | 标准误差 | 0.17563 | 标准误差 | 0.17298 | 标准误差 | 0.1985 |
| 中位数 | 3 | 中位数 | 3 | 中位数 | 2 | 中位数 | 2 | 中位数 | 2 | 中位数 | 2 |
| 众数 | 3 | 众数 | 3 | 众数 | 2 | 众数 | 2 | 众数 | 2 | 众数 | 2 |
| 标准差 | 0.391995 | 标准差 | 0.42561 | 标准差 | 0.23564 | 标准差 | 0.528456 | 标准差 | 0.41591 | 标准差 | 0.521471 |
| 方差 | 0.15366 | 方差 | 0.18114 | 方差 | 0.05526 | 方差 | 0.27927 | 方差 | 0.172981 | 方差 | 0.2719 |
| 峰度 | −2.31 | 峰度 | −2.32 | 峰度 | 0.13 | 峰度 | 3.5 | 峰度 | −0.64306 | 峰度 | −2.24 |
| 偏度 | −1.44 | 偏度 | −0.57842 | 偏度 | 1.54263 | 偏度 | 0.2 | 偏度 | 0.45124 | 偏度 | −0.54626 |
| 区域 | 1 | 区域 | 1 | 区域 | 1 | 区域 | 2 | 区域 | 2 | 区域 | 1 |
| 最小值 | 2 | 最小值 | 2 | 最小值 | 2 | 最小值 | 1 | 最小值 | 1 | 最小值 | 1 |
| 最大值 | 3 | 最大值 | 4 | 最大值 | 3 | 最大值 | 3 | 最大值 | 3 | 最大值 | 2 |

　　第三，如表3-57所示，学生对学校内部治理模式运行情况的总体满意度均

值得分是 2.26，处于中等偏下水平。如表 3-58 所示，其中 GDU1、HZU2、WHU3、HBU4、CDU5、XCU6 6 所学校学生的满意度均值分别为 2.52、2.41、2.23、2.16、2.25、2.01，均处于中等偏下水平。

表 3-57　　　　　　　　学生对内部治理模式的满意度总均值表

| 平均 | 2.26 |
|---|---|
| 标准误差 | 0.072684 |
| 中位数 | 2 |
| 众数 | 2 |
| 标准差 | 0.496381 |
| 方差 | 0.24639 |
| 峰度 | −2.56248 |
| 偏度 | 0.287521 |
| 区域 | 1 |
| 最小值 | 2 |
| 最大值 | 4 |

表 3-58　　　　6 所地方普通高校学生对内部治理模式的满意度均值表

| GDU1 | | HZU2 | | WHU3 | | HBU4 | | CDU5 | | XCU6 | |
|---|---|---|---|---|---|---|---|---|---|---|---|
| 平均 | 2.52 | 平均 | 2.41 | 平均 | 2.23 | 平均 | 2.16 | 平均 | 2.25 | 平均 | 2.01 |
| 标准误差 | 0.163663 | 标准误差 | 0.169325 | 标准误差 | 0.171946 | 标准误差 | 0.16321 | 标准误差 | 0.182981 | 标准误差 | 0.174563 |
| 中位数 | 3 | 中位数 | 2.5 | 中位数 | 2.5 | 中位数 | 2 | 中位数 | 2 | 中位数 | 2.5 |
| 众数 | 3 | 众数 | 2 | 众数 | 2 | 众数 | 2 | 众数 | 2 | 众数 | 3 |
| 标准差 | 0.402054 | 标准差 | 0.456387 | 标准差 | 0.526871 | 标准差 | 0.54762 | 标准差 | 0.51754 | 标准差 | 0.48726 |
| 方差 | 0.1616 | 方差 | 0.20829 | 方差 | 0.27759 | 方差 | 0.29989 | 方差 | 0.2678 | 方差 | 0.23742 |
| 峰度 | 0 | 峰度 | −2.2 | 峰度 | −2.4 | 峰度 | −1.6 | 峰度 | −2.24 | 峰度 | −2.8 |
| 偏度 | −1.4 | 偏度 | 0 | 偏度 | 0 | 偏度 | 0.12 | 偏度 | 0.644 | 偏度 | 0 |
| 区域 | 1 | 区域 | 1 | 区域 | 1 | 区域 | 1 | 区域 | 1 | 区域 | 1 |

续表

| GDU1 | | HZU2 | | WHU3 | | HBU4 | | CDU5 | | XCU6 | |
|---|---|---|---|---|---|---|---|---|---|---|---|
| 最小值 | 2 | 最小值 | 2 | 最小值 | 2 | 最小值 | 2 | 最小值 | 2 | 最小值 | 2 |
| 最大值 | 3 | 最大值 | 4 | 最大值 | 4 | 最大值 | 3 | 最大值 | 3 | 最大值 | 3 |

　　第四，如表3-59所示，学生对参与学校治理的总体满意度均值得分是2.02，处于中下等水平。如表3-60所示，其中GDU1、HZU2、WHU3、HBU4、CDU5、XCU6 6所学校学生的满意度均值分别为2.26、2.28、2.05、1.83、1.63、1.71，其中GDU1、HZU2、WHU3 3所学校处于中等偏下水平，HBU4、CDU5、XCU6 3所学校的学生参与满意度均值更低。

表 3-59　　　　　　　　　　学生对参与学校治理的满意度总均值表

| 平均 | 2.02 |
|---|---|
| 标准差 | 0.519362 |
| 方差 | 0.269737 |
| 峰度 | 0.154231 |
| 偏度 | -0.47923 |
| 区域 | 2 |
| 最小值 | 1 |
| 最大值 | 4 |

表 3-60　　　　6所地方普通高校学生对参与学校治理的满意度均值表

| GDU1 | | HZU2 | | WHU3 | | HBU4 | | CDU5 | | XCU6 | |
|---|---|---|---|---|---|---|---|---|---|---|---|
| 平均 | 2.26 | 平均 | 2.28 | 平均 | 2.05 | 平均 | 1.83 | 平均 | 1.63 | 平均 | 1.71 |
| 标准误差 | 0.215462 | 标准误差 | 0.202341 | 标准误差 | 0.232151 | 标准误差 | 0.182981 | 标准误差 | 0.188982 | 标准误差 | 0.182981 |
| 中位数 | 3 | 中位数 | 3 | 中位数 | 2 | 中位数 | 3 | 中位数 | 2.5 | 中位数 | 3 |
| 众数 | 3 | 众数 | 3 | 众数 | 2 | 众数 | 3 | 众数 | 3 | 众数 | 3 |
| 标准差 | 0.64087 | 标准差 | 0.71722 | 标准差 | 0.432144 | 标准差 | 0.517549 | 标准差 | 0.534522 | 标准差 | 0.517549 |

续表

| GDU1 | | HZU2 | | WHU3 | | HBU4 | | CDU5 | | XCU6 | |
|---|---|---|---|---|---|---|---|---|---|---|---|
| 方差 | 0.410714 | 方差 | 0.5144 | 方差 | 0.18675 | 方差 | 0.267857 | 方差 | 0.285723 | 方差 | 0.267857 |
| 峰度 | 0.741021 | 峰度 | -0.22453 | 峰度 | 0.67453 | 峰度 | -2.24 | 峰度 | -2.8 | 峰度 | -1.62 |
| 偏度 | 0.067843 | 偏度 | 0.40231 | 偏度 | 1.32459 | 偏度 | -0.2364 | 偏度 | 0 | 偏度 | -0.6 |
| 区域 | 2 | 区域 | 2 | 区域 | 2 | 区域 | 1 | 区域 | 1 | 区域 | 1 |
| 最小值 | 2 | 最小值 | 2 | 最小值 | 2 | 最小值 | 2 | 最小值 | 2 | 最小值 | 2 |
| 最大值 | 3 | 最大值 | 3 | 最大值 | 3 | 最大值 | 3 | 最大值 | 3 | 最大值 | 3 |

### 3.3.3　治理效果的相关性分析

调研发现，地方普通高校所处区域、办学自主权、制度建设、治理目标、学校治理能力、多元主体参与程度等因素与地方普通高校的治理效果相关。

### 3.3.3.1　治理效果与学校所处区域的相关性分析

因地区是非数量的变量，对不同地区计算相关系数，并将相关数据录入SPSS19.0统计软件，进行东部、中部和西部的区域相关分析，分析治理效果与不同地区的差异性关系。

表 3-61　　　　　　　治理效果与学校所处区域的相关与回归分析

| SUMMARY OUTPUT | | | | | | | | | |
|---|---|---|---|---|---|---|---|---|---|
| | | | | | | | | | |
| 回归统计 | | | | | | | | | |
| Multiple R | 0.926136 | | | | | | | | |
| R Square | 0.857727 | | | | | | | | |
| Adjusted R Square | 0.837403 | | | | | | | | |
| 标准误差 | 0.075414 | | | | | | | | |
| 观测值 | 9 | | | | | | | | |
| | | | | | | | | | |

续表

| 方差分析 | | | | | | | | |
|---|---|---|---|---|---|---|---|---|
| | df | SS | MS | F | Significance F | | | |
| 回归分析 | 1 | 0.240011 | 0.240011 | 42.20135 | 0.000335 | | | |
| 残差 | 4 | 0.039811 | 0.005687 | | | | | |
| 总计 | 5 | 0.279822 | | | | | | |
| | Coefficients | 标准误差 | t Stat | P-value | Lower 95% | Upper 95% | 下限 95% | 上限 95% |
| Intercept | 1.972317 | 0.099177 | 19.88689 | 2.03E-07 | 1.737801 | 2.206833 | 1.737801 | 2.206833 |
| 区域 | 0.193419 | 0.029774 | 6.496256 | 0.000335 | 0.123015 | 0.263823 | 0.123015 | 0.263823 |

如表 3-61 所示，根据相关分析结果可以得知，相关系数为 0.926136，相关性 $P$ 值为 0.000335，表明不同地区对治理效果有较为显著的影响，呈现正相关。这表明，地方普通高校治理的效果与学校所在的区域有密切联系，在教育水平相对发达的地区如东部，其在治理效果上更为突出，其次是中部，再次是西部。

### 3.3.3.2 治理效果与办学自主权的相关性分析

治理效果与地方普通高校的办学自主权的相关与回归分析，如表 3-62 所示，相关系数为 0.932519，相关性 $P$ 值为 0.000246，表明治理效果与学校的办学自主权是显著正相关的。这表明，建立新型的政校关系，扩大并落实地方普通高校办学自主权，地方普通高校的治理将更有效。

表 3-62                治理效果与办学自主权的相关与回归分析

| SUMMARY OUTPUT | | | | | | |
|---|---|---|---|---|---|---|
| | | | | | | |
| 回归统计 | | | | | | |
| Multiple R | 0.932519 | | | | | |
| R Square | 0.869592 | | | | | |
| Adjusted R Square | 0.850962 | | | | | |
| 标准误差 | 0.072201 | | | | | |

续表

| 方差分析 | | | | | |
|---|---|---|---|---|---|
| | df | SS | MS | F | Significance F |
| 回归分析 | 1 | 0.243331 | 0.243331 | 46.6775 | 0.000246 |
| 残差 | 4 | 0.036491 | 0.005213 | | |
| 总计 | 5 | 0.279822 | | | |

| | Coefficients | 标准误差 | t Stat | P-value | Lower 95% | Upper 95% | 下限 95.0% | 上限 95.0% |
|---|---|---|---|---|---|---|---|---|
| Intercept | 1.073068 | 0.224139 | 4.787504 | 0.001995 | 0.543063 | 1.603073 | 0.543063 | 1.603073 |
| 自主权 | 0.696436 | 0.101936 | 6.832093 | 0.000246 | 0.455396 | 0.937477 | 0.455396 | 0.937477 |

### 3.3.3.3 治理效果与制度建设的相关性分析

治理效果与地方普通高校制度建设的相关与回归分析，如表 3-63 所示，相关系数为 0.97543，相关性 P 值为 7.47E-06，表明治理效果与学校的制度建设状况是显著正相关的。这表明，加强地方普通高校治理的相关制度建设，积极建立现代大学制度，地方普通高校的治理效果才会更好。

表 3-63　　　　治理效果与制度建设的相关与回归分析

| SUMMARY OUTPUT | | | | | | | | |
|---|---|---|---|---|---|---|---|---|
| 回归统计 | | | | | | | | |
| Multiple R | 0.97543 | | | | | | | |
| R Square | 0.951465 | | | | | | | |
| Adjusted R Square | 0.944531 | | | | | | | |
| 标准误差 | 0.044048 | | | | | | | |
| 观测值 | 9 | | | | | | | |

续表

| 方差分析 | | | | | | | | |
|---|---|---|---|---|---|---|---|---|
| | df | SS | MS | F | Significance F | | | |
| 回归分析 | 1 | 0.266241 | 0.266241 | 137.224339 | 7.47E-06 | | | |
| 残差 | 4 | 0.013581 | 0.00194 | | | | | |
| 总计 | 5 | 0.279822 | | | | | | |
| | | | | | | | | |
| | Coefficients | 标准误差 | t Stat | P-value | Lower 95% | Upper 95% | 下限 95.0% | 上限 95.0% |
| Intercept | 1.772752 | 0.071758 | 24.70474 | 4.5384E-08 | 1.603072 | 1.942432 | 1.603072 | 1.942432 |
| 制度 | 0.393372 | 0.033581 | 11.71428 | 7.4732E-06 | 0.313967 | 0.472778 | 0.313967 | 0.472778 |

### 3.3.3.4　治理效果与学校治理目标的相关性分析

治理效果与地方普通高校治理目标的相关与回归分析，如表 3-64 所示，相关系数为 0.959171，相关性 $P$ 值为 4.35E-05，表明治理效果与学校治理目标的合理程度呈显著正相关。这表明，地方普通高校的治理目标越科学合理，地方普通高校的治理就越有效。

表 3-64　　　　　治理效果与治理目标的相关与回归分析

| SUMMARY OUTPUT | | | | | | | | |
|---|---|---|---|---|---|---|---|---|
| | | | | | | | | |
| 回归统计 | | | | | | | | |
| Multiple R | 0.959171 | | | | | | | |
| R Square | 0.920009 | | | | | | | |
| Adjusted R Square | 0.908582 | | | | | | | |
| 标准误差 | 0.056547 | | | | | | | |
| 观测值 | 9 | | | | | | | |
| | | | | | | | | |
| 方差分析 | | | | | | | | |
| | df | SS | MS | F | Significance F | | | |

| 回归分析 | 1 | 0.257439 | 0.257439 | 80.50986 | 4.35E-05 | | | |
| 残差 | 4 | 0.022383 | 0.003198 | | | | | |
| 总计 | 5 | 0.279822 | | | | | | |
| | | | | | | | | |
| | Coefficients | 标准误差 | t Stat | P-value | Lower 95% | Upper 95% | 下限 95.0% | 上限 95.0% |
| Intercept | 1.591607 | 0.113465 | 14.02723 | 2.22E-06 | 1.323304 | 1.85991 | 1.323304 | 1.85991 |
| 目标 | 0.45542 | 0.050756 | 8.972729 | 4.35E-05 | 0.335401 | 0.575439 | 0.335401 | 0.575439 |

### 3.3.3.5 治理效果与学校治理能力的相关性分析

治理效果与地方普通高校治理能力的相关与回归分析，如表 3-65 所示，相关系数为 0.949357，相关性 $P$ 值为 9.16E-05，表明治理效果与学校治理能力呈显著正相关。这表明，提高地方普通高校的治理能力，包括政府、学校领导、教职工、学生及家长、企业行业等多元主体的治理能力，地方普通高校的治理将更加有效。

表 3-65　　　　　治理效果与学校治理能力的相关与回归分析

| SUMMARY OUTPUT | | | | | | |
| --- | --- | --- | --- | --- | --- | --- |
| | | | | | | |
| 回归统计 | | | | | | |
| Multiple R | 0.949357 | | | | | |
| R Square | 0.90128 | | | | | |
| Adjusted R Square | 0.887177 | | | | | |
| 标准误差 | 0.06282 | | | | | |
| 观测值 | 9 | | | | | |
| | | | | | | |
| 方差分析 | | | | | | |
| | df | SS | MS | F | Significance F | |
| 回归分析 | 1 | 0.252198 | 0.252198 | 63.90728 | 9.16E-05 | |

续表

| | 4 | 0.027624 | 0.003946 | | | | | |
|---|---|---|---|---|---|---|---|---|
| 残差 | 4 | 0.027624 | 0.003946 | | | | | |
| 总计 | 5 | 0.279822 | | | | | | |

| | Coefficients | 标准误差 | t Stat | P-value | Lower 95% | Upper 95% | 下限 95.0% | 上限 95.0% |
|---|---|---|---|---|---|---|---|---|
| Intercept | 1.684743 | 0.115842 | 14.54339 | 1.73E-06 | 1.410819 | 1.958667 | 1.410819 | 1.958667 |
| 能力 | 0.422324 | 0.052829 | 7.994203 | 9.16E-05 | 0.297404 | 0.547245 | 0.297404 | 0.547245 |

### 3.3.3.6　治理效果与多元主体参与程度的相关性分析

治理效果与地方普通高校治理能力的相关与回归分析，如表 3-66 所示，相关系数为 0.925533，相关性 $P$ 值为 0.000345，说明治理效果与多元治理主体参与程度呈显著正相关。这表明，充分促进多元主体参与地方普通高校治理，有效保障教职工、学生、家长、企业行业的参与权，地方普通高校的治理效果将会更好。

表 3-66　　　　　**治理效果与多元主体参与程度的相关与回归分析**

| SUMMARY OUTPUT | | | | | | | | |
|---|---|---|---|---|---|---|---|---|
| 回归统计 | | | | | | | | |
| Multiple R | 0.925533 | | | | | | | |
| R Square | 0.856612 | | | | | | | |
| Adjusted R Square | 0.836128 | | | | | | | |
| 标准误差 | 0.075709 | | | | | | | |
| 观测值 | 9 | | | | | | | |
| 方差分析 | | | | | | | | |
| | df | SS | MS | F | Significance F | | | |
| 回归分析 | 1 | 0.239699 | 0.239699 | 41.81848 | 0.000345 | | | |
| 残差 | 4 | 0.040123 | 0.005732 | | | | | |

| | | | | | | | | |
|---|---|---|---|---|---|---|---|---|
| 总计 | 5 | 0.279822 | | | | | | |
| | | | | | | | | |
| | Coefficients | 标准误差 | t Stat | P-value | Lower 95% | Upper 95% | 下限 95.0% | 上限 95.0% |
| Intercept | 1.598115 | 0.156293 | 10.22512 | 1.85E-05 | 1.228541 | 1.967689 | 1.228541 | 1.967689 |
| 多元参与 | 0.440479 | 0.068115 | 6.466721 | 0.000345 | 0.279413 | 0.601545 | 0.279413 | 0.601545 |

　　总之，通过相关性分析，笔者发现 6 所地方普通高校所处区域、办学自主权状况、制度建设状况、治理目标合理状况、学校治理能力水平、多元主体参与程度等方面会影响地方普通高校转型发展的治理效果。具体来说：第一，6 所地方普通高校治理的效果与学校所在的区域有密切联系，在教育水平相对发达的地区如东部，其在治理效果上更为突出，其次是中部，再次是西部。第二，建立新型的政校关系，扩大并落实地方普通高校的办学自主权，6 所地方普通高校治理将更有效。第三，加强制度建设，积极建立现代大学制度，6 所地方普通高校治理效果才会更好。第四，学校治理目标越科学合理，6 所地方普通高校的治理就越有效。第五，提高学校的治理能力，包括政府、学校领导、教职工、学生及家长、企业行业等多元主体的治理能力，6 所地方普通高校的治理将更加有效。第六，充分促进多元主体参与学校治理，有效保障教职工、学生、家长、企业行业的参与权，6 所地方普通高校的治理效果将会更好。

# 4 地方普通高校转型发展中治理存在的问题及原因分析

根据调查情况来看，我国地方普通高校转型发展中的治理依然存在诸多问题，这些问题的存在与解决会影响地方普通高校的合理转型与科学发展。因此，有必要对这些问题进行系统而深入地分析，从而找出产生这些问题的深层根源，并探究其解决办法。

## 4.1 地方普通高校转型发展中治理存在的问题

笔者通过调查发现，6所地方普通高校转型发展中治理依然存在多方面的问题，包括治理目标不够明确、治理依据不够充分、治理主体参与度不高、权责配置不够合理、治理方式比较单一、治理效果不突出等，这些问题会影响地方普通高校的科学合理转型与健康持续发展。

### 4.1.1 治理目标不够明确

地方普通高校向应用技术型大学的科学合理转型，首先需要确定合理而明确的治理目标。治理目标体现了地方普通高校的办学指导思想、治校理念和策略，对地方普通高校的办学行为、学生发展、学校未来发展等具有引领作用。

调查显示，从6所地方普通高校转型发展中具体的治理目标来看，大的方向上能围绕学校的办学定位制订相对合理的治理目标，主要表现在学校全面贯彻党的教育方针，坚持社会主义办学方向，在办学过程中着力于培养适应社会需要的高素质人才。此外，6所地方普通高校普遍提出要面向经济社会发展需求，面向区域经济需要，培养具有实践能力的应用型人才。

但是，通过调查研究，笔者也发现，6 所地方普通高校在转型发展中的治理目标上还存在着目标定位不准、缺乏特色等问题。具体来说，第一，一些地方普通高校制订的治理目标存在着与学校实际发展状况不相符合的情况。对于地方普通高校的领导者来说，有一部分校领导存在短期的利益观，表现出急功近利的思想，希望在一个很短的时间内取得学校转型发展中的良好治理效果。因此 6 所地方普通高校的治理目标的导向性存在一定的偏差，导致制订的目标要么过高，要么过全，难以切合学校发展实际，也导致部分教职工的抵触心理。①

例如，副校长 L6 说："治理目标的合理确立是我校非常重视的关键问题，我认为本校的治理目标比如培养应用技术型人才，是符合地区经济发展和学校发展需要的。但是究竟要如何培养应用型人才，如何准确地定位应用型人才培养目标，如何办出学校特色，这些问题还没有深入讨论。因此治理目标很大程度上还停留在理论层面，缺乏对治理目标具体细节的合理把关和对学校治理特色目标的把握，这可能也是随后我校在治理目标方面要突破的问题。"

副校长 L1 指出："本校在治理目标到底应该如何准确定位这一问题上，在较长的一段时间里一直处于摸索状态。经过充分调研和征集意见，学校集中召开了两次专题讨论会，就治理目标问题初步形成了较为一致的看法。比如其中的主要内容就包括服务地方和国家经济社会发展，培养应用型人才，开展应用研究，提供应用服务。但是从目前治理目标的实施情况来看，还是存在与学校实际发展状况不相符合的情况。"

WHU3 学校的一位教师说："治理目标的合理确立是影响地方普通高校治理与发展的重要因素。据我看来，我校虽然是本省第一批确立的转型发展对象，但是当前对治理目标的把握还不够准确，目前还主要是注重在转型发展过程中，执行上级教育部门的方针决策，并没有制订与本校实际发展相适应的近期目标和长期目标，可以说现行的治理目标是很模糊的。"

第二，治理目标缺乏特色，倾向于大而全。访谈结果显示，一些地方普通高校在治理目标上定位过于宽泛、缺乏特色，一般性目标设定的内容过多或过全，

① 张真柱，许日华. 高校内部治理的问题与策略思考 ［J］. 国家教育行政学院学报，2013 （2）：38-42.

可操作性比较差。副校长 L2 指出："从当前地方普通高校的发展来看，其治理目标倾向于转型发展大方向的基本要求，内容过于笼统。我认为治理目标不应该是千篇一律的，各转型高校应该结合学校发展实际来制订治理目标，要体现出自身的特色。显然，目前学校在这方面比较欠缺。"

HBU4 学校的副校长 L4 说："治理目标是学校转型发展的立足之本，是学校治理工作的一面镜子。我校在治理目标定位上还需要进一步凝练。当前我校制订了治理目标，主要来说就是致力于培养应用型高级专门人才，努力建成特色鲜明的高水平应用型大学。就目标本身来看，其导向是正确的，但是我觉得这个治理目标定位过宽，缺乏对本校地理位置、人文特色等方面的凝练。"

笔者在调研中也发现，依然有一些地方普通高校倾向于把自己定位为教学研究型大学，在学校治理中重理论、轻实践，重科研、轻教学。这些地方转型院校为了提升学校的排名层次，不惜代价加大科研导向和奖励力度，一定程度上模仿走"985""211"重点高校的研究型、学术型道路。CDU5 学校发展规划处的处长说："我校在治理目标方面的问题比较突出，我们学校长期以来，一直致力于学习研究型大学的教学和管理经验，学校目前也一直按照培养学术型人才的思路进行办学和治校。当前虽然我校提出了培养应用型人才的治理目标，但是一些学生家长、社会部门对学校转型发展还存在一定的疑惑，认为这是不是水平下降了，是不是层次降低了；另外，学校的一些教职工对转型中的治理目标的内涵也不是很了解，加之受传统教学观念和习惯的影响，因此在日常教学中还是表现为重理论、轻实践，重科研、轻教学，存在诸多问题。"

XCU6 学校的一位教师说："可能是由于宣传不到位或者是因为我们缺乏关注等原因，我们觉得学校虽然制订了治理目标，但是教师们的思维观念和治理行动都没有跟上。教师们还是按照以前所从事的工作参与学校的教学治理活动，还是致力于培养学术型人才，重理论、轻实践的问题没有缓解。而且因为科研容易出成果，所以教师们也更愿意投入更多的精力，至于教学，则关注度不够。"

第三，治理目标分解落实的过程不规范且不够完善。调研发现，6 所地方普通高校在制订学校的治理目标和分解治理目标时，其程序和决策还不够科学化。具体来看，治理目标的制订一般先由相关的中层干部制订草案，然后召集相关单位和部门的负责人进行形式化的讨论，通过负责人的口头表决后，即以文件或者通知的形式在全校范围内发布。在此情况下，治理目标分解落实的过程不够规范，教职工缺乏有效的决策参与，而且经常因责任、利益等问题而导致学校治理工作更加复杂化。

HZU2 学校的发展与规划处的一位科长说："我校制订了学校转型发展期的治理目标，但是这个总目标的制订也是比较仓促的，时间比较紧，而且上级部门要求尽快拿出相应的方案，我校为了按时完成相应转型要求和治理任务，没有足够的时间发动全校职工进行建言献策和讨论。从现在来看，很多教职工还没有完全领会转型时期学校的治理目标，认为这和自己关系不大，自己只管做好教书育人、做好本职工作就可以了，这也就影响了学校治理的效率。"

WHU3 学校的一位教师指出："我校注重了治理目标的制订，但是在治理目标的分解落实上，却没有想出什么好办法。学校围绕治理目标问题开展过几次讨论会，但是这种会议实际就是发布决策和传达精神，教职工无法有效地参与治理目标的拟订。因此治理目标并没有为广大教职工所认可，或者较好地领会。目前只停留在比较理想化的文字层面，缺乏对落实治理目标所应采取的具体行动进行阐释。"

## 4.1.2 治理依据不够充分

调查发现，6 所地方普通高校在治理依据上，主要是从政策法规出发，结合学校自身的办学目标和发展定位而开展学校内部治理活动。调查也发现，尽管 6 所地方普通高校能够根据国家相关法律法规制度和大学章程及其相关内部制度来进行治理，但是，依然存在着治理依据不够充分，相关治理法律法规制度不完善以及制度执行不良等问题。

### 4.1.2.1 国家政府层面的法律法规制度不够健全

现有的国家和地方政府层面的法律法规政策依然有待完善。例如，《高等教育法》规定了我国地方普通高校治理的基本主体，包括学校党委和行政部门、教职工、学术委员会、教职工代表大会等。国家和地方政府层面的法律注重了对地方普通高校基本管理主体及各自职责的大致性规定，但是对于各个主体应该如何加强并履行自己的权责，现有的法律法规制度并没有进行明确。例如，学校教代会中教师参与治理的权力范围、约束制度、议事规则等事项缺乏更为细致而有效的规定，因此教职工和学生在地方普通高校转型发展中的治理问题上，还存在错误观念，而且难以通过相应的参与制度来有效开展治校活动，很大程度上影响了学校转型发展中的治理效果。

《职业教育法》也是地方普通高校治理的重要依据，其涉及的治理依据主要是从管理归属的角度，表述为国务院教育行政部门负责职业教育工作的统筹规划、综合协调、宏观管理。目前，对于地方普通高校治理来说，该法只是从管辖权和责任分布情况出发，从大方向上指出应用技术教育的主要管理原则与思路，但是，依然存在一些问题：一是未能明确而细致地规定应用技术教育治理的目标、原则与要求，对地方普通高校治理实施缺乏更多操作层面的指导意见；二是缺乏对地方普通高校治理实施途径与方法的具体指导，以至于地方普通高校在治理过程中并不是很清楚到底应该如何进行科学的转型规划、多元主体如何全面参与。

此外，政府与地方普通高校之间的权责配置、地方普通高校办学自主权等方面的法律法规不够健全。一方面，现行法律对政府的责权利及其管理地方普通高校的权限、方式和程度，以及应履行的责任和义务等均未明确规定，这势必会导致政府权力运行缺乏制衡和监督，极易造成政府权力失范，随意行使自由裁量权，侵蚀高校的办学自主权，但又没有法律依据去追究政府因不正确行使权力而应承担的责任。例如，副校长 L3 说："长期以来，政府与地方普通高校之间的权责配置问题一直没有有效解决。政府对地方普通高校治理的相关事务，管得过多、管得过细或者管得过严，学校疲于应付检查。我觉得这主要是因为现行法律法规制度，没有明确政府与地方普通高校各自的权责。政府习惯于传统的管控，学校习惯于传统权力关系中的'等、靠、要'，双方都缺乏明确的法律法规细则指导。"

另一方面，现行法律对高校有哪些办学自主权、有多大的办学自主权尚未有明确规定，以至于人们在探讨或实践中需要解决此类问题的法律援引缺失。例如，副校长 L5 指出："现行法律制度从不同程度上强调了学校的办学自主权问题，但是现行法律中并没有明确界定地方普通高校自主权的范围及程度。因此在治校过程中，学校也不是很明白到底是否应该去争取更多的办学自主权，抑或是去争取多大的办学自主权，或是在哪些方面可以去争取办学自主权。"

此外，国家层面也缺乏企业行业参与地方普通高校治理的法律法规。因为法律法规的缺失，企业行业经常无法有效参与学校的治理活动。例如，HZU2学校的一位相关企业的负责人说："当前是一个法治社会，一切行动特别是与学校有关的治理活动，需要有相应的法律法规作为支撑。目前这些法律法规制度比较缺乏，导致学校和企业都处于一个比较茫然的状态，不知道应该如何有效地融入对方，并与对方有针对性地开展合作治理，同时也不明白应该如何保障自己的合法权益。这些问题没有有效解决，因此企业行业经常无法有效地参加学校的治理活动。"GDU1学校的一个相关企业的负责人指出："虽然政府在多个文件中均强调企业行业要积极参与地方普通高校治理，但是目前还缺乏企业行业参与的法规，而学校和企业行业出于各自发展需要，对企业行业如何参与学校治理的具体过程缺乏一定的制度设计。"

## 4.1.2.2　学校内部相关制度建设不够完善

调研结果显示，6所地方普通高校内部的大学章程以及相关制度建设不够完善。第一，大学章程建设缺乏自身特色、形同虚设。调研发现，尽管6所地方普通高校开始重视章程建设，并制订了大学章程，但从总体来看，所制订的大多数章程略显官方，缺乏地方普通高校自身的个性化与特色。在访谈中，GDU1学校的一位教授说："大学章程的提法近几年以来逐渐得到了重视，然而现在的章程建设，主要是进一步明确地方普通高校的办学内容与办学组织形式。无非就是对官方文件的一种细化，不能体现我校治理发展的基本特色。"WHU3学校的一位二级学院的院长指出："当前地方普通高校都已经制订或正在制订学校的章程，对章程问题逐渐重视起来。但是从章程的具体内容来看，主要体现的是学校办学发展的基本思路和具有的相应条件，章程内容比较官方化，与其他地方普通高校之间的区别不是很明显，缺乏对自身个性化或特色化的锤炼。"

从大学章程的实施情况来看，尽管6所高校都制订了大学章程，但是，大学章程并没有被广大教职工和学生们广泛知晓并接受。从6所地方普通高校的教职工问卷的总体调查结果来看（见图4-1），选择对大学章程内容"非常了解"的人数所占比例仅为7.83%；选择"比较了解"的人数所占比例为12.12%；选择"了解一些"的人数所占比例为27.27%；选择"了解较少"

的人数所占比例为 30.31%；选择"不了解"的人数所占比例为 22.47%。这一结果说明，作为地方普通高校治理中的重要主体之一的教职工对大学章程内容的了解程度并不高。同时也说明教职工参与学校制度建设的机会偏少，制度建设执行情况有待完善。

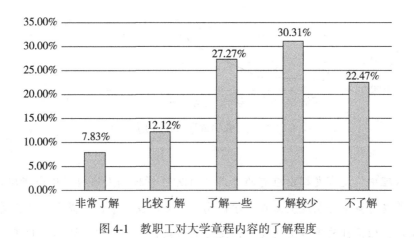

图 4-1  教职工对大学章程内容的了解程度

此外，从学生的调查问卷结果来看，如图 4-2 所示，也反映学生对地方普通高校章程的基本内容了解程度较低。其中，选择对大学章程内容"非常了解"的人数所占比例仅为 3.69%；选择"比较了解"的人数所占比例为 4.84%；选择"了解一些"的人数所占比例为 16.36%；选择"了解较少"的人数所占比例为 55.30%；选择"不了解"的人数所占比例为 19.81%。

第二，董事会制度建设尚不完善，流于形式。当前地方普通高校转型发展过程中的治理，需要有相应的法律法规作为配套措施，但是因为制度不够健全，有关推进董事会工作制度的规定不够明确，使得地方普通高校在转型发展中难以发挥董事会的作用，董事会治理的形式化严重。甚至有一些学校根本没有成立董事会，也不认可董事会制度对于学校治理的作用。正如 GDU1 学校的校办主任指出："对于董事会治校这种新兴模式，主要在当前的部分民办高校中能有效贯彻，而地方普通高校在长期发展的过程中，已经形成了自身独立的、以党委领导下的校长负责制为主的治校模式，在这一模式下，董事会没有真正参与地方普通高校

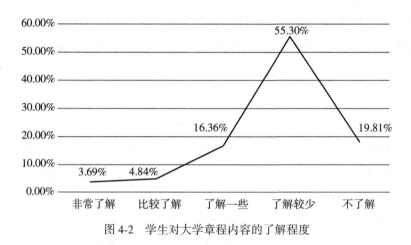

图 4-2 学生对大学章程内容的了解程度

的内部治理中,没有发挥出应有的作用。" HZU2 学校的人事科科长也指出:"民办高校普遍有董事会制度,像我们学校属于公办高校,学校也提出了建立董事会工作制度,但是目前董事会还没有行使应有的权责或发挥有力的参与作用。我国普通高校实行的是党委领导下的校长负责制,学校要将董事会制度与传统的领导体制有效结合,才能真正促进董事会发挥作用,才能推动学校治理的进程。当前董事会制度实施存在困难,董事会形同虚设。"

从调查来看,也得出了相同的结论。例如,笔者调查了"学校治理过程中董事会的参与状况",如表 4-1 所示,董事会参与治理状况的总均值得分是 1.71,处于较低水平。如表 4-2 所示,GDU1、HZU2、WHU3、HBU4、CDU5、XCU6 6 所学校治理中的董事会参与均值分别为 1.83、1.79、1.73、1.71、1.63、1.59,均处于较低水平。这说明 6 所地方普通高校治理中董事会的参与度较低。

表 4-1 地方普通高校治理中董事会参与的总均值

| 平均 | 1.71 |
|---|---|
| 标准误差 | 0.072684 |
| 中位数 | 2 |
| 众数 | 2 |

续表

| | |
|---|---|
| 标准差 | 0.53215 |
| 方差 | 0.28318 |
| 峰度 | 0.13234 |
| 偏度 | -0.61237 |
| 区域 | 2 |
| 最小值 | 1 |
| 最大值 | 3 |

表 4-2　　　　　　　　　　6 所地方普通高校治理中董事会参与的均值

| GDU1 | | HZU2 | | WHU3 | | HBU4 | | CDU5 | | XCU6 | |
|---|---|---|---|---|---|---|---|---|---|---|---|
| 平均 | 1.83 | 平均 | 1.79 | 平均 | 1.73 | 平均 | 1.71 | 平均 | 1.63 | 平均 | 1.59 |
| 标准误差 | 0.226582 | 标准误差 | 0.24123 | 标准误差 | 0.261276 | 标准误差 | 0.16564 | 标准误差 | 0.188982 | 标准误差 | 0.17653 |
| 中位数 | 3 | 中位数 | 3 | 中位数 | 2 | 中位数 | 3 | 中位数 | 2.5 | 中位数 | 3 |
| 众数 | 3 | 众数 | 3 | 众数 | 2 | 众数 | 3 | 众数 | 3 | 众数 | 3 |
| 标准差 | 0.64087 | 标准差 | 0.707107 | 标准差 | 0.755929 | 标准差 | 0.487656 | 标准差 | 0.534522 | 标准差 | 0.504532 |
| 方差 | 0.410714 | 方差 | 0.5 | 方差 | 0.571429 | 方差 | 0.214286 | 方差 | 0.285714 | 方差 | 0.254557 |
| 峰度 | 0.74102 | 峰度 | -0.2285 | 峰度 | 0.875 | 峰度 | 0.834 | 峰度 | -2.8 | 峰度 | -2.28 |
| 偏度 | 0.06784 | 偏度 | 0.40406 | 偏度 | 1.32287 | 偏度 | -1.44016 | 偏度 | 0 | 偏度 | -0.6 |
| 区域 | 2 | 区域 | 2 | 区域 | 2 | 区域 | 1 | 区域 | 1 | 区域 | 1 |
| 最小值 | 2 | 最小值 | 2 | 最小值 | 2 | 最小值 | 2 | 最小值 | 2 | 最小值 | 2 |
| 最大值 | 4 | 最大值 | 4 | 最大值 | 4 | 最大值 | 3 | 最大值 | 3 | 最大值 | 3 |

此外，笔者还对"董事会在学校内部治理过程中所发挥的作用"进行了调查，调查结果如表 4-3 所示，董事会所发挥作用的总均值得分是 1.56，处于较低水平。如表 4-4 所示，GDU1、HZU2、WHU3、HBU4、CDU5、XCU6 6 所学校董事会所发挥作用的均值得分分别为 1.75、1.73、1.61、1.42、1.37、1.43，均处于较低水平，这说明董事会在 6 所学校治理过程中所发挥的作用较低。

表 4-3 董事会所发挥作用的总均值

| | |
|---|---|
| 平均 | 1.56 |
| 标准误差 | 0.072364 |
| 中位数 | 2 |
| 众数 | 2 |
| 标准差 | 0.5879314 |
| 方差 | 0.345663 |
| 峰度 | −1.935881 |
| 偏度 | 0.071952 |
| 区域 | 1 |
| 最小值 | 1 |
| 最大值 | 4 |

表 4-4 6 所地方普通高校董事会所发挥作用的均值

| GDU1 | | HZU2 | | WHU3 | | HBU4 | | CDU5 | | XCU6 | |
|---|---|---|---|---|---|---|---|---|---|---|---|
| 平均 | 1.75 | 平均 | 1.73 | 平均 | 1.61 | 平均 | 1.42 | 平均 | 1.37 | 平均 | 1.43 |
| 标准误差 | 0.163663 | 标准误差 | 0.24123 | 标准误差 | 0.261276 | 标准误差 | 0.16564 | 标准误差 | 0.188982 | 标准误差 | 0.17653 |
| 中位数 | 3 | 中位数 | 3 | 中位数 | 2 | 中位数 | 3 | 中位数 | 2.5 | 中位数 | 3 |
| 众数 | 3 | 众数 | 3 | 众数 | 2 | 众数 | 3 | 众数 | 3 | 众数 | 3 |
| 标准差 | 0.64087 | 标准差 | 0.707107 | 标准差 | 0.755929 | 标准差 | 0.487656 | 标准差 | 0.534522 | 标准差 | 0.504532 |
| 方差 | 0.410714 | 方差 | 0.5 | 方差 | 0.571429 | 方差 | 0.214286 | 方差 | 0.285714 | 方差 | 0.254557 |
| 峰度 | 0.74102 | 峰度 | −0.2285 | 峰度 | 0.875 | 峰度 | 0.834 | 峰度 | −2.8 | 峰度 | −2.28 |
| 偏度 | 0.06784 | 偏度 | 0.40406 | 偏度 | 1.32287 | 偏度 | −1.44016 | 偏度 | 0 | 偏度 | −0.6 |
| 区域 | 2 | 区域 | 2 | 区域 | 2 | 区域 | 1 | 区域 | 1 | 区域 | 1 |
| 最小值 | 1 | 最小值 | 1 | 最小值 | 1 | 最小值 | 1 | 最小值 | 1 | 最小值 | 1 |
| 最大值 | 4 | 最大值 | 4 | 最大值 | 4 | 最大值 | 3 | 最大值 | 3 | 最大值 | 3 |

第三，学生参与地方普通高校治理的制度没有很好地建立起来。地方普通高校的治理，需要学生的广泛参与，但是，从笔者的调查情况来看，6 所地方普通高校的学生参与制度尚未很好地建立起来，学生的参与大多停留在文字材料或者

流于形式，无法为学校的转型发展提供更多的合力。正如访谈中 WHU3 学校的一位教师所说的："地方普通高校的有效治理，需要学生的积极参与，但是当前我校还没有建立学生参与的明确制度。学生参与问题比较难以把握，因为学生普遍认为学校治理是学校领导和老师的事情，他们的学业太忙，无暇顾及太多。而学校也或多或少持有与学生相同的想法，没有建立学生参与制度，比如学生学习制度、选课制度、评价制度等，无法在学校治理中让学生作为主体发挥重要作用。"CDU6 学校的一位教授说："地方普通高校的治理需要学生的积极与广泛参与，但是当前学校重视的还是学生的基本学习制度和日常管理制度，没有重视学生的治理参与制度。学校也没有意识到学生参与制度的重要性，学生对此也不太配合，因此学生良好的参与制度没有建立起来。"

而且从问卷调查来看，也反映了大致相同的问题。例如，笔者调查了学生的参与情况，结果显示，学生参与的总体满意度均值得分是 1.96，处于相对较低水平。其中，CDU1、HZU2、WHU3、HBU4、CDU5、XCU6 6 所学校学生的满意度均值分别为 2.26、2.28、2.05、1.83、1.63、1.71，这说明地方普通高校治理过程中学生的参与度偏低。

第四，学术委员会制度和教授委员会制度尚未落到实处。例如，访谈中 HZU2 学校的一位教授指出："地方普通高校重视传统的行政管理制度，强调自上而下的管理和行动的统一。我校有学术委员会和教授委员会，但是这些组织受限于行政权力组织，无法真正发挥其在学校治理中的作用。"此外，笔者在调查中也发现，目前地方普通高校的学术委员会、教授委员会等学术组织的治理权责不够清晰。例如，GDU1 学校的一位教授指出："我校的学术委员会和教授委员会的治理权责不明晰，所以他们难以发挥应有的学术权威，当前学术委员会只适用于讨论具体的教学、教育培养以及学生学业事务。"

第五，教职工代表大会制度落实不力。根据调查，发现其主要问题表现在两个方面：一是教职工代表大会制度通常仅以召开主题会议的形式呈现，效果不好。正如 HZU2 学校的一位教师指出："如果大家认真思考教职工代表大会的落实问题，可能会促进教代会发挥相应的作用。但是当前我校教职工代表大会执行状况比较差，其主要是进行政策通报、工作传达与布置，或是让大家进行投票表决。当前教职工代表大会流于形式，没有实质性的作用，落实状况也比较差。"

二是教职工代表大会制度缺乏明确的内容规定，因此，执行很难到位。WHU3 学校的一位教师说："建立教职工代表大会制度的初衷是促进教师参与学校治理，但是当前我校的教职工代表大会制度里，没有规定教职工参与治校的具体行动准则，内容不够具体，教师缺乏参与治理的行动指南，学校也缺乏相应的引导机制，没有发挥出教师代表大会应有的作用。"

### 4.1.3　治理主体参与度不高

尽管调研中 6 所地方普通高校的治理主体逐渐呈现出多元化趋势，然而，在当前的治理过程中，6 所地方普通高校的重要治理主体依然是政府以及学校的管理者，尚未形成多元主体的共治以及相应的治理机制。

#### 4.1.3.1　一线的教职工参与度不高

从所调查的 6 所转型发展中的地方普通高校来看，一线教职工参与学校治理的程度很低，教职工缺乏参与学校治理的渠道和有效的方式。教代会本应该成为教师参与学校治理的重要桥梁，但是从调查来看，教代会的权力非常小，实际上被严重弱化，部分学校的教代会制度大多表现在会议形式上，教职工无法有效地参与治校。正如 WHU3 学校的一位教授所说："因为地方普通高校治理需要教职工的广泛参与，而当前我校的教代会主要体现出参会作用，没有发挥出教职工参与的积极性，教代会的设置也显得可有可无，教职工的主体地位不能从教代会中得以体现，因此也难以激发教职工参与的积极性。"

HBU4 学校的一位教师说："本校教代会的作用体现不太明显，主要表现在教代会的权力被弱化。本来教代会里的教师人数比例就很低，而我校教代会的组成成员里超过半数担任行政职务，更无法体现教职工的主体地位，他们对教代会的重视程度也不高。从教代会的召开状况来看，也通常是学习学校的教学文件、管理文件，教代会也只是象征性地参与表决或投票，没有真正参与进来。"

另外，从教职工参与的总体情况来看，6 所地方普通高校教职工参与的总均值得分是 2.452，处于中等偏下水平。其中，GDU1、HZU2、WHU3、HBU4、CDU5、XCU6 6 所学校的均值得分分别是 2.727、2.621、2.364、2.312、2.456、2.231，基本处于中等偏下水平，这说明我国地方普通高校一线教职工的治理参与度不高。

## 4.1.3.2 企业与行业的参与有限

当前我国地方普通高校治理中，企业行业与地方普通高校的合作还处于"表面接触型"，而地方普通高校偏重理论教学，目前还不能有效满足企业行业对于人才发展和培养的需要，因此企业行业的参与度不高，没有发挥出相应的参与作用。

从笔者的调查情况来看，在6所地方普通高校治理的过程中，企业行业的参与度都比较低。在对"你认为贵校内部治理过程中的企业行业参与状况"的调查中，如图4-3所示，选择"很多参与""较多参与""有一定参与""较少参与""无参与"的教职工分别占比为6.57%、9.12%、19.13%、34.15%、31.03%，选择"较少参与"和"无参与"的比例高达65.18%。

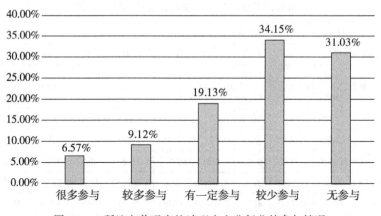

图4-3　6所地方普通高校治理中企业行业的参与情况

在对"贵校与企业行业合作情况如何"的调查中，如表4-5、表4-6所示，6所地方普通高校治理中的企业行业合作情况总均值得分是1.55，其中GDU1、HZU2、WHU3、HBU4、CDU5、XCU6 6所学校的均值分别是2.05、2.01、1.89、1.91、1.63、1.61，这说明6所地方普通高校与企业行业的合作程度比较低。

表 4-5                6 所地方普通高校与企业行业合作情况的总均值

| 平均 | 1.55 |
|---|---|
| 标准误差 | 0.072364 |
| 中位数 | 2 |
| 众数 | 2 |
| 标准差 | 0.5879314 |
| 方差 | 0.345663 |
| 峰度 | −1.935881 |
| 偏度 | 0.071952 |
| 区域 | 1 |
| 最小值 | 1 |
| 最大值 | 4 |

表 4-6                6 所地方普通高校与企业行业合作情况的均值

| GDU1 | | HZU2 | | WHU3 | | HBU4 | | CDU5 | | XCU6 | |
|---|---|---|---|---|---|---|---|---|---|---|---|
| 平均 | 2.05 | 平均 | 2.01 | 平均 | 1.89 | 平均 | 1.91 | 平均 | 1.63 | 平均 | 1.61 |
| 标准误差 | 0.215462 | 标准误差 | 0.202341 | 标准误差 | 0.232151 | 标准误差 | 0.182981 | 标准误差 | 0.188982 | 标准误差 | 0.182981 |
| 中位数 | 3 | 中位数 | 3 | 中位数 | 2 | 中位数 | 3 | 中位数 | 2.5 | 中位数 | 3 |
| 众数 | 3 | 众数 | 3 | 众数 | 2 | 众数 | 3 | 众数 | 3 | 众数 | 3 |
| 标准差 | 0.64087 | 标准差 | 0.71722 | 标准差 | 0.432144 | 标准差 | 0.517549 | 标准差 | 0.534522 | 标准差 | 0.517549 |
| 方差 | 0.410714 | 方差 | 0.5144 | 方差 | 0.18675 | 方差 | 0.267857 | 方差 | 0.285723 | 方差 | 0.267857 |
| 峰度 | 0.741021 | 峰度 | −0.22453 | 峰度 | 0.67453 | 峰度 | −2.24 | 峰度 | −2.8 | 峰度 | −1.62 |
| 偏度 | 0.067843 | 偏度 | 0.40231 | 偏度 | 1.32459 | 偏度 | −0.2364 | 偏度 | 0 | 偏度 | −0.6 |
| 区域 | 2 | 区域 | 2 | 区域 | 2 | 区域 | 1 | 区域 | 1 | 区域 | 1 |
| 最小值 | 2 | 最小值 | 2 | 最小值 | 2 | 最小值 | 2 | 最小值 | 2 | 最小值 | 2 |
| 最大值 | 3 | 最大值 | 3 | 最大值 | 3 | 最大值 | 3 | 最大值 | 3 | 最大值 | 3 |

　　此外，通过访谈笔者发现，由于地方普通高校治理与企业行业运行机制的不同，导致在现有学校治理机制下，企业行业无法真正融入地方普通高校的治理中来，不能形成真正的合作伙伴关系。正如 GDU1 学校的一位教授指出："目前企

业行业与地方普通高校的治理合作仅限于交流访问、参加会议、教师观摩、学生实习培训等方面，企业行业并没有成为真正意义上的参与主体，双方合作程度也比较低，企业行业还不能有效参与学校治理决策，双方也缺少实质性的参与。"CDU5 学校的一名实习指导教师亦指出："在现有的治理机制下，企业行业还不能参与学校的治理决策。企业行业与学校的联系虽然比较紧密，但是其合作的局限性很大，仅限于交流互访、招聘信息分享、学生短期实训等方面。"HZU2 学校的一个相关企业负责人说："地方普通高校的治理需要企业行业的有效参与，但是企业行业参与的程度、参与的具体路径、参与方法等方面都没有落实，企业行业不能有效参与学校治理的决策，双方也缺少实质性的参与合作，因此这有待于理顺双方的合作机制。"

### 4.1.3.3 学生参与治理的作用没有充分发挥

随着社会经济的发展和文化观念的更新，以及大学生权利意识的提升，学生的观念也在逐渐改变，其参与管理学校内部治理事务的动机也不断上升。因此，学生作为学校治理的重要主体之一，普遍有较强的意愿参与地方普通高校转型发展的治理活动。

但是，调查发现，6 所地方普通高校的学生参与程度比较低，学生参与高校治理的作用没有得到充分体现。数据显示，6 所地方普通高校学生参与度总均值得分仅为 1.86，处于较低水平。

另外，访谈数据也证实了相同的结论。例如，GDU1 学校的一名教师指出说："培养应用技术型人才是地方普通高校治理的主要目标之一，从当前治理实践来看，我校在转型发展过程中没有特别重视学生参与治理能力的培养。学生们不能参与学校治理决策过程，因此学生们的治理参与度很低。"

WHU3 学校的一位班主任说："从目前来看，学生不知道如何参与学校治理决策或治理活动，学校也不知道学生到底可以在治校中扮演什么样的角色，治理决策方面更是没有考虑学生的参与，因此我校治理中的学生参与程度比较低。"

XCU6 学校的一位学生会副主席说："学生参与学校治理决策与治理活动，这也是我们学生所希望看到的。但是当前学校缺乏这方面的治理协调机制，学生既不能有效参与学校决策，也不能参与更多的学校治理活动，实质性参与很少。"

### 4.1.4 权责配置不够合理

权责配置是地方普通高校转型发展中治理的重要构成要素，合理配置政府、地方普通高校、企业行业等多方治理主体的权责是地方普通高校科学转型和可持续发展的重要保障。调查发现，6 所地方普通高校治理中的权责配置不够合理，具体表现为政府与地方普通高校之间权责配置不合理、行政权与学术权配置不合理、校院二级权责配置不当。

#### 4.1.4.1 政府与地方普通高校之间权责配置不合理

地方普通高校承担了培养应用技术型人才的关键角色，而技能型人才培养涉及学校转型发展的各个方面。转型发展是促进地方普通高校适应社会发展的一个重要契机，但是政府与地方普通高校之间权责配置不合理的问题已经凸显，主要表现在以下几个方面。

第一，政府自身的权责意识没有厘清，权力下放力度不够。政府虽然提出了简政放权的思路，但是当前在实际操作过程中还存在诸多有待解决的问题，因此教育权力下放的实际力度不大。调查结果显示，6 所地方普通高校在治理过程中，政府与学校之间的权责关系明晰状况的总均值得分是 2.385，处于中等偏下水平。其中 GDU1、HZU2、WHU3、HBU4、CDU5、XCU6 6 所学校的均值得分分别是 2.75、2.64、2.35、2.18、2.25、2.14，这说明在地方普通高校治理中，政府与学校之间的权责关系还不够明晰，权责配置不够合理。

笔者通过访谈也了解到政府权责意识未厘清，权力下放力度不够的问题。例如，副校长 L2 指出："当前，政府权责意识不太明确，比较习惯于传统的集权式管理模式，因此不能很好地下放权力。从放权的效果来看，地方普通高校实际拥有的办学自主权有限，需要在实质性的权责方面扩大办学自主权。"副校长 L3 说："长期以来，政府部门已经习惯了其与学校之间的权责管理与配置方式，短时间内政府还难以优化权力下放问题。因此从学校层面来看，我认为政府总体权力的下放力度不够，学校所获得的实质性办学自主权很小。"副校长 L4 也指出："从当前学校治理过程来看，政府对于地方普通高校权力配置的思路还没有完全放开，政府自身的权责意识不够明确，而且其担心对学校放权后，不好处理后续事项，比如监督等。政府还没有制定更为明确的权责分配方式，其与学校的权责配置关系不太明晰。"

第二，地方普通高校的治理权责意识没有形成。地方普通高校过度依赖于政府，以期获得较好的资源分配，因此在转型发展过程中，没有形成相应的权责意识，也不愿意更新学校现有的管理模式，因此虽然强调了办应用型本科，但实际上还是处于向"一类本科"看齐的队列。这一问题，正如 CDU5 学校的一个二级学院院长所说："地方普通高校处于新的发展阶段，新的问题与挑战客观上要求地方普通高校形成良好的权责观。但由于学校长期以来形成了相对固定化的办学模式，学校领导在权责意识上的认识也不充分，害怕承担过多的责任或担心效果不明显，也不愿意主动向政府部门要求更多的办学和管理的自主权。大部分教职工也只关注自己的教学或科研工作，对权责问题漠不关心，对学校向应用型大学转型的治理行动反应比较迟缓。"

第三，政府与地方普通高校在权责关系上缺乏制度设计。转型发展既需要相应的制度设计，也需要理顺治理主体之间的权责关系。但是在调查中发现，6 所地方普通高校因为制度设计较为缺乏，难以保证相应的办学自主权，也难以主动寻求转型发展治理中的各种突破。另外，缺乏制度设计也导致地方普通高校在人才培养过程中的急功近利，没有科学地将学校的转型发展与人才培养衔接起来，短时间内也没能改变转型发展中治理效果不优的局面。正如 XCU6 学校的一位资深教授所说："政府与地方普通高校权责关系的理顺，其实也不是一件难事。之所以没有处理好权责关系，就是因为在治理过程中，缺乏权责关系方面的制度设计。当前，因为缺乏相应的制度支持，加上政府对教育治理的观念偏传统、精力不足等原因，既不能很好地做到简政放权，学校也不能争取到更多的实质性办学自主权。如果加强权责关系的制度设计，政府的放权意识和治校思路将会更加明晰。"

## 4.1.4.2 行政权与学术权配置不合理

行政权与学术权的合理配置是维持地方普通高校教育教学工作正常运行，促进地方普通高校有效实现治理目标的必要条件。通常来说，两种权力需要协调运行，各自以不同的方式参与学校的治理活动，并以不同的力量包括行政力量或学术力量来影响和推动地方普通高校转型发展中的治理进程，以促进地方普通高校实现科学转型和有效治理。

然而，调查结果显示，6所地方普通高校治理中存在着行政权与学术权配置严重失衡，行政化倾向突出，学术权力被弱化等问题。具体来说，主要表现在以下几个方面。第一，地方普通高校内部资源分配表现出较强的行政化倾向。学校内部治理过程中的权力更多地集中于行政人员，包括职称的评定、教育科研课题的筛选、经费的分配等权力。普通教职工无法行使对资源分配的有效支配能力，影响了广大教职工参与学校治理的积极性。对6所地方普通高校的"学术权与行政权配置合理程度"这一问题的调查结果显示，6所地方普通高校的总均值得分是2.46，处于中等偏下水平。其中GDU1、HZU2、WHU3、HBU4、CDU5、XCU6 6所学校的均值得分分别是2.71、2.73、2.55、2.36、2.35、2.08，处于中等偏下水平。这表明在地方普通高校治理中，行政权与学术权配置的合理程度不高。访谈结果也证实了这一结论。例如，GDU1学校的一位教授说："我校作为一所地方普通高校，学校也在不同场合强调了行政权和学术权的协调发展。但是在学校治理过程中，学校的行政权过强，学术权太弱。教授或者普通老师参与治校的权力很小，行政权力主要决定了学校转型发展的基本事项。"

第二，学校的学术委员会权力行政化。调查发现，6所地方普通高校的学术委员会成员的比例分配不够合理，主要成员是各个院系的主要行政管理人员，普通教职工的比例极低，有少数教职工参与了教代会，但是在以行政权力为主的群体里，这些教职工很难有发言权，不能独立有效地发表作为教师一级的意见。至于法律所明确的学术委员会参与评议学科、设置专业等事项，在学校治理过程中很少得到真正落实。

第三，行政权的不断扩张导致学术权官僚化。地方普通高校内部注重行政权的领导方式，学术权的力量较弱，因此教师除了教书授课、完成科研任务之外，难以参与学校的治理，甚至日益被边缘化。行政人员也缺乏服务学术的意识，成为了教学科研等资源的分配者，教师为了获取相应的学术权力，不得不向行政权妥协，或积极追逐一定的行政职位，以便能掌握更多的教学与科研资源，同时促进自己以行政职务来发挥相应的权力，因此学术权的行政化倾向越来越强。

第四，部分学术人员致力于"官本位"思想，学术服务意识和学术能力有弱化的趋势。很多学术背景出色的教授积极担任行政职务，更多地忙于行政会议，分身于处理行政事务，因此其承担的教学任务和授课时间大大减少，使得学校的育人工作出现问题，学生培养质量处于下滑状态。部分教授和优秀的教师，在难以对抗强大的学术权的情况下，积极"转型"于获取行政职务，以行政的方式来参与学校的各项治理活动，学术权力的重要作用和功能被严重弱化和低估，不利于学校转型发展中治理水平的提升。①

### 4.1.4.3　校院二级权责配置不当

地方普通高校在治理过程中，院系承担着重要的治理任务，院系是学校转型发展任务执行的二级单位，也是落实转型发展任务的重要执行部门。但是，笔者通过调研 6 所地方普通高校，发现其在治理过程中，过度强调了学校的统一指导，按学校统一指令行事，没有有效发挥校院二级治理的作用，权力集中在学校层面，没有充分下放到学院，像学科和课程的调整设置权、科研项目管理权、教师聘用权等权力还集中在学校管理部门，学院并没有成为拥有自主权的实体。院系在当前治理状况下开展的二级治理活动难以有效实施，其责权利也没有充分体现出来。

例如，CDU5 学校的一位二级学院的院长指出："地方普通高校治理的科学性和有效性，很大程度上是依赖于二级治理单位的治理状况和治理程度。地方普通高校的治理权力下放力度不够，当前还主要集中在学校层面，院系的课程管理权、项目管理权、教师管理权都集中在学校一级。而且长期以来形成了自上而下的以行政权为主导的观念，学校领导和教职工对二级治理工作都要有一个新的认识和适应过程。总体来说，从目前的治理现状来看，我校已经开始重视校院的二级治理权责配置，但是因为时间的原因和条件所限，二级治理的责权关系有待进一步理顺，院系自主治理的水平和能力都有待进一步提高。"

XCU6 学校的一个二级学院的院长说："但是从我校治理状况来看，我校目前已开始重视校院二级治理工作，学校对院系已经下放了部分权力，这是一个好

---

① 庄海茹，孙中宁．高校内部治理的行政化倾向与去行政化路径选择 [J]．长春工业大学学报（社会科学版），2012，24（2）：138-139.

的现象，不过下放的力度还不够。目前我校的校院二级治理权责关系还没有完全理顺，我认为主要问题在于缺乏权力配置的合理调控机制。当前学校还是比较重视行政管理方式，强调学校各项治理目标与任务的落实，院系仍然处于一个被动的角色。学校部门遵循传统的管理思路，继续掌握着院系发展的各项权力；院系也不愿意主动要求更多的权力，因为权力大意味着责任大，权力集中到院系，院系在分配上也可能存在一些问题，容易引起教职工的不满。"

围绕校院二级治理权责配置是否合理的问题，笔者也进行了问卷调查。调查结果显示，6 所地方普通高校的总均值得分是 2.95，处于中等稍偏下水平。其中 GDU1、HZU2、WHU3、HBU4、CDU5、XCU6 6 所学校的均值得分分别是 3.25、3.22、2.98、2.87、2.75、2.64，这说明在我国地方普通高校治理中，校院二级治理权责配置还有待进一步完善。

## 4.1.5 治理方式比较单一

总的来看，6 所地方普通高校在治理过程中程度不一地采用了行政命令、法律制度、经费杠杆、民主参与、教授治学、绩效评价与问责等方式。但是，从笔者调研情况来看，目前 6 所地方普通高校治理的主要方式还是以行政命令为主，辅以法律法规制度、民主参与等方式，治理方式方法依然比较单一。

在访谈中，副校长 L1 指出："我认为地方普通高校的治理方式还是以行政命令为主，一是受传统的行政管理观念影响。虽然当前地方普通本科高校积极转型，但是学校内部治理过程的基本构架变化不大，因此治理方式的选择可能会存在延续性。二是和地方普通高校的属性及办学特点有关。地方普通高校主要归属地方政府管理，地方政府和学校经过了较长时间的磨合，双方都比较习惯于行政命令方式，所以在治理实践过程中，这种方式继续扮演主要角色。"

副校长 L2 说："地方普通高校治理方式的科学性会影响治理效率与效果，当前我校在治理问题上也注重创新方式方法。但是因为学校转型发展涉及多项权力、人力、财力和物力的重新组合和重新配置，所以实施起来还有一定的难度。从目前我校的治理方式来看，主要还是以行政管理的方式为主，注重执行效率。"

此外，6 所地方普通高校也在一定程度上采取了法律法规制度、绩效评价、民主参与等治理方式，但是均存在一定的问题。具体来说，第一，师生民主参与的渠道和方式还比较欠缺。例如，从教职工的问卷调查来看，6 所地方普通高校教职工参与的总均值得分是 2.452，处于中等偏下水平。其中 GDU1、HZU2、WHU3、HBU4、CDU5、XCU6 6 所学校的均值得分分别是 2.727、2.621、2.364、2.312、2.456、2.231，基本都处于中等偏下。从学生的调查问卷来看，与教职工参与相比，6 所地方普通高校学生参与度总均值更低，仅为 1.86，处于较低水平。从不同学校来看，GDU1、HZU2、WHU3、HBU4、CDU5、XCU6 6 所学校的均值得分分别是 2.125、2.06、2.02、1.87、1.5、1.56，均处于相对较低水平，特别是 HBU4、CDU5 和 XCU6 这 3 所学校。而参加访谈的教师和学生均认为，目前师生民主参与的渠道和方式都比较缺乏。HZU2 学校的一位教师说："我校在治理过程中，缺乏一定的民主参与渠道。我校有教代会，但是教代会这样的组织并不能体现民主参与状况，因为现有的教代会制度上没有提供教师参与治理的民主渠道，教师也无法参与民主决策。"WHU3 学校的学生会主席说："我们学生没有参与学校决策事项，同学们只知道搞好学习，参加学校规定的活动，但同学们并不知道应该如何发挥参与学校治理的能力，学校到底是如何决策的，我们只是从文件中看到结果，没有真正参与治理决策。"

第二，绩效评价与问责方式尚不够完善和科学。调查结果显示，当前地方普通高校对教师的绩效评价主要是以教师的教学与科研水平为主，考察教师教学与科研状况的优劣。对管理岗工作人员的绩效评价，是以完成基本的行政管理工作为主。对学生的评价则主要是以学生的学业成绩作为衡量标准。实际上，地方普通高校的治理有多元主体参与，是一种综合性的治理活动，绩效评价应该更加全面化。此外，问责方式比较缺乏。调查显示，当前地方普通高校注重治理任务的安排，至于做的结果如何，缺少较为科学的问责方式。HBU4 学校的人事处处长说："我认为地方普通高校治理是要注重绩效评价的，但是绩效评价必须有相应的科学指标体系。当前学校还没有制订出合理的评价标准，因此还没有进行真正的绩效评价，仅是处于探讨阶段，有待落实和完善。在此情况下，学校的问责方式也不完善，只要没有大的违反原则和纪律的事情，一般没有进行问责。从治理实效来看，可能我校要进一步加强评价指标体系建设，加大问责力度，进一步提升治理效能。"CDU5 学校的一位教师说："我校也关注了绩效评价问题，但是当前的绩效评价主要体现在教学工作量的评价和科研任务完成指标的评价，评价方式不完善，评价手段也比较单一化。从问责来看，都没有真正进行有效的问责，一般就是笼统地以通知的形式进行督促。如果要真正形成治理氛围，合理问责层面也需要进一步探索和完善。"

第三，相关制度难以得到有效执行和落实。根据调查来看，在"学校治理中对大学制度建设的重视情况"这个问题上，总的得分均值是 2.13，处于中等偏下水平。6 所地方普通高校在这一问题上的得分均值分别为 2.61、2.52、2.12、2.05、1.75、1.71，这说明我国地方普通高校在学校治理中对大学制度建设的重视程度不高。而在"学校治理中对大学章程内容的了解程度"这个问题上，调查结果显示教职工总的得分均值是 1.49，学生在这一问题上的总得分均值是 1.29，均处于较低水平。这说明在我国地方普通高校治理中，不仅存在制度建设重视程度不够的问题，更严重的问题是，已经制订的制度难以得到有效执行和落实，即使是地方普通高校治理最为重要的制度依据——大学章程，也成为摆设而流于形式。正如 CDU5 学校的一位教授所说："大学制度建设一直是学校治理中的一个重点问题，应该引起广泛的重视。但是当前我校对制度建设的重视度还有待加强，主要表现在学校治理事务中，存在很多的人为因素影响，科学性不足。至于大学章程，我校近年已经制订了章程，但是对章程的重视程度也不够，广大的教职工都不知道章程到底有哪些内容，也没有主动去关注章程建设，主要还是表现在形式上，缺乏实质性的作用。"XCU6 学校的一位院办主任说："制度建设是学校常常提起的一个问题，当前我校制订了一些制度，但重点是只关注发布制度，没有关注相关制度的执行情况，制度内容也没有得到很好地贯彻和落实，当然，重视度需要进一步提高。"

第四，地方普通高校治理中的社会参与主体缺少程序上和制度上的保障。相关社会主体原本对地方普通高校的治理活动怀有满腔热情，但由于没有相应的制度支撑，直接导致治理主体参与治理的积极性衰退或丧失。正如访谈中 GDU1 学校的一位企业负责人所说："对于国家所提倡的地方普通高校向应用型高校转型，我非常认同这一转变，因为这有利于学校和企业之间的进一步合作，双方之间的深度合作也有了可能。但是从目前执行情况来看，我们企业到底应该如何参与学校的治理决策，如何有效融入治理过程，这些问题都没有找到合适的解决办法。

可以说我们企业界对参与学校治理的活动是满怀热情，但是没有相应的制度支撑，目前的治理参与是比较浅显的，主要集中在接纳毕业生方面的合作，以及一些初步的洽谈。"而从法律法规层面来看，尽管已有少数社会主体参与地方普通高校治理相关的法律法规，但从这些法律法规的内容来看，其对社会主体参与地方普通高校治理的范围和方式的规定非常不清晰，缺乏明确的对多样化治理方式方法的界定或描述。HZU2 学校的一位行业负责人说："校企合作治理目前有了一定的法律依据，但是如何让我们企业行业有效地参与学校的治理，还缺乏对具体方法的指导和描述。目前缺乏相应的制度支持，我们行业虽然想参与学校治理，但是不知道以何种方式参与学校的治理活动，而且我们也在考虑这个权益保障问题，缺少制度的话，这些问题还是比较棘手的。"

## 4.1.6 治理能力不足

在对选取的 6 所地方普通高校进行调查的过程中，笔者发现这些转型发展中的地方普通高校存在较为明显的治理能力不足问题，具体表现在以下几个方面。

### 4.1.6.1 地方普通高校管理者的治理能力不足

地方普通高校管理者的治理能力不足，主要表现在以下几个方面。一是学校管理者治理的理论水平不高。在调查中发现，学校管理者注重于完成基本工作目标，缺乏对治理理论知识的思考和学习，基本的管理理论知识与水平也不过硬。二是治理的实践水平不高。地方普通高校的发展历程不长，处于起步和探索阶段，地方普通高校管理者缺乏治理实践经验，实践水平相对比较欠缺。三是解决治理新问题的能力较差。地方普通高校是地方普通本科高校向应用技术型高校转型的产物，随着社会经济的发展，学校治理过程中也出现了一些新问题，包括如何处理质量问题，如何解决公平与效益问题，多元主体责权利如何分配等，其解决新问题的能力不足。

正如在访谈中 WHU3 学校的副校长所说："地方普通高校向应用技术型高校转型，这是教育界的一个新问题。要解决好转型发展问题，就需要学校管理者提升治校理论水平。从当前我校转型中的治理状况来看，有些学校领导们缺乏治理观和大局观，理论水平不高。而且有些领导同志平时也不注重对管理理论水平的学习，对新时期学校转型发展的治理意识不够，治校行动能力缺乏。"

HBU4 学校的人事处处长说："我校处于转型发展过程中，学校转型发展目标的实现有赖于学校管理者提升治理能力。但是当前学校正处于转型发展过程中，管理者要考虑的问题涉及方方面面。管理者通常还是保证完成基本的工作任务，在保持稳定的前提下他们才敢于以治理的思维去管理。因此短期内，管理者的治理能力并没有明显提高。"

CDU5 学校的一位教师说："我认为学校管理者要进一步提升治理意识和治理水平，我校的各项工作还处于传统的管理模式之下，这不符合政府所提出的学校转型发展和治理体系的要求。学校领导表现出的治理水平不是特别高，因此学校的各项管理活动还需要进一步规范化，学校各级管理者的治理能力有待提升。"

XCU6 学校的一位教师说："学校管理者的能力会影响学校转型发展的进程和学校治理的整体水平，因为管理者的决策导向是非常重要的。当前我校的管理水平一般，学校发展的势头虽然不错，但是管理者所表现出的水平远没有达到治理的基本要求。要改变这一现状，管理者急须提高自身的治理水平。"

### 4.1.6.2 教师与学生缺乏参与治理的能力

对于地方普通高校治理来说，教师和学生有效参与治理非常重要。因为教师作为教育活动的主要实施者，必然是地方普通高校治理的重要主体；学生是受教育的对象，也是学校治理中一个重要的主体。教师和学生的治理参与，是地方普通高校有效治理的根本保证。

但是，从笔者对 6 所地方普通高校的调查来看，普遍存在着教师和学生参与治理能力不足的问题。从问卷调查来看，如表 4-7 所示，在"教职工在学校转型发展过程中所表现出的治理能力如何"这个问题上，调查结果显示总均值得分是 1.848，处于较低水平。GDU1、HZU2、WHU3、HBU4、CDU5、XCU6 6 所地方普通高校在这个问题上的得分均值分别为 1.98、1.95、1.86、1.81、1.78、1.71，如表 4-8 所示，这说明在我国地方普通高校治理中，教职工参与学校治理的能力较弱。

表 4-7                     **教职工治理能力总均值表**

| 平均 | 1.848 |
|---|---|
| 标准误差 | 0.074581 |
| 中位数 | 1 |
| 众数 | 1 |
| 标准差 | 0.621491 |
| 方差 | 0.38625 |
| 峰度 | −0.146323 |
| 偏度 | 0.756492 |
| 区域 | 2 |
| 最小值 | 1 |
| 最大值 | 4 |

表 4-8                  **6 所地方普通高校教职工治理能力均值表**

| GDU1 | | HZU2 | | WHU3 | | HBU4 | | CDU5 | | XCU6 | |
|---|---|---|---|---|---|---|---|---|---|---|---|
| 平均 | 1.98 | 平均 | 1.95 | 平均 | 1.86 | 平均 | 1.81 | 平均 | 1.78 | 平均 | 1.71 |
| 标准误差 | 0.29504 | 标准误差 | 0.30264 | 标准误差 | 0.21657 | 标准误差 | 0.15412 | 标准误差 | 0.157894 | 标准误差 | 0.145613 |
| 中位数 | 2 | 中位数 | 1.5 | 中位数 | 1.5 | 中位数 | 1.5 | 中位数 | 1 | 中位数 | 1 |
| 众数 | 1 | 众数 | 1 | 众数 | 1 | 众数 | 2 | 众数 | 1 | 众数 | 1 |
| 标准差 | 0.83452 | 标准差 | 0.75684 | 标准差 | 0.69124 | 标准差 | 0.492563 | 标准差 | 0.46321 | 标准差 | 0.51237 |
| 方差 | 0.69642 | 方差 | 0.57281 | 方差 | 0.47806 | 方差 | 0.242618 | 方差 | 0.21456 | 方差 | 026252 |
| 峰度 | −1.3917 | 峰度 | −1.4124 | 峰度 | −0.1364 | 峰度 | −1.28 | 峰度 | 0.15 | 峰度 | −0.214 |
| 偏度 | 0.27652 | 偏度 | 0.53461 | 偏度 | 0.72213 | 偏度 | 0 | 偏度 | 1.44016 | 偏度 | 0.46212 |
| 区域 | 2 | 区域 | 2 | 区域 | 2 | 区域 | 1 | 区域 | 1 | 区域 | 1 |
| 最小值 | 1 | 最小值 | 1 | 最小值 | 1 | 最小值 | 1 | 最小值 | 1 | 最小值 | 1 |
| 最大值 | 3 | 最大值 | 4 | 最大值 | 3 | 最大值 | 2 | 最大值 | 3 | 最大值 | 3 |

从学生的问卷调查来看，也显示出学生参与治理能力不足的问题。如表 4-9 所示，在"学生在学校转型发展过程中所表现出的治理能力如何"这个问题上，调查结果显示总均值得分是 1.73，处于较低水平。GDU1、HZU2、WHU3、

HBU4、CDU5、XCU6 6 所地方普通高校在这个问题上的得分均值分别为 1.81、1.75、1.73、1.78、1.64、1.69，如表 4-10 所示，这说明在我国地方普通高校治理中，学生的治理能力比较弱。

表 4-9　　　　　　　　　　　学生治理能力总均值表

| 平均 | 1.73 |
| --- | --- |
| 标准误差 | 0.156425 |
| 中位数 | 3 |
| 众数 | 3 |
| 标准差 | 0.645873 |
| 方差 | 0.41715 |
| 峰度 | 0.549812 |
| 偏度 | −0.132564 |
| 区域 | 4 |
| 最小值 | 1 |
| 最大值 | 4 |

表 4-10　　　　　　　　6 所地方普通高校学生治理能力均值表

| GDU1 | | HZU2 | | WHU3 | | HBU4 | | CDU5 | | XCU6 | |
| --- | --- | --- | --- | --- | --- | --- | --- | --- | --- | --- | --- |
| 平均 | 1.81 | 平均 | 1.75 | 平均 | 1.73 | 平均 | 1.78 | 平均 | 1.64 | 平均 | 1.69 |
| 标准误差 | 0.16251 | 标准误差 | 0.24515 | 标准误差 | 0.15287 | 标准误差 | 0.31425 | 标准误差 | 0.22658 | 标准误差 | 0.501264 |
| 中位数 | 3 | 中位数 | 3.5 | 中位数 | 3 | 中位数 | 3 | 中位数 | 3 | 中位数 | 3 |
| 众数 | 3 | 众数 | 4 | 众数 | 3 | 众数 | 3 | 众数 | 3 | 众数 | 3 |
| 标准差 | 0.50125 | 标准差 | 0.64512 | 标准差 | 0.410234 | 标准差 | 1.26348 | 标准差 | 0.64087 | 标准差 | 1.25643 |
| 方差 | 0.25125 | 方差 | 0.46167 | 方差 | 0.168291 | 方差 | 1.59638 | 方差 | 0.41071 | 方差 | 1.57861 |
| 峰度 | −2.02 | 峰度 | −0.15213 | 峰度 | −0.86145 | 峰度 | 2.45121 | 峰度 | 0.74102 | 峰度 | −0.6632 |
| 偏度 | 0.4612 | 偏度 | −0.78141 | 偏度 | −1.20126 | 偏度 | −0.34215 | 偏度 | −0.0678 | 偏度 | −0.14202 |
| 区域 | 1 | 区域 | 2 | 区域 | 1 | 区域 | 4 | 区域 | 2 | 区域 | 4 |
| 最小值 | 1 | 最小值 | 1 | 最小值 | 1 | 最小值 | 1 | 最小值 | 1 | 最小值 | 1 |
| 最大值 | 4 | 最大值 | 3 | 最大值 | 3 | 最大值 | 3 | 最大值 | 3 | 最大值 | 3 |

#### 4.1.6.3 企业行业参与治理能力不足

调查也发现,企业行业同样存在治理意愿不强、参与治理能力不足的问题。具体来说,一是从治理意愿来看,企业主要是以经济为中心,主要考虑收益问题,不愿意真正为地方普通高校的转型发展而专门提升治理能力,更不愿意因为提升治理能力而消耗过多的人力、财力、物力。二是企业行业参与应用技术教育的法律保障与激励机制不足,企业行业在参与地方普通高校治理中的地位、权力、利益等缺乏法律保障,企业参与职业教育缺乏足够的动力和积极性。三是由于管理体制运转不畅,条块分割、多头管理、职能交叉等问题依然存在,市场作用尚未得到充分发挥,企业行业无法在学校专业设置、学科教学、技能训练等方面发挥其参与治理的能力。

例如,GDU1 学校的一位教授说:"从当前治理现状来看,地方普通高校与企业行业开展的合作不够多,这与企业行业参与治理的能力不足是有很大关系的。学校的治理发展和人才培养活动均有其自身的规律,而企业行业目前比较注重经济效益,其参与学校治理的能力比较缺乏,因此目前企业行业参与学校治理的途径和机会都比较少。"

HZU2 学校的一位相关企业负责人说:"企业行业是学校治理的一个主体之一,当前企业行业参与学校治理的意愿不强,主要是因为企业行业是讲究经济效益的,学校治理是一个长期性的工作。因此企业行业并没有找到能兼顾学校治理和自身发展的好办法,参与意愿和参与治理的能力均显得不充分。"

WHU3 学校的一位相关行业负责人也指出:"企业行业参与学校治理,能促进学校人才培养的科学性和针对性,对提升学校的办学水平是有很大促进的。从当前来看,我们行业在学校治理中的参与不充分,因为企业行业参与需要一定的制度保障,或者有一定的激励措施,只有这样才能明确企业行业的地位,企业行业才能在学校治理中发挥决策作用或者其他方面的实质性参与作用,当前这些方面都存在一定的问题。"

### 4.1.7 治理效果不突出

当前,我国地方普通高校处于转型发展的起步阶段,治理过程中存在诸多问题没有及时解决，存在着明显的治理效果不突出问题。

根据对 6 所地方普通高校开展问卷调查，结果显示，6 所地方普通高校教职工对学校治理现状的满意度总均值是 2.76，处于中等偏下水平。GDU1、HZU2、WHU3、HBU4、CDU5、XCU6 6 所学校教职工的满意度均值分别为 3.05、2.94、2.83、2.76、2.5、2.47。其中 GDU1 学校稍稍高于中等水平，其他学校则处于中等偏下水平。这说明地方普通高校教职工对学校治理现状的满意度有待提高。

从学生对学校治理现状的满意度情况来看，总均值得分是 2.58，处于中等偏下水平。其中 GDU1、HZU2、WHU3、HBU4、CDU5、XCU6 6 所学校学生的满意度均值分别为 2.88、2.79、2.48、2.41、2.51、2.43，均处于中等偏下水平。这说明学生对学校治理现状满意度不高。

另外，笔者还对"您认为贵校办学的总体水平如何"这一问题进行调查，如表 4-11 所示，6 所地方普通高校教职工总均值得分是 3.11，处于中等偏上水平。GDU1、HZU2、WHU3、HBU4、CDU5、XCU6 6 所学校教职工的满意度均值分别为 3.21、3.16、3.12、3.05、3.08、3.02，处于中等稍偏上水平，见表4-12，这说明地方普通高校治理中，依然有必要进一步提高学校的办学水平。

表 4-11　　　　　　　教职工认为学校办学总体水平的总均值表

| | |
|---|---|
| 平均 | 3.11 |
| 标准误差 | 0.131264 |
| 中位数 | 3 |
| 众数 | 3 |
| 标准差 | 0.613651 |
| 方差 | 0.37656 |
| 峰度 | 0.473615 |
| 偏度 | 0.132561 |
| 区域 | 4 |
| 最小值 | 1 |
| 最大值 | 5 |

表 4-12　　　　　　6 所地方普通高校教职工认为学校办学水平的均值表

| GDU1 | | HZU2 | | WHU3 | | HBU4 | | CDU5 | | XCU6 | |
|---|---|---|---|---|---|---|---|---|---|---|---|
| 平均 | 3.21 | 平均 | 3.16 | 平均 | 3.12 | 平均 | 3.05 | 平均 | 3.08 | 平均 | 3.02 |
| 标准误差 | 0.267261 | 标准误差 | 0.345631 | 标准误差 | 0.171364 | 标准误差 | 0.53126 | 标准误差 | 0.226582 | 标准误差 | 0.401694 |
| 中位数 | 3 | 中位数 | 3.5 | 中位数 | 3 | 中位数 | 3 | 中位数 | 3 | 中位数 | 3 |
| 众数 | 3 | 众数 | 3 | 众数 | 3 | 众数 | 3 | 众数 | 3 | 众数 | 3 |
| 标准差 | 0.75592 | 标准差 | 0.845236 | 标准差 | 0.55124 | 标准差 | 1.36452 | 标准差 | 0.64087 | 标准差 | 1.21364 |
| 方差 | 0.57142 | 方差 | 0.714423 | 方差 | 0.30386 | 方差 | 1.86191 | 方差 | 0.41071 | 方差 | 1.47292 |
| 峰度 | 0.875 | 峰度 | 0 | 峰度 | -1.36 | 峰度 | 1.53124 | 峰度 | 0.741021 | 峰度 | -1.42153 |
| 偏度 | 1.32287 | 偏度 | -0.23645 | 偏度 | -0.62 | 偏度 | -0.53612 | 偏度 | -0.06784 | 偏度 | 0.321362 |
| 区域 | 2 | 区域 | 3 | 区域 | 1 | 区域 | 4 | 区域 | 2 | 区域 | 3 |
| 最小值 | 3 | 最小值 | 2 | 最小值 | 2 | 最小值 | 1 | 最小值 | 2 | 最小值 | 2 |
| 最大值 | 5 | 最大值 | 5 | 最大值 | 4 | 最大值 | 5 | 最大值 | 4 | 最大值 | 5 |

在"您认为贵校办学的总体水平如何"这一问题上，学生的问卷调查结果，如表 4-13 所示，6 所地方普通高校的学生总均值得分是 3.075。GDU1、HZU2、WHU3、HBU4、CDU5、XCU6 6 所学校学生的满意度均值分别为 3.13、3.10、3.06、3.09、3.02、3.05，均处于中等稍偏上水平，见表 4-14。

表 4-13　　　　　　学生认为学校办学总体水平的总均值表

| | |
|---|---|
| 平均 | 3.075 |
| 标准误差 | 0.16325 |
| 中位数 | 2 |
| 众数 | 2 |
| 标准差 | 0.496251 |
| 方差 | 0.246265 |
| 峰度 | -1.26524 |
| 偏度 | 0.061426 |

续表

| 区域 | 1 |
|---|---|
| 最小值 | 2 |
| 最大值 | 5 |

表4-14　　　　　　　　6所地方普通高校学生认为学校办学水平的均值表

| GDU1 | | HZU2 | | WHU3 | | HBU4 | | CDU5 | | XCU6 | |
|---|---|---|---|---|---|---|---|---|---|---|---|
| 平均 | 3.13 | 平均 | 3.10 | 平均 | 3.06 | 平均 | 3.09 | 平均 | 3.02 | 平均 | 3.05 |
| 标准误差 | 0.165423 | 标准误差 | 0.323899 | 标准误差 | 0.17235 | 标准误差 | 0.17325 | 标准误差 | 0.26726 | 标准误差 | 0.35124 |
| 中位数 | 2 | 中位数 | 3 | 中位数 | 2 | 中位数 | 2 | 中位数 | 2 | 中位数 | 2 |
| 众数 | 2 | 众数 | 3 | 众数 | 2 | 众数 | 2 | 众数 | 2 | 众数 | 2 |
| 标准差 | 0.501254 | 标准差 | 0.916125 | 标准差 | 0.517549 | 标准差 | 0.517549 | 标准差 | 0.755929 | 标准差 | 0.563482 |
| 方差 | 0.251255 | 方差 | 0.83928 | 方差 | 0.267857 | 方差 | 0.26767 | 方差 | 0.57142 | 方差 | 0.317512 |
| 峰度 | -2.24 | 峰度 | 0.12082 | 峰度 | -2.22 | 峰度 | -2.20 | 峰度 | -0.7 | 峰度 | -2.106 |
| 偏度 | -0.23452 | 偏度 | -0.48772 | 偏度 | 0.612061 | 偏度 | 0.63216 | 偏度 | 0 | 偏度 | 0.06734 |
| 区域 | 1 | 区域 | 3 | 区域 | 1 | 区域 | 1 | 区域 | 2 | 区域 | 2 |
| 最小值 | 1 | 最小值 | 1 | 最小值 | 1 | 最小值 | 1 | 最小值 | 1 | 最小值 | 1 |
| 最大值 | 5 | 最大值 | 5 | 最大值 | 4 | 最大值 | 4 | 最大值 | 4 | 最大值 | 4 |

　　从对6所地方普通高校的校领导访谈情况来看，普遍反映当前地方普通高校的治理效果不突出。副校长L2说："地方普通高校治理效果是衡量地方普通高校治理程度和治理有效性的一个基本体现。虽然我校比较重视转型过程中学校治理的各项工作，但学校转型治理涉及多方面、多维度的问题，比如师资、课程、教学模式、实践条件、办学资源等，而这些问题又牵扯到其他的方面，如教师的转型、权责配置、协调合作等，学校处于转型发展的初期，有许多问题都没有解决，因此治理效果不突出。"副校长L5也持有相同的看法，他说："地方普通高校向应用技术型转型，转型的结果如何，需要从治理效果方面进行有效地量度。地方普通高校治理效果涉及治理目标、治理参与情况、治理尺度等多方面的内

容，而这些内容也一直是困扰学校转型发展的主要问题。当前我校还没有解决好转型发展过程中的治理微观问题，因此治理效果还不太突出。"副校长 L6 同样指出："地方普通高校治理效果需要通过明确的指标来衡量，当前还没有地方普通高校具体的治理评价标准或体系。因此，目前关注治理效果的角度主要还是从人才培养质量、办学效益、就业情况等方面来衡量，而这些相关问题目前没有有效解决，因此总体来说治理效果不突出。"

从对教师的访谈情况来看，也反映出地方普通高校的治理效果不突出的问题。例如，GDU1 学校的一位教师说："地方普通高校的治理效果涉及转型发展中学校治理诸方面的问题，从我校来看，总体来说治理效果不突出。我认为当前学校没有很好地解决这些问题，学校治理进展比较缓慢，因而当前治理效果比较欠缺。"WHU3 学校的一位教授则表示："当前我校在治理过程中，教职工的参与度不高，其他主体的参与积极性也不够，因此学校在治理观念、治理行动上，还没有达到协调发展的目的，治理效果不突出。不过，我认为随着学校治理进程的进一步深入，治理效果也会逐步凸显。"HBU6 学校的一个相关企业的负责人说："我认为治理效果应该是对地方普通高校的一个全方位的衡量，包括校企合作状况。就当前来看，我们企业不能有效参与学校治理决策，治理行动推进的速度非常缓慢，与学校提出转型发展之前没有太大的差别，从我们企业的角度来观察，治理效果不高。"

## 4.2　原因分析

地方普通高校的转型发展符合社会与教育发展的客观需求，但在其转型发展的过程中，依然面临多方面的挑战与困难，存在着诸多问题。为有效解决这些问题，有必要对这些问题背后的原因进行深入挖掘和分析。

### 4.2.1　观念认识有待转变

笔者认为，在转型发展中的观念认识是导致地方普通高校治理中出现诸多问题的重要原因之一。具体来说，主要表现在政府缺乏科学的治理观念，地方普通高校的治校观念有待改变，教师和学生的治理观念没有完全形成。

### 4.2.1.1 政府缺乏科学的治理观念

一方面，政府长期以来形成了包揽一切的管理思维和管理惯性，将高校视为政府的附属机构，习惯于以行政命令的管理方式不断强化对高校办学事务的管控与干预。在政策制定过程中，过分依赖行政命令方式，缺乏对地方普通高校作为自主办学主体的尊重，地方普通高校的自主办学空间范围不断缩小，办学自主权难以得到落实。

另一方面，目前我国地方普通高校在办学定位、教学改革等方面尚在摸索阶段。当前大部分转型中的地方普通高校都是从一般高校升级而来，政府对其已经习惯了传统的管理模式，加之学校各个治理主体目前又不太熟悉地方普通高校的转型发展与实践政策，因此双方都难以有新的突破与创新，所以政府在对地方普通高校的治理问题上，常提出与其他类型学校（如研究型高校）同样的发展要求。

此外，政府依法行政的观念有待完善。调查发现，在对地方普通高校的管理上，由于地方政府在传统的高校管理进程中一直扮演着领导者与决策者的角色，一些地方政府依然偏好"人治"，缺乏"法治"的观念和意识，长官意识浓厚，服务意识淡薄。调查还显示，政府对学校治理中的法规和制度建设重视度不够，依法行政意识亟待加强。

### 4.2.1.2 地方普通高校的治校观念有待改变

首先，调查发现，6所地方普通高校部分领导缺乏民主决策意识，多元共治的理念尚未形成。学校领导及部门管理者习惯于自上而下的命令式的行政管理模式，忽视了民主管理以及民主决策观念的积极作用，并没有把教师和学生看作一个重要的治理主体。一方面，教师依然是被管理的对象，而不是治理的主体，只是要求教师立足教学，完成规定的教学任务，遵守课堂纪律。另一方面，也没有把学生当成重要的治理主体。例如，学生被动地被安排教学课程以及实践实习课程，学生被要求认真上课，不准迟到早退，同时被要求如何遵守学校规章制度等。此外，因为学校缺乏治理观念，企业行业也无法真正参与地方普通高校的治理，学校也没有把企业行业看成重要的治理主体。例如，副校长L4指出："从决策意识来看，地方普通高校对于应用型高校的概念不理解，以为应用型高校是在层次上就低于一般高校，所以动力不足，停滞不前。当然这也与社会上普遍对技术教育的歧视有关。因此从领导层的角度来看，治理理念非常缺乏。而且其他的地方普通高校在大环境上也处于转型的迷茫期，因此很多高校都在观望，愿吃螃蟹的学校较少，虽然学校采取了很多措施但是在治理观念和治理目标落实上都存在一定的问题。"副校长 L5 指出："目前学校刚好处于转型发展之中，学校在治理观念、治理行动上都存在一定的问题，决策也比较滞后。学校各级部门习惯于传统的管理模式，对治理的新要求还不能有效地领悟，因此他们的参与积极性和参与度都不高。"CDU6 学校学生会的一名同学说："就我们看来，学校不太重视学生们的参与。如果真的能吸收我们参与学校决策和管理，我们会感觉有自豪感，愿意参加此类的治理活动。但是在学校现阶段转型发展治理的过程中，学校还没有出台鼓励学生参与的有效举措。如果学校给我们更多的治理参与权、自主学习权、课程选课与参与评价权，我们学生会和全体学生可以在学校治理中发挥出更大作用。"可见，地方普通高校因多元主体共治观念的缺乏，导致教师、学生、企业行业等主体难以有效参与。

其次，处于转型发展中的地方普通高校尚未形成依法自主办学的观念。长期以来，地方高校都是按照省级政府对学校的领导及要求开展办学活动，带有较强的依赖性，自主办学观念比较缺乏。副校长 L1 说："地方普通高校需要学校管理者有依法自主办学的意识。但是学校治理的复杂性使学校管理者更倾向于选择传统的办学观念，以便尽量保持学校各项管理工作的稳定。但是面对新时期地方普通高校治理问题，我们确实要尽快从思想上转变观念，否则难以实现学校的科学转型和有效的治理。"HZU2 学校规划办主任说："现代大学教育制度要求学校加强自主办学，地方普通高校要有科学的治理效果，更需要加强依法自主办学。依法自主办学要兼顾两个方面：一是依法，二是自主办学。但是现行的法律制度关于地方普通高校治理的法律文件不够全面，并没有规定转型治理的细节问题，学校处于探索过程中，也不知道应从哪些方面去争取更多的办学自主权，或是争取到更多的办学自主权后应该如何有效调控，这些问题都没有解决，所以全国不同地区的地方普通高校还处于观望状态，没有开展实质性的治理创新活动。"显然，地方普通高校多元主体还没有完全形成依法自主办学的观念，不同主体对于转型发展中的治理事项表现出兴趣不足，也不知道应该从哪些方面去参与学校治理；地方普通高校也存在等、看、靠的心理，不愿意尝试新型转型事务，也不积极主动制订具体的实施办法，而且学校也没有注重完善学校转型发展中的治理配套措施。

最后，一些地方普通高校尽管已经开始了转型发展的改革，但是，依然没有重视应用技术型人才的培养问题。应用技术型人才培养要求将教育培养的价值观转变为以特定或相关职业岗位需求为基础，适应区域经济"转方式、调结构"的需要，体现地方特色和产业需求，坚持把专业设置作为推进地方普通高校向应用型转变的切入点。但是当前地方普通高校缺乏这样一种价值观，因而地方普通高校在专业设置方面灵活性不高，没有很好地体现不同教育类型的特点，地方高校在设置专业时，往往不通过实地调研来了解把握市场对专业人才的真正需求，而是看到某些专业成为热门专业就去竞相开办，盲目跟风，并不是根据社会经济、教育发展的需求和地方普通高校转型发展的根本需要来设置相应的学科或专业，导致学校治理与地方产业结构相脱节。

### 4.2.1.3 教师和学生的治理观念还未形成

从教师和学生角度来看，目前其治理观念相当缺乏。虽然，《教育法》第30条规定了教职工参与民主管理和监督的权利，《高等教育法》第43条也规定以教师为主体的合法权益，但是对于地方普通高校的教师和学生的指导性作用不大。此外《教育法》也涉及了学生参与的权利，如规定学生在入学、升学、就业等方面依法享有平等权；学生可以有了解教学状况和教学进度的权利，以及使用教学设备与教育资源的权利，学生也有获得品学评价和证书的权利；学生在参与学校治理的过程中，能以合法权益为要求提出申诉或者依法提起诉讼等。《高等教育法》第六章也规定了学生参与的一些权利，如高等学校学生的合法权益，其受法律保护。高等学校的学生可以在法律法规范围内，在参与学校管理的过程中，有序开展各项学生活动，服从学校基本的管理要求。这些规定奠定了地方普通高校教职工和学生参与民主管理和民主监督的法律基础。

但是，笔者通过调研发现，地方普通高校的教职工和学生参与学校治理的范围和程度明显不足。一个原因是国家有关教师、学生参与治理的法律法规制度缺乏配套的操作内容和具体实施程序，使得广大师生员工参与学校治理权得不到有效保障。另一个原因是一些教职工和学生尚未把自己作为治理主体，主动参与学校治理的意愿不强。一些教职工有的囿于眼前利益，忙于教学和科研，不关心学校治理；有的缺乏全局意识和长远眼光，没有将学校发展与自己的切身利益挂钩，消极参与民主管理；有的囿于自身利益，不愿或不敢提出不同意见，放弃自己的民主管理权利。此外，一些学生自身治理观念还没有形成，认为学生在校主要是被动接受学习，学习成绩好，那就符合学生发展的主要目标，也符合家长们的期望。而且学生因为学业负担较重，不愿意投身于学校的治理建设中，认为学校治理是学校或者教师的事情，因此其参与治理的观念难以在短期内形成。

## 4.2.2　高校管理体制与机制尚不完善

当前，地方普通高校的管理体制与机制尚不完善，也是导致地方普通高校转型发展中的治理问题的主要原因之一。笔者通过调查分析，发现地方普通高校的管理体制与机制的不完善，主要基于以下两个方面的原因。

### 4.2.2.1　政府干预过度，高校办学自主权难以落实

从政府与地方普通高校的关系来看，一直表现出政府的强势，也表现出地方普通高校对于政府的依赖。地方普通高校治理主要还是在政府主导下进行的，学校的办学自主权有限。当然，我们必须承认，政府有必要对地方普通高校的转型发展进行监督。这是因为，一方面政府拥有资源优势，能通过全局观对地方普通高校实行有效的规划和管理；另一方面，政府的监督也能有效促进地方普通高校保持应有的稳定性和发展势头。但是，政府和地方普通高校的关系没有理顺，往往导致政府对高校的过度干预。

笔者通过问卷对 6 所地方普通高校的办学自主权进行了调查。调查结果显示，6 所地方普通高校的办学自主权情况的总均值得分是 2.235，处于中等偏下水平。其中，GDU1、HZU2、WHU3、HBU4、CDU5、XCU6 6 所学校的均值得分分别是 2.5、2.43、2.21、2.18、2.06、2.03，这说明在地方普通高校治理中，学校的办学自主权仍然还不充分。

从对 6 所地方普通高校的校领导和院系负责人的访谈情况来看，均反映地方

普通高校的办学自主权不够充分，地方普通高校在发展过程中受到政府过度干预，办学自主权难以得到有效保障和落实。副校长 L4 指出："地方普通高校的有效治理，必须有相适应的办学自主权作为支撑。然而在权力分配问题上，关系没有理顺，政府给予学校的办学自主权不够充分，学校也不太明白应该从哪些方面去争取更多的办学自主权，因此学校的办学自主权不太充分。"

显然，政府对地方普通高校的过度干预、地方普通高校办学自主权难以落实已经带来了诸多问题。一方面，政府过度干预导致学校自主发展、自主办学的动力和能力不足，特别是对地方普通高校来说，因为经费拨付和保障措施等原因，使其对政府的依赖程度更高。另一方面，地方普通高校习惯于传统的行政管理模式，不愿意积极承担转型发展过程中更多的责任。另外就是地方普通高校的治理主体认为权力难以有效把握，容易造成一定的权力失控，这也导致地方普通高校难以要求更多的办学自主权。

### 4.2.2.2　高校内部过于行政化和官僚化的管理体制与机制

我国地方普通高校的科层管理体制和行政主导模式非常明显，这种管理模式强调权力的纵向约束，强调下级向上级负责，行政化倾向比较明显。

具体来说，一方面，尽管所调查的 6 所地方普通高校已经开始重视校院二级管理，但是由于地方普通高校内部过于行政化和官僚化的管理体制的制约，导致这些地方普通高校普遍对二级管理体制的认识不够透彻，决策权集中在学校一级，学院和系的权力有限，学校治理发展的效果不突出。具体来看，地方普通高校在转型发展的治理进程中，校院二级管理体制和相关制度不够明朗，因此权责关系也不够明晰，师资队伍也表现出较强的行政化和官僚化的倾向，管理者很难有效地开展治校工作。另外，校级过于干涉院系的具体活动，有时甚至要求院系如何处理本应属于院系自己解决的细节问题。

另一方面，学院和系对学校一级负责的同时却忽略了教师、学生的各项权益。在管理中注重对于学校上一级的负责，能有力执行上一级的基本决策。但在对上一级负责的同时，对教师、学生的各项参与治理的权益还需要进一步加强。地方普通高校的转型发展中比较关键的一环是加大应用型人才的培养力度，因此教师和学生都应该积极参与地方普通高校转型发展中的治理活动。然而院系在这两个关键点上大多只注重完成学校布置的目标与任务，能按学校一级的文件要求开展几项"硬性"活动，但在院系的决策和管理过程中，却忽视了教师与学生参与学校治理的各项权益，难以做到以学生为本和以教师为本。

此外，地方普通高校只重视行政化管理手段，忽视了师生参与校院系治理的积极性。地方普通高校的有效治理，需要依靠教师和学生的大力参与，广大师生参与学校治理的积极性是实现学校治理有效性的重要保证。然而，地方普通高校在治理中更重视的是常规的行政化管理手段，包括下目标、定任务、提要求以及严格的监控与考核，却没有激励教师与学生治校的积极性，使得这些治理主体对学校治理的主动性与创造性不足，导致学校治理缺乏自下而上的动力。

## 4.2.3 校企合作治理缺乏有效机制

显然，校企合作治理方面缺乏相应的机制，也是导致当前地方普通高校转型发展中的治理出现问题的原因之一。其一，我国地方普通高校治理处于一个相对封闭的环境中，而且地方普通高校缺乏根本的治理机制，导致其与企业的合作无法深入开展，双方难以实现有效的治理衔接和共同培养应用技术型人才。而企业与地方普通高校的治理合作，也需要有相应的治理机制，以便保证企业行业的参与地位。对于地方普通高校来说，其认为合作治理可能会影响学校的正常教学秩序，不愿意与企业进行更多的合作。对于企业行业来说，也没有太多积极性参与可能不带来任何利润的地方普通高校治理。

其二，我国地方普通高校治理结构主要由多种主体的不同权力所构成，从实践层面来看，地方普通高校内部的责任权限比较模糊，企业行业在治理结构中的治理主体地位并未凸显。从地方普通高校的治理决策与治理方式来看，部分地方高校因为没有制订相应的参与机制，学校治理中的外部主体很难有效参与。比如因为缺乏机制，很多学校对企业行业的治理主体地位的重视不够，从程序上也没有考虑制订相应的决策机制和企业行业参与管理的机制，因此地方普通高校的部分权力配置状况不太合理，基本治理状态也不够科学。

其三，在地方普通高校转型发展的过程中，企业行业参与学校治理的机制运行不良，多元治理主体间权责不清，企业行业如何有效参与地方普通高校治理，且参与的范围和程度也存在争议，同时也缺乏企业行业参与地方普通高校治理的权力制衡机制。从治理实践来看，对企业行业参与地方普通高校治理的范围和程度存在一定的分歧，使得地方普通高校向应用技术型转型的过程中双方合作治理程度较弱。而且，企业与地方普通高校应该如何进行深层次的治理合作，这是地方普通高校治理必须要回答的问题，要有效地回应这一问题，必须要有校企合作相应的机制，但是当前地方普通高校与企业行业在合作上还存在盲目性，仅仅是在学生实习、举办招聘会等方面有一些比较浅显的合作，而其他与企业行业参与治理的深层次合作，包括教师的交流与互通互用、校企合作进行管理决策、校企合作进行科研或研发，这些方面都缺乏相应的体制机制作为支撑，所以当前企业行业参与地方高校治理的积极性不高，治理能力有限。

### 4.2.4 治理环境与保障条件不够充分

治理环境与保障条件影响地方普通高校转型发展中治理的有效性。从调查来看，发现地方普通高校的治理环境与保障条件不够充分，这显然也是地方普通高校治理出现问题的另一个重要原因，其主要体现在以下几个方面。

#### 4.2.4.1 政府的支持力度不足

第一，政府对地方普通高校的经费扶持力度不够。地方普通高校转型发展中的定位重点是培养应用技术型人才，从转型发展的初期阶段来看地方普通高校需要有大量的经费予以支撑，以满足应用技术培训和实践教学条件改善的需要。但是地方政府对地方普通高校的经费投入不够充足，因为政府是按照统一标准，包括学生人数、教学科研状况等指标来划拨经费，而地方普通高校在拨款条件上并不占优势，这样就导致政府对地方普通高校的经费支持总量不足。另外，从具体发展状况来看，地方普通高校不管是从科研能力，还是从所培养毕业生的水平，或是从学校的社会服务能力等方面来看，都不是特别突出，因此政府也不愿意冒险进行更多和更大范围的投入，学校自身也处于一个比较茫然的状态。

第二，从政府的政策支持来看，也存在着政策供给不足的问题。政府的重要职责之一在于为地方普通高校的转型发展和有效治理提供有力的政策支撑和制度安排。然而从调研情况来看，政府的政策供给还存在以下几个方面的问题：一是政策的顶层设计不足。当前政府对地方普通高校的顶层设计非常缺乏，政府政策仅限于发布相应的几项政策法规，政策供给不足。二是政策实施制度保障不足。地方普通高校的有效治理，需要政府加强职能转变、进一步简政放权，推动管办评分离，为地方高校转型发展创造良好的政策制度保障。但是，调查显示，政府对地方普通高校的办学干预过多，地方普通高校的办学自主权难以落实。三是评价政策比较缺乏。调查发现，目前地方政府基本没有建立符合"地方特色"的地方普通高校评价政策体系，无法为地方普通高校的治理发展提供可参考的评价标准。四是激励政策比较欠缺。比如，政府对地方普通高校校长任期目标责任制的考核与奖惩、企业行业参与地方普通高校治理的奖励与问责等政策都比较缺乏。

第三，从政府支持来看，还存在着技术支持不足的问题。当前，政府对地方普通高校提供了部分指导政策，这些政策有利于推动地方普通高校按照政府提供的发展思路，在正确的指导方向下做好转型发展的各项工作。然而，仅仅提供政策文件的引导性支持还是不够的，当前地方普通高校治理还需要政府提供更多的技术支持，包括：为了提高学校管理者、教职工、学生等多元主体的治理水平，需要政府提供更多的培训或学习机会，给予地方普通高校更多的指导以及咨询服务，以及信息技术、大数据平台等方面的支持。

## 4.2.4.2 高校内部尚未形成转型发展与多元共治的学校文化

尽管目前我国地方普通高校拥有了一定程度的办学自主权，但是除了权力运行之外，科学的治理活动还需要有转型发展与多元共治的学校文化。而且在高等教育的转型发展过程中，虽然地方普通高校一定程度上重视了转型发展问题，但政府与地方普通高校的管理关系并没有完全理顺，学校内部尚未形成多元共治的学校文化。具体表现在地方普通高校的办学主体地位尚未明确，学校领导、教职工、学生、企业行业缺乏转型发展与合作共治的学校文化理念，各种治理主体之间还没有形成有效的合力。

此外，地方普通高校尚未形成面向区域经济社会发展的学校文化。显然，对于地方普通高校治理来说，面向区域经济社会发展的学校文化能有效促进地方普通高校凝练办学思路，统一学校转型发展中的价值观念，引领和强化师生对于学校治理发展的思想与情感认同，从而凝聚多元治理主体的力量，为促进学校应用技术型治理目标的达成和学校治理有效性作出不懈努力。然而，当前地方普通高校尚未建立起这样的学校文化。具体表现在：其一，地方普通高校的部分校领导、教职工以及学生对区域经济社会发展的重视程度不够，并没有产生比较强的认同感，片面地认为学校只需要做好人才培养任务即可。其二，地方普通高校治理主体缺乏一种统一的情感认同。调查显示，地方普通高校治理主体在情感认同方面比较欠缺，比如有部分教职工对转型发展事项不太了解，相互之间也缺乏交流，难以形成协调互动的治理合力。其三，从地方普通高校的发展状况来看，必须有一定的治理文化氛围，才能保证学校治理的良性运行。但是，目前地方普通高校缺乏一种文化建设的动力，加之地方普通高校的办学条件有限，难以激发广大师生、企业行业等多元治理主体的深度参与。

### 4.2.4.3 社会和家长对地方普通高校转型发展的重视程度及认可度不高

地方举办、地方投资、地方生源、地方就业、立足地方，这些方面就决定了地方普通高校的转型发展必须依赖地方、面向地方、服务地方，为地方的社会经济建设培养急需的合格人才。因而地方普通高校的学科和专业设置、学校布局及调整优化都要紧紧围绕地方经济建设的需要。但是，社会和家长已经习惯于传统的管理思维，更认可研究型大学的培养模式，而对地方普通高校治理的重视程度和认可度普遍不高。显然，地方普通高校转型之所以支持者众、行动者寡，成效并不明显，一个根本原因就在于除地方普通高校以外，其他社会主体没有充分认识到转型改革对学校生存与发展的重大意义，以及对学生应用技术能力培养的重要性。

调查结果证实了社会和家长的重视程度及认可度不高。例如，HZU2 学校学生处的副处长说："学校从提出转型发展以来，一直受到了部分家长和外界的质疑，认为走学术型道路会更好地提升学生的理论水平，同时有助于学生就业。另外，培养学术型人才，也能进一步满足部分学生考研深造的愿望。社会也对学校能否培养出合格的应用技术型人才而质疑，因为他们认为学校一直致力于培养所谓的学术型人才，在培养技能型人才方面，缺少资源、缺乏有利条件。可见，社会对地方普通高校转型发展的重视程度及认可度不高，有的家长甚至认为转不转型无所谓，最好是不要转型，继续保持传统的发展态势。"

WHU3 学校的一个相关企业的负责人说："对于企业来说，我们重视生产和效益；在学校转型发展的问题上，学校重视人才培养，注重培养应用型人才。照说这两者是能找到共同点的。但是当前地方普通高校和企业之间还没有进行有效的对接，缺乏相应的协调机制。虽然学校提出了培养应用技术型人才，可以更好地满足区域企业行业的发展需要，但是从治理状况来看，还存在很多问题。我们对学校转型发展仍然持观望态度，认可度一般。"

CDU6 学校的一位学生家长说："作为家长，我们关心的是孩子的学习成绩如何，是否遵守纪律、规章制度等方面，以及孩子的发展问题。至于学校的转型发展与否，我们不太重视这一问题。另外，我们更倾向于办传统的综合性大学，我觉得社会更重视综合性大学的学生，如果专注于转型发展，学校培养的学生是否具有社会竞争力，我们仍然有很多疑惑。"

## 4.2.5　评价激励体系不完善

地方普通高校的评价激励体系也是促进其加快科学转型的重要推动力，然而地方普通高校的评价激励体系不完善，也导致地方普通高校治理过程中存在诸多问题。

### 4.2.5.1　尚未建立对地方普通高校的科学评价机制

一般来说，地方普通高校合理转型发展，达成良好的治理状态，就需要地方普通高校优化科学转型思路，构建科学的评价机制，继而促进学校在办学过程中有更多的成效。但是，政府部门还未建立起对地方普通高校的科学评价机制。其原因也是多方面的，一是对地方普通高校的评价是一个相对复杂的过程，涉及多项评价指标的确立，也涉及对多元主体的考核。二是地方普通高校的转型发展尚处于探索阶段，其科学评价机制也有待于在理顺转型发展中的治理关系后，逐步进行有效完善和解决。

### 4.2.5.2　配套的激励性评价设计相对缺乏

虽然当前转型发展中的地方普通高校缺乏有效的激励性评价设计措施，但是对于不同主体来说，评价设计是非常有必要的。只有加强激励性评价，政府和地方普通高校才能做到协调并进，有效处理好权责配置和转型发展关系。此外，通过有效的激励评价，能促进多元主体共同参与，进一步加强顶层设计，促进政府、学校、企业行业的有序参与。另外，地方普通高校转型发展中治理的产学研合作激励措施较少，政府目前还没有出台比较成熟的制度方案，也没能在分清责任的前提下给予相应的减税拨款等扶持政策，"应用"二字在地方普通高校发展之时还存在不少细节上的困难。总体来说，评价标准和激励体系的不完善，造成地方普通高校治理缺乏一定的参照性和可操作性，也直接导致地方普通高校转型发展中的治理效果不佳。

# 5 国外应用技术型高校治理概况及特点

为进一步厘清我国地方普通高校治理的有关问题，提出有针对性地完善我国地方普通高校的治理的策略，有必要借鉴国外应用技术型高校的治理经验。为此，本书选取了德国应用技术大学、芬兰应用技术大学、澳大利亚 TAFE 学院，对其治理目标、治理主体、权责配置、法律法规制度、经费保障等相关问题进行系统梳理和分析，总结其治理经验及治理的主要特点，进而为我国地方普通高校治理问题的研究提供有益的参考和启示。

## 5.1 德国应用技术大学的治理经验及特点

20 世纪 50 年代初，德国经济开始飞速发展，对应用型高级技术人才的需求大量增加。60 年代末，随着德国社会经济的快速发展，崇尚洪堡精英教育思想的综合性大学传统教学模式与社会客观实际要求差距越来越大，矛盾也越来越激烈。人们普遍认识到教育治理的重要性，需要根据社会经济发展的要求，不断完善高等教育结构，优化学校治理体系。为了适应生产力发展和社会经济发展的根本要求，德国政府改革高等教育，在传统的研究型大学之外，增加了应用技术大学这一新类型大学。德国的应用技术大学治理以培养应用型人才为目标，以面向企业、面向实践为原则，采取"双元制"模式。

### 5.1.1 区域应用型治理目标

应用技术大学是德国的一类以培养应用型人才为目标的高校，这种类型的大学治理重视确立科学合理的治理目标，构建健全的制度体系。

179

### 5.1.1.1 注重区域内企业生产需要，强调技术技能培训

德国的应用技术大学普遍采取"双元制"模式，在治理目标上，注重服务本区域内企业生产需要。应用技术大学治理注重强调技术技能训练，将学生的技术技能训练与区域经济发展相结合，特别是与当地的人文、地理、产业结构密切联系。加强为区域企业生产和培训服务，这是德国应用技术大学比较鲜明的治理目标，以这种治理目标为基础，德国应用技术大学持续培养了大批与企业生产紧密结合的技术技能人才，是德国经济迅速发展的重要保障。

例如，不来梅应用技术大学，虽然位于德国最小的联邦州——不来梅，但它却是德国规模最大的应用技术大学。该大学完全对接区域内企业产业发展的需要，设置经济学、建筑与环境学、社会科学、电气工程学和计算机科学、自然科学和技术学 5 个系，开设 64 门专业课程。再如，布朗施维格/沃芬比特尔应用科学大学，在治理目标上同样重视适应区域行业的发展。该校的一个校区地处德国大众汽车公司总部沃尔夫斯堡，为了适应区域行业的需要，该校设立了汽车应用技术学院。该学院的目的在于培养工程师，以服务于地方车辆制造行业的需要。

此外，为了更好地为区域发展服务，为企业行业培养高层次的应用技术型人才，应用技术大学在治理中强调技术技能培训的目标。同时应用技术大学注重学校和企业的二元教学模式，一方面在学校内对学生进行理论教学，另一方面将学生的实践教学直接安排到企业，学生需要在两个单位之间进行数次角色轮换，同时还特别强调实践的导向性，规定学生的理论学习是为区域企业的生产实践提供服务。

### 5.1.1.2 以市场为导向，学校治理目标面向应用型

德国应用技术大学既属于高等教育体系中的一部分，同时它也有职业教育的优势。可以说是两种教育体系的合成。应用技术大学以社会需求和市场为导向，强调治理目标的应用性，注重培养应用技术型人才。如德国应用技术大学普遍强调职业导向，要求培养的毕业生能满足社会经济发展变化的需要，同时能让所培

养的毕业生有效满足企业生产的现实需要。①

显然，德国应用技术大学的治理目标重视市场导向和应用性，尤其注重与企业生产的高度协调。例如，以安哈尔特应用技术大学为例，该学校是德国典型的应用技术大学，该学校曾经提出的主要治理目标就是"面向社会实践，贴近企业需求，培养应用型人才"，并将应用型的治理目标贯穿于治理的全过程。再如，代根多夫应用技术大学，该大学结合自己所在区域的特色，比如学校周边有宝马和奥迪的马达生产企业、机械类和玻璃加工基地等，该校就设立了相应的汽车及修理专业、机械制造和矿物加工专业。而且，代根多夫应用技术大学的治理目标之一就是充分利用这些资源优势，与所处区域的企业建立伙伴关系，为其培养高素质的应用技术型人才。

## 5.1.2 多元协调的治理主体

德国的应用技术大学治理包含多个治理主体，呈现出治理主体的多元化特征，而且治理主体之间相互协调、关系良好，促进了多元治理主体的参与合作。

### 5.1.2.1 治理主体多元化

在德国，应用技术大学的治理被认为是一种多元主体参与的共同行为，这些主体主要包括：政府、应用技术大学的领导者及教职工、行业协会、企业等。

政府是重要的治理主体，在应用技术大学的治理中起宏观调控的作用，把控应用技术大学治理发展的总体方向，并对大学的质量和总体保障负责。

大学的领导者及教职工也是重要的治理主体。大学的领导者在应用技术大学的治理中，充分发挥主体作用，积极筹划办学活动，注重加强治理制度建设，规范学校治理行为。教职工这一治理主体主要是以参与教学活动为主，通过开展理论教学和技术教学活动参与应用技术大学的治理。

行业协会这一治理主体包含的范围比较广泛，一般包括手工业协会、农业协会、工商业协会等，是德国应用技术大学教育领域的主要治理主体之一。行业协

---

① 邵爱杰，石新龙. 德国高职培养模式及其对我国的启示 [J]. 海外职教，2005 (10)：59-61.

会通过设立职业教育委员会对应用技术教育进行有效管理，其职责是管理和协调行业内有关职业教育的事项。

企业是不可或缺的重要参与主体。在双元制培养过程中，企业积极参与应用技术大学的治理过程。企业可以通过官方网站、电视、报纸等媒体向社会公布招生专业和人数，符合条件的学生可以通过企业的官网提出申请，如通过审核，即成为该企业的双元制学生。学生在企业期间，可得到一定的生活费用补贴。企业会为学生量身打造培养计划，并由经验丰富的工程师、技师担任导师。一些大型的德国企业如西门子等还专门建立培训中心和实训车间，开设相关的理论课和实践课。在德国，"双元制"学生的实训设备、器材和场地，都由企业提供，比如宝马、奥迪等企业有新品牌下线时，都会给学校提供样车，供学生拆卸实践。各企业已把对学生的培养看作一项参与治校的过程。①

此外，德国应用技术大学还采取多种途径推进企业行业参与学校治理。例如，安哈尔特应用技术大学每学期都会邀请管理经验丰富和具备教学资格的工商界人士参与治理过程，给学生介绍企业运作的经验和知识，开展生动有趣的演示性讨论，充分发挥了作为治理主体的作用。

### 5.1.2.2 治理主体间良好的协调参与关系

德国的应用技术大学治理主体之间注重协调参与，各治理主体之间的协调互动状况良好。一是政府与大学之间协调良好，政府只是在宏观政策上进行调控，学校注重发展应用技术。二是大学内部的治理主体协调状况良好，通过完善的制度促进相互之间的协调治理。三是德国应用技术大学与企业等其他社会主体的互动状况良好。从应用技术大学的专业设置来看，注重课程体系建设与安排，专业和课程的设置都需经过提前相对严格的市场走访与调研，并与企业行业进行充分的沟通协调。

### 5.1.3 清晰合理的权责配置

只有明晰各自的权责配置，才能实现高校的有效治理。德国应用技术大学

---

① 王健. 德国应用技术大学"双元制"模式与启示 [J]. 福建工程学院学报，2015，13（5）：475-479.

治理的权责配置清晰，多元治理主体能根据权责配置积极主动地参与大学治理。

### 5.1.3.1 政府与应用技术大学之间的权责配置

当前，德国政府与应用技术大学之间的权责配置状况表现在以下几个方面。

第一，三级权责配置。具体来说，联邦一级是第一级，这一级是负责职业教育立法与技术教育协调的主管部门，这一部门通常由联邦教育研究部和相关的联邦专业部共同负责。州一级是第二级，这一级是由各成员组成的州职业教育委员会，成员来源也是多元的，包括该州文教组织、企业行业代表，以及政府部门的管理人员。各州的文教部长联席会以及职业教育委员会都属于第二级。而地区一级是行业协会，属于第三级，行业协会是德国应用技术教育进行自我治理的重要机构，行业协会参与应用技术教育受到联邦政府在政策上的大力支持。在政府的三级权责配置中，其中体现"地方性"的州政府权力较大。2006年6—7月，德国联邦政府加强联邦制法案改革，对应用技术大学的教育立法也作出了修订，将联邦和各州对应用技术大学的部分管辖权进行重新划分，试图构建联邦与州之间的战略伙伴关系。

第二，从权责的具体配置来看，权责逐步下放，管理应用技术大学的权力逐渐从联邦政府下放到州政府，州政府又将部分权责直接下放给应用技术大学。新的教育立法对政府重新配置了联邦政府和州政府的权力，联邦政府注重了放权措施，将以前管辖的高等教育权力包括立法权、教育规划权、财政使用权、应用技术大学教师聘任权等权力都下放给了州政府，联邦政府仅留下几项权力，如应用技术大学入学权、毕业标准的决定权、应用技术大学学生学习的专项资助权、联邦"促进科研"的专项权等。而州政府也将部分权力下放到应用技术大学，给予其较多的自主权。

第三，引入市场机制，扩大高校的办学自主权，建立应用技术大学与政府的新型权责关系。德国高等教育注重与经济、科技发展水平和市场运行机制的有效结合，为了适应这一要求，德国联邦政府和州政府着重进行了相应的教育放权机制改革，加大了市场化，扩大了应用技术型高校的办学自主权，改革了学校内部管理制度，使应用技术大学可以在政府规定的总体框架内，独立自主地决定大学发展进程和治理的具体细节,联邦政府和州政府均不进行过多的管控。

## 5.1.3.2 应用技术大学内部的治理权责

第一,董事会、校议会、校务会和校监会的治理权责。德国应用技术大学治理主要实行的是董事会制。根据法律规定,应用技术大学的最高决策机构为董事会,董事会必须有来自企业和其他社会各界的人士参与,由各方代表组成。例如,德国巴伐利亚州作出规定,应用技术大学必须实行董事会领导制,其中校董事会由 10—16 人组成。从代根多夫应用技术大学来看,其校董事会共有 16 人组成,有教授代表、管理人员、其他大学教授代表、企业代表、研究机构代表等,其中企业代表和教授代表均是 5 人,其他代表则是 1—2 人。应用技术大学的企业代表来源比较广泛,通常是来自各区域的相关企业,其在参与学校治理过程中也能反馈企业行业的发展与人才需求状况。

董事会的下一级机构是校议会、校务会和校监会。其一,校议会负责学校建制和重大方针政策的制订,以及资金分配、形成决议等重大事项。校议会成员一般包括学校领导如正副校长、教职工代表和学生代表,校议会主要行使决策权。其二,校务会是应用技术大学重要的执行机关,主要负责行使执行权,即具体负责执行董事会和校务会的决议。校务会通常由校长和副校长组成,带领下设部门包括财务部、保障部、发展与规划部、合作交流部、人事部等多个部门,负责学校的行政管理,对校议会负责。其三,校监会是应用技术大学一个重要的监督机关,校监会通常由 6—7 人组成,其中来自行业组织和企业的占 4—5 人,另从州教育管理部门聘请 1 人,加上从校议会中选取 1 人。校监会主要掌握监督权,负责对校务会和其他行政部门的监督。校议会、校务会、校监会,都可以在其权限范围内行使相应的参与学校治理的权力,且在人事、预算、财务等方面都享有一定的自主权。当然,董事会是其最高决策机构,校议会、校务会和校监会同时都对董事会负责。

第二,教职工全体大会的权责。总的来看,教职工全体大会的权责包括:决定学校主要领导(如校长的选聘),讨论校务会成员的安排,制订学校的基本治理策略,修订学校章程和决策。教授在教职工全体大会上的作用非常重要,教授评选门槛非常高,除了有教学和科研能力外,一般来说还要与企业有至少 5 年的教学合作，而且应用技术大学特别强调教授的企业经验，这一项内容甚至比教授的教学能力更重要。当然，教授深入企业确实有助于增进学校与区域间的协调关系。正因为如此，鉴于教授具备的学术资质与资源，他们有足够的能力证明他们能够通过学术影响来参与应用技术大学的治理活动。例如，教授可以参与学校决策，并提出建议，教授也可决定课程教学内容。

第三，校院系之间的权责配置状况。德国应用技术大学的基层管理组织是系，系务委员会是系里的组织机构。系务委员会既有教授，也有一般的专职教师，还有少数学生代表和企业代表，决定系的重大发展事项。系主任由教授担任，而且通常由系务会选举而产生。在董事会的领导下，应用技术大学拥有较大的自主权，院系二级治理的自主权也比较大。院系在董事会和校议会的领导下，独立自主地开展教学科研与人才培养活动，负责学校各项方针政策的落实工作。在日常的事务中，校长和院系负责人都可以是主要的决策执行者。院系既能分担学校相应的职责，同时院系也能独立进行自身的治理活动。

第四，形成了决策、执行、监督相互制约的机制。德国应用技术大学普遍采用了与其国家制度相一致的治理机制。一方面，德国应用技术大学在进行重大事项决策时，依赖于董事会进行表决，但是董事会在作出决定之前，会充分考虑其他治理主体的参与权及反馈意见，非常注重企业行业的参与，以加强决策的适用性和执行性。例如，德国应用技术大学吸收多元主体担任校董会成员，以期为学校的发展和规划制订相应的方略。另一方面，应用技术型大学通过校务会或院系来实施治理行为，但是也注重加强监督。其监督来自多个方面，一是来自学校的评判，包括校监会；二是来自多元治理主体的评价；三是其他监督机构直接介入到管理中，如教职工全体大会。以威尔道应用技术大学为例，其教职工全体大会是由教授代表 6 名、学生代表 2 名、企业代表 2 名以及学院其他雇员代表 1 名，共 11 名成员组成，其作为监督机构有较强的评判力与说服力。

## 5.1.3.3 企业行业参与治理的权责

德国《职业教育法》规定行业协会是应用技术教育的主管机构之一。行业协会的职责范围和权力比较广泛，例如行业协会的下一层级是职业教育委员会。

委员会通常由雇主代表、企业行业成员代表以及学校教师代表三部分组成，基本上人数各占三分之一。①行业协会在德国应用技术教育管理方面，以及治理决策中有举足轻重的地位，比如行业协会可进行职业资质的审核、教育期限的确定、培训合同和相关合约内容的协商。另外，行业协会还能加强对学校治理水平的检查和效益评价，对其他主体也注重发挥协调效应，以推动学校治理中专业结构的优化。另外，所有涉及职业教育的重要事宜，均须报告行业协会，以及职业教育委员会，经过讨论后才能形成意见。

## 5.1.4 法制化的治理依据

德国十分重视应用技术教育的法制治理依据。德国自从 20 世纪 50 年代开始，就非常关注立法工作，形成了一系列与应用技术教育有关的法律法规，也形成了完善的教育治理体系，有效地促进了德国应用技术大学的发展。

总体来说，与应用技术大学发展密切相关的法律法规大致有《手工业条例》《高等教育法》《联邦职业教育法》《职业教育促进法》《职业教育改革法》、新《职业教育法》，如表 5-1 所示。此外，德国各州还出台了很多与职业教育相对应的各种教育条例，对技能型人才培养的具体内容、规章制度和考核要求进行了进一步细化②。

表 5-1 **德国应用技术大学治理的基本法律法规**

| 年份 | 法律文本名称 | 颁布主体 |
|---|---|---|
| 1965 年 | 《手工业条例》 | 德国联邦政府 |
| 1968 年 | 《高等教育法》 | 德国联邦政府 |
| 1969 年 | 《联邦职业教育法》 | 德国联邦政府 |
| 1981 年 | 《职业教育促进法》 | 德国联邦政府 |

---

① 邓志军，李艳兰．论德国行业协会参与职业教育的途径和特点 [J]．中国职业技术教育，2010（19）：60-64．

② 高明．德国职业教育体系对我国技能型人才培养的启示 [J]．高等农业教育，2014（1）：124-127．

续表

| 年份 | 法律文本名称 | 颁布主体 |
|------|-------------|---------|
| 2004 年 | 《职业教育改革法》 | 德国联邦政府 |
| 2005 年 | 《职业教育法》 | 德国联邦政府 |

第一，《手工业条例》。为促进职业培训和技术技能教育的开展，培养国家建设所需要的大批应用技术人才，德国联邦政府于 1965 年颁布《手工业条例》。正如名字所述，该法案对手工业发展的内容、形式、要求等各方面进行了说明。该法规定每一个接受职业培训教育的人员都要与培训方签订《培训合同》，使培训工作做到有法可依，有效保障权利。《手工业条例》的颁行，初步实现了应用技术大学教育的规范化、制度化、法治化。

第二，《高等教育法》。1976 年和 1986 年德国联邦政府颁行的《高等教育法》，该法进一步明确了应用技术大学享受的各种权利，认为它与其他高校一样，在法律上具有相同的教育地位。该法规定应用技术大学是培养适应经济发展需要的专门化应用技术人才；在具体任务方面，应用技术大学培养区域经济发展所需要的专业技能型人才。此外，《高等教育法》对教师聘用程序和要求也进行了相关规定。

第三，《联邦职业教育法》。《联邦职业教育法》最初于 1969 年由联邦政府颁布，它对职业教育培训的内容与要求、方法及措施进行了详细规定，也是首次在联邦范围内提出职业教育的法律地位，有效地促进了职业教育培训的全面开展，进一步规范了应用技术大学的职业技术教育，为联邦各州制订了统一的有关职业教育规划原则，保证了全国职业教育进程的共同性发展、同步性发展和质量均衡发展。

第四，《职业教育促进法》。1981 年联邦政府颁行的《职业教育促进法》，第一次将职业教育与培训需求挂钩，职业教育成为一种公共事业。该法案的主要内容是加强各州职业教育的统计与规划，从法律角度积极制定有关联邦职业教育研究所的条款，以适应社会和经济发展对职业技能人才的需要。此外，该法案也强调要加强职业教育规划活动，致力于提高职业教育质量；为落实职业教育任务，提倡建立由联邦政府直接领导、具有法律效能的职业教育研究所。

第五，《职业教育改革法》。2004 年 7 月，联邦政府制定并颁布了《职业教育改革法》。该法案的主要内容包括进一步加强职业教育的目标建设，确定应用技术大学职业行动能力培养的基本内容；加强职业教育的资格培训，规范职业教育过程以应对不同的劳动环境；加强技能教育和技能传授，推动学生获得必要的职业经验和就业水平；提升和扩展职业行动能力，以促进职业升迁和质量的显著提升。

第六，新的《职业教育法》。2005 年 4 月 1 日，新的《职业教育法》生效，新的《职业教育法》起源于 2004 年 7 月，联邦政府对 1969 年颁布的《联邦职业教育法》进行修订，同时将其与 1981 年颁布的联邦《职业教育促进法》合并，这才制定出新的《职业教育法》。该法进一步重申了职业教育的法律地位和基本结构，强调在为经济发展作出贡献的同时，更好地满足个体需求，促进德国应用技术大学的快速化与规范化发展。新的《职业教育法》具有五大特点：重视多元化，扩展职业教育新空间；强调多样化，开发职业教育新形式；加速现代化，赋予职业教育新活力；构建网络化，制定职业教育新政策；促进透明化，公布职业教育新措施。

## 5.1.5 多渠道的经费保障

德国的经费保障体系也呈现多元化，多个归口部门共同保障应用技术大学的发展经费。从经费主体来看，既有政府部门提供的经费，也有企业经费，还有个体筹资等多种方式，形成一种公私合营的综合经费体系。总体来看，德国应用技术大学的经费来源主要有政府资助、企业资助、基金会资助、企业外资助等。

第一，政府资助。政府资助是指德国各级政府部门为了促进了应用技术大学的发展，利用财政收入向应用技术大学提供财政资助的形式。从《高等教育法》初始实施阶段，联邦政府和州政府各支付 50%的应用技术大学建设经费，并且联邦与各州政府共同制定应用技术大学的发展规划和科研促进政策。进入 20 世纪 90 年代以后，联邦政府对应用技术大学的管理职能有所变化，将更多管理权下放给各州政府。在 2013 年以后，应用技术大学的建设事项全部由各州负责，联邦政府不再具体管辖应用技术大学的发展事项；同时强调高校的办学自主权，完全由州政府管理，联邦政府不再提供经费，而由州政府全权管理应用技术大学。

当然，虽由州政府全权管辖应用技术大学，但州政府在经费层面主要负责学校事务的基本成本，包括制订应用技术大学的培养计划、课程建设、基本职工保障以及负责教学场所和实习场所的建造等。

第二，企业资助。企业资助包括企业直接资助和企业集资资助两种形式。企业直接资助是强调企业直接出资加强实习和实训基地建设，在相应的法律规定的范围内，由企业自行决定并管理职业与技能技术培训事项。通常采用这种资助形式的企业实力都比较强，一般都是如大众汽车公司、德意志银行等大中型企业，这些企业之所以愿意进行出资是因为他们对于高级应用型人才和后备力量的需求量比较大。随着经济社会的发展，这种资助形式成为应用技术大学职业培训的主要经费来源之一。企业集资资助是为了防止不公平竞争，共同集资兴办某一行业的企业外培中心或内培中心，也能培训相应的技术型人才。

第三，第三类资助。德国应用技术大学科研经费的主要来源之一就是由企业及公共基金会所提供的"第三类资助"，如德国大众基金会已经累计资助了5亿欧元的资金，用于改进和加强应用技术大学的科研建设，提升科研产出成果数量。如今，获得第三类资助的多少显得非常重要，因为国家已把这作为判断应用技术大学科研能力的一个参考标准。[①]

第四，基金会、校友捐赠及学费。应用技术性大学的办学经费除了政府和企业以外，还有其他各种基金会、校友捐赠以及学生所缴纳的部分学费等。德国应用技术大学的各种基金会和校友会，经常捐赠大笔费用用于应用技术大学的建设和发展。学生的学费也是办学经费的来源之一。

此外，国家还通过立法保障经费供给。如德国《职业教育法》规定，如果企业积极参加应用技术大学的合作培训，其缴纳给基金会的资金或者相应的其他政府性支出，可以从国家税收款项中以一定比例扣除和返还，有的甚至能获得80%至100%的补助，这就极大地调动了企业的积极性，促进了应用技术大学的治理与发展。[②]

---

① 龙飞. 德国应用技术大学（FH）对我国新建高校本科转型的启示［D］. 重庆：西南大学，2015：23.

② 王健. 德国应用技术大学"双元制"模式研究与启示［J］. 福建工程学院学报，2015（15）：475-479.

## 5.1.6 灵活的治理机制和手段

德国应用技术大学的治理注重采用灵活的治理机制和手段，以提升治理的效率和有效性。

第一，德国应用技术大学的治理形成了良好的沟通协调机制。德国应用技术大学普遍实施双元培训制，由大学和企业共同培养人才，企业或用人单位协同共进，共同加强教学及实训双重训练，培养能满足双方需要的、不同类型的应用型人才。在双元制模式中，多元主体能够协调互动，共同促进应用技术大学的科学发展，培养了符合社会区域经济发展要求、适合企业行业需要的应用技术型人才。

第二，重视质量考核与评价机制建设。德国政府注重建立教育质量考核委员会组织，该委员会的成员分布非常广泛，包括教育专家、企业行业人员和一般教育协调管理人员。该委员会负责不定期地组织中期评估，以及相应的教育质量与教学效果评估，每年年末还要根据质量评审情况安排自评、督导和经验交流，每五年还要接受一次州级政府的审核评估。质量考核体系与评价体系的建立，保证了企业和学校在评估中的有效参与，促进了应用技术大学的教学水平和教育质量，提升了教育治理的有效性。

第三，注重发挥行业协会的监督作用。德国共有 480 多个地方级行业协会，每个行业协会都能发挥有效的监督作用，包括参与对应用技术大学的考评，并且其在德国应用技术大学的治理水平和教育质量考核体系中起到重要作用。行业协会一是有较强的监督权；二是能对企业的培训资格进行认定，包括认定其质量标准是否合理，人员配备是否合格；三是加强反馈机制，及时向相关教育部反馈应用技术大学教学与培训中相对突出的问题，另外还负责和应用技术大学一起组织全国统一的职业技能考试，配合应用技术大学做好考试的组织工作。

第四，实行政府的宏观管理与应用技术大学自治的有机结合。从政府的宏观管理来看，主要采取了联邦授权、各州自主管理、法律法规杠杆调节、大学自主发展的方式，改变了联邦政府之前管控过多的不利方面。另外，政府也注重以文件或有关规定，或督促检查等措施，促进应用技术大学加强自治，提升治理效能。从应用技术型大学的自治来看，主要采用的手段包括治理目标的强调、治理主体的协调统一、企业行业的有序参与，经费与奖励措施的配套供给等。

## 5.2 芬兰应用技术大学的治理经验及特点

芬兰应用技术大学始创于 20 世纪 90 年代，芬兰语简称 AMK，本意为"多科技术学院"，英文推广名称为"应用技术大学"。芬兰应用技术大学是一类与普通大学并行的大学，它是以专业教育为主导的一种高等教育类型，是芬兰高等教育体系的重要组成部分。芬兰应用技术大学有较为完善的治理体系与健全的制度体系，在治理上有很突出的经验，治理特征比较鲜明，治理模式比较完善，治理效果比较突出。

### 5.2.1 需求型与应用型治理目标

从芬兰应用技术大学的治理状况来看，尽管每所应用技术大学所处的地理位置不同，区域教育发展和区域经济的依存关系有所不同，其治理目标的表述多少有一定的差异，但总体来说，芬兰应用技术大学的治理目标呈现出以下共性。

#### 5.2.1.1 立足区域经济，培养应用型人才

芬兰应用技术大学治理最为重视的一个方面就是密切保持与区域经济的适应关系，立足区域经济，以本地区劳动力市场需求及经济发展需求为基础，注重于培养应用型人才。政府特别注重督促应用技术大学加强法定的培养体系建设，对照国家所规定的应用技术大学的人才培养标准，结合教育行业和企业行业发展状况，培养理论与实践并行发展的应用型人才。例如，北拉普兰地区的自然风光优美，文化民俗多样，旅游业是该地区最重要的一个产业，位于该地区的拉普兰应用技术大学利用学校处于旅游胜地的优势，开设了旅游学专业、酒店管理专业以及餐饮管理专业等，通过资源优势来培养技能人才。

#### 5.2.1.2 以社会需求为导向的科学治理目标

芬兰应用技术大学在治理目标上以社会需求为导向，注重设置科学的教育治理目标。其一，芬兰应用技术大学在治理过程中，注重培养适应社会需要的应用

技术型人才，教育治理的目的性非常明确。例如，为了更加灵活地适应社会各个行业对高层次技能人才的需求，应用技术大学都要根据社会岗位需求方向、应用技术人才的数量和质量，制订科学的治理目标。在应用技术大学课程教学内容的选择上，各所学校尽可能满足所在区域的企业和行业界的基本需求。此外，为了掌握翔实可靠的社会需求信息，他们还利用有效的调查、走访、咨询、校企合作协会、相关的校友会等丰富的活动方式，促进面向社会需求的科学治理目标的实现。

其二，芬兰在应用技术型大学的治理过程中，能根据地区经济发展的趋势和本区域内企业行业发展的要求，设置理论与实践结合的实用型和应用型课程，以满足教育发展需要和学生多元化的学习需求。从教育治理的状况来看，芬兰的应用技术教育培养体系中一般有人文与教育、自然资源与环境专业，还有社会服务、卫生和体育、社会科学、旅游、餐饮甚至家政应用型与服务型专业。各个学校可以根据区域经济发展的需要设置学科和专业，只需备案即可。例如，赫尔辛基大都市应用技术大学设有民用工程、卫生保健与护理、社会福利和人体机能等7个学院，涉及5个学科领域，在校生有1.6万多人。[①] 在应用技术大学的治理过程中，一些重要的企业行业治理主体还会参与学校管理事务，比如对各专业学生课程内容的设计与安排提出建设性的意见，促进所培养的学生具备更强的应用技术水平与实践水平。总体来看，芬兰设置以社会需求为导向的科学治理目标，满足了教育治理的基本要求，促进了应用技术型高校治理的有效性。

### 5.2.1.3　促进教育公平

一是入学机会公平。芬兰国家政府从办学地点上保证了应用技术大学的公平性，强调治理要注重教育公平导向，注重办学地理位置的均衡分布。例如，芬兰政府在各地各区域基本都设立了应用技术大学，方便学生就近学习，学生的学习机会比较平等。例如，坦佩雷应用技术大学和赫尔辛基大都市应用技术大学都在不同的地区设置校区，每个校区则有不同的专业侧重方向，方便居民

---

① 李建忠. 芬兰应用技术大学办学特色与经验 [J]. 大学（学术版），2014（2）：65-73.

就近入学。

二是学校治理过程中的教育公平。芬兰应用技术大学注重开展应用研发与创新活动，这些活动在国家创新体系中扮演着重要角色。为保证芬兰应用技术大学教育培养过程中的公平性，通常建立由地方政府、企业行业以及其他的国内外高等教育组织组成的发展网络，促进应用技术教育在培养过程中的公平性。此外，应用技术大学还充分与地方政府、企业和组织共同设立研发项目，促进其适应区域社会经济发展的需求，提升对学生应用技术能力的培养水平。

## 5.2.2 多元互动的治理主体

在治理主体上，芬兰应用技术大学有多元治理主体，各治理主体之间保持着良好的互动，较好地协调了内外部各种治理关系。

### 5.2.2.1 多元化的治理主体

芬兰应用技术大学治理的主体呈现出多元化，既包括政府部门，如国家政府、地方政府，也包括学院的管理者、教师、企业行业、学生与家长以及其他社会主体等。以拉瑞尔应用技术大学为例，2016 年该校通过了高等教育评估委员会的质量体系评审。该大学的治理中有五大类主体：一是审批与掌控主体，二是开发与执行主体，三是咨询与外部评审主体，四是支持主体，五是反馈主体。其中，审批与掌控主体是主导学校运行的董事会；开发与执行主体是应用技术大学内部的各种保障主体，包括学校管理者、质量保障经理、相关管理团队等；咨询与外部评审主体主要包括区域顾问委员会以及其他劳动力市场代表、其他利益相关者代表等；支持主体是指过程所有者、专家、服务协调员以及其他目标群体；反馈主体包括学生、教师、学生反馈协调员等。①

### 5.2.2.2 治理主体间的良性互动与合作伙伴关系

芬兰应用技术大学在治理过程中，尤其重视治理主体之间的良性互动与合作伙伴关系的建立。开展应用技术教育项目时，注重多元主体协调互动。应用技术

---

① 耿小燕. 芬兰应用科学大学发展研究 [D]. 沈阳：沈阳师范大学，2017：35.

教育项目的管理者、企业行业、学生与家长以及其他相关机构在治理过程中，通过互动合作，共同确定适合应用技术大学发展和学生职业发展的应用技术教育有关的具体内容。此外，芬兰应用技术大学在治理过程中注重建立治理主体之间的伙伴关系，合作伙伴之间重视治理协调，特别是注重相关治理信息的分享和教育项目信息的及时传达。例如，近年来地方政府要求应用技术大学与经济发展部门加强信息分享，了解行业以及紧缺岗位，共同确定好发展的专业及方向；与此同时，教育治理有关信息也及时分享给学生及家长，让他们在选择项目和职业生涯时可以充分考虑。此外，应用技术大学还注重加强与企业行业的知识共享与信息分享，一方面提升了学生的技术水平，另外也促进校企双方加强了实质性合作与共建。

### 5.2.3 明确清晰的权责配置

在治理权责配置方面，芬兰应用技术大学治理注重政府与学校的权责关系，同时学校内部的各主体之间的权责关系也比较清晰。

#### 5.2.3.1 政府与应用技术大学之间的权责关系

总体来说，除基本的法律法规制度要求外，政府一般不过多干涉应用技术大学的内部治理问题。根据芬兰教育法规的相关条款，应用技术大学的教育属地方政府自行管理的事务，在国家与地方两级管理中，以地方为主。因而国家政府一般不直接参与管理各州应用技术教育事务，但中央通过立法、资助和监督等形式实现管理。此外，联邦政府还注重授权，即授予应用技术大学营业执照。这种营业执照通常由多个主体共同把握并负责，营业执照的持有人主要包括地方政府、学校治理中的企业组织以及相关的基金会。通过对营业执照的发放、监督和检查，确保联邦政府对应用技术大学的宏观管理。

地方政府在各州的应用技术大学治理中发挥的实际作用也不尽相同。一般来说，地方政府主要负责应用技术大学的战略规划、治校及运作、财务审批及计划制订，并负责具体的经费筹措，对应用技术大学有着很强的管理和制约作用。

总体来说，政府与应用技术大学之间的权责关系比较明确，联邦政府只是宏观调控，地方政府负责具体把关，应用技术大学内部的各项事务则由应用技术大学自主把关。

## 5.2.3.2 应用技术大学内部的权责配置

法律赋予了芬兰应用技术大学内部相对独立的自治权，应用技术大学的治理权力主要包括：教学计划和教学大纲的制订，教育教学具体安排；教师的聘任和学生的管理；内部治理经费预算；相应的绩效管理等。总体来看，芬兰应用技术大学内部治理的权力结构合理，权责配置比较清晰。

第一，董事会权责。芬兰《应用技术大学法》明确规定了学校董事会的权责，要求各学校必须设立董事会。应用技术大学的最高权力机构是董事会，董事会主管应用技术大学的整体发展并提出可行性建议和方向指导，是应用技术大学内部治理事务的总体负责者；校长则在董事会的领导下，全面负责学校发展的具体事务。从董事会的组成来看，通常由学校领导代表、遴选的教师代表、学校行政工作人员代表、普通在校学生代表、企业和行业界的代表组成。校长受董事会的领导，但是校长可以作为主要代表而担任董事会主席，董事会中的每一种组成成员的人数都有一定的比例限制，行业和企业界代表不能超过成员总数的三分之一，其他每种成员原则上不能超过成员总数的一半。①

第二，院系权责配置。芬兰应用技术大学的二级治理单位是院系，董事会和学校将相应的治理权责交给相关的院系，院系做好权责分配并开展相应的治理活动，以保持教学的正常运行和人才培养质量的提高。芬兰应用技术大学治理中的院系有比较充分的自主权，学校只负责检查验收和督导评价，因此院系参与应用技术大学治理的积极性非常高，院系办学活力很足，学科与专业发展迅速。例如，应用技术大学授权院系制订相应的教学计划、设定相应的学分比例、制订符合专业需求的教学大纲、维护师生的各项权益等。

---

① Polytechnics Act 351/2003 [EB/OL]. (2016-03-10) [2024-03-24]. http：//www.finlex. fi/en/laki/kaannokset/2003/en20030351.pdf.

### 5.2.3.3 企业行业等社会力量的治理权责

芬兰政府鼓励企业行业等各种社会力量参与应用技术大学的治理。例如，行业咨询组织由各行业中经验丰富的专家组成，主要负责处理政府、企业行业和学校的关系，在把企业的需要提供给政府和学校的同时，向企业宣传政策走向，并推荐学校的培训项目及课程给企业。

应用技术大学的董事会中也有企业行业代表，他们可以行使应用技术大学重大事项的决策权，包括通过教育途径参与学校人才培养工作，企业行业可以有效参与应用技术大学的教学活动，甚至能发挥对应用技术大学的监督权和评价权，通过企业行业等社会力量的参与，对应用技术大学施加了良性影响，促进了双方的协调发展，也促进了企业行业成为应用技术大学治理的一个重要参与主体。

## 5.2.4 规范化的治理依据

法律法规制度是芬兰应用技术大学治理的重要依据，完善的教育法律法规制度为芬兰应用技术大学的治理提供了重要的制度保障。芬兰应用技术大学在治理过程中，芬兰政府积极扶持，同时政府还以法律的形式确定应用技术大学在芬兰高等教育体系中的地位，使芬兰应用技术大学的治理表现出有法可依、有章可循。

1991年芬兰中央政府首次提出了加强高等教育的一个重要组成部分——应用技术大学的筹建，同时经过议会审议后，通过并颁布了《中等和高等职业教育法》，首次为应用技术大学打出宣传的口号。1994年芬兰中央政府颁布了《高等教育法》；1995年2月，芬兰议会颁布了《应用技术大学法》。这两项法案确立了应用技术大学的办学定位与发展方向，有助于应用技术大学的科学发展。

从1996年8月至2000年期间，芬兰政府以质量评估的方式评价应用技术大学的办学状况，进一步规范应用技术大学的办学行为，将一些评价水平较高的应用技术大学纳入国家长期和重点建设院校。到1999年末，芬兰中央政府以法律形式发布了 29 所高水平的应用技术大学长期与重点建设名单，表明应用技术大学作为高等教育系统中一个重要的组成部分，慢慢向成熟化方向发展。

随后在 2003 年，芬兰中央政府注重结合社会发展实际，进一步加强应用技术教育，通过了修订后的《应用技术大学法》，该法明确指出应用技术大学的科学地位，说明其和普通综合性大学一起构成了芬兰的高等教育系统。这标志着芬兰高等教育双轨制正式确立。2005 年芬兰中央政府再次修订了《应用技术大学法》，确定应用技术大学的硕士学位授予权。2009 年政府提出了"欧洲高等教育园区"建设，为了满足需要，又临时修订了《应用技术大学法》，并逐渐将原有的 29 所重点建设的应用技术大学合并为 26 所。

随后芬兰中央政府于 2014 年再一次修订了《应用技术大学法》（2015 年正式实施），指出教育基本情况、研究发展状况、区域影响和职场合作状况、质量和国际化状况、治理保障与支撑状况五大因素的影响。第一，从教育基本情况来看，该法案进一步强调了应用技术大学的重要性，明确了其在国民教育中的法律地位。而且其进一步指出，应用技术大学开展应用研究与教育治理活动，是为区域社会经济发展服务，是具有合法性的治理行为，也是法律赋予应用技术大学的重要任务和权益。第二，从研究发展状况来看，该法案进一步明确了应用技术型大学不仅要注重人才培养功能，还要培养社会需要的应用技术人才，另外要注重学校在科学研究中的作用，积极推进科学技术向生产力的转化。第三，从区域影响和职场合作状况来看，该法案强调应用技术大学发展的区域性因素，鼓励应用技术大学加强区域联系，建立职场合作伙伴关系。第四，从质量和国际化状况来看，该法案强调要保障应用技术教育质量，提高人才培养的效能，促进应用技术人才培养的国际化。第五，从治理保障与支撑状况来看，该法案明确提出要加强应用技术大学治理的各项保障措施，从教学、科研和治理事务合作等方面，切实保障应用技术大学合理、合法地运行和持续有效地发展。①

---

① Ministry of Education and Culture. Education and Research 2011-2016：A Development Plan［R］. Finland，2012：3.

表 5-2 芬兰应用技术大学治理的基本法律法规

| 年份 | 法 律 文 本 | 颁 布 主 体 |
|---|---|---|
| 1991 年 | 《中等和高等职业教育法》 | 芬兰中央政府 |
| 1994 年 | 《高等教育法》 | 芬兰中央政府 |
| 1995 年 | 《应用技术大学法》 | 芬兰议会 |
| 2003 年 | 修订《应用技术大学法》 | 芬兰中央政府 |
| 2009 年 | 修订《应用技术大学法》 | 芬兰中央政府 |
| 2014—2015 年 | 修订《应用技术大学法》（2015 年正式实施） | 芬兰中央政府 |

## 5.2.5 多途径的经费保障

芬兰应用技术大学在经费方面有多渠道的筹措途径，经费保障比较充足，其经费来源主要包括以下几个方面。

### 5.2.5.1 政府是应用技术大学主要经费的投入主体

总体来看，芬兰高度重视教育发展事业，因此用于教育治理经费的支出占国家教育总经费的比例较大。应用技术大学的办学经费中有三分之二的资金来源于中央政府部门和地方政府部门。与此同时，政府对应用技术大学的经费投入，主要分为三个部分。

一是办学核心经费，目的是维持应用技术大学发展的有关教学、科研和人才培养等方面的基本需要。核心经费由中央政府和地方政府共同承担。从比例来看，中央政府的拨款经费比例稍大，一般可以达 55%～57%，地方财政承担 43%～45%。这类办学核心经费主要具有以下特点：要提前预算，预算工作是其决定性的一个环节，经费数额一般要在前一年做好决定；在核心经费拨付之后，各级教育治理主体可在其教育体系内部自行决定经费的合理分配事项；基本标准是参照国家近年来的实际教育支出平均水平为基础，通常是每两年核算一次，提前一年做好下一年的政府核心经费拨款预算。

二是根据应用技术大学相应的绩效标准提供经费。例如，芬兰教育和文化部与应用技术大学签订《绩效协议》，该协议明确了应用技术大学的治理要求、基本任务以及要完成的目标。政府对《绩效协议》执行状况进行一定的考核，然后会根据协议中所约定的不同的在校学生人数，不同的学科专业发展状况，两年的时间期限内完成学位人数，学生学习过程及培养质量等情况的评价为依据，确定中央政府和地方政府最终拨付到应用技术大学的具体款项数额。同时针对应用技术大学治理的实际效果，政府会给予对应的应用技术大学相应的拨款奖励。总之，政府通过对应用技术大学所实行的有效的绩效拨款方式，鼓励应用技术大学加强治理能力，提高治理水平，同时提升应用技术大学的教学质量。

三是项目经费。政府为促进应用技术大学加强学校内部治理体系建设和教育教学改革，根据应用技术大学开展项目研究的不同状况，而为其提供相应的额外项目经费资助，此项经费的目的是激励应用技术大学开展更高水平的科学研究，推动应用技术大学加强建立新项目、加强新产出。

## 5.2.5.2 校企深度合作的企业供费

应用技术大学与企业行业有充分的沟通与合作，因此能得到产业界包括企业行业等组织的经费支持。企业需要相应的技术人才，愿意为应用技术大学提供奖学金以及其他经费支持，例如办学设备和实训设备的购买，动员各界人士为应用技术大学捐款，为应用技术大学提供兼职的实践教学教师，这也为学生提供了广阔的实验实训及就业平台。当然，企业为应用技术大学供费也带来了较好的回报，例如应用技术大学除了为企业培养技术性人才外，还可以给企业提供职工培训，包括理论培训与技术教育培训，参与并帮助合作企业制订服务计划、人才计划、研发计划等。

## 5.2.5.3 学费和社会合作供费

学费也是应用技术大学主要的经费来源之一，除了向地方政府上交很小的比例之外，剩余大部分可以为应用技术大学改善办学条件，或用于学校其他有关治理活动。此外，芬兰的应用技术大学注重社会合作，包括与国际社会的合作，积极争取合作供费，以此也筹措了大笔办学经费。例如，于韦斯屈莱应用技术大学积极开展国外交流生项目和接收国外教师培训互访项目。该校提供众多的可供选择的海外生课程和海外教师培训课程，因为该校的教育质量和办学水平较高，办学声誉较好，每年招收数百名留学生，接待教师培训近 200 人，为学校办学与发展以及治理活动的有序开展筹集了大笔的资金。

拉瑞尔应用科学大学注重学校的社会合作项目。该校提供的国际化项目较为丰富，既包括学士学位课程，还包括部分硕士学位课程，此外还不定期地组织国际交流、学术讨论会、外国专家来访交流等活动。国际主题活动已经逐渐成为该校治理运作的一个重要方面。另外从社会合作来看，该校目前在世界范围内共有近 300 个合作伙伴，其来源也是多方面的，既有高等学校和高等教育机构，也有国内外各种企业和其他社会合作组织，这些项目有力地推动了办学经费的筹集。

图尔库应用技术大学积极发展合作伙伴关系，积极争取社会资金。图尔库应用技术大学鼓励学校的各个二级学院加强社会合作，推动学校治理进程。另外，该校还积极推广语言培训中心的活动，招募符合要求的社会组织共同实施各类继续教育，通过一系列的社会合作方式，使得图尔库应用技术大学共拥有合作伙伴3000 余家，与各类合作伙伴开展的科学研究与产学研的研发项目有 300 多项。仅从 2013 年来看，该校新增社会资金 800 余万欧元，充足的社会供费为学校创造了发展机遇。①

## 5.2.6 恰当的治理机制与手段

芬兰应用技术大学治理注重采用恰当的治理机制和合理的治理手段，以促进治理效果的达成，其治理机制与手段主要表现在以下几个方面。

一是协调互动机制。芬兰应用技术大学普遍注重明确治理目标，在治理目标上注重面向区域经济、面向地方开展应用技术型的教育服务功能。在这样的治理目标之下，应用技术教育氛围浓厚，围绕明确而合理的治理目标，多元主体能形成良好的协调互动机制。

二是教育质量保障机制。应用技术大学作为芬兰高等教育的一个重要组成部分，主要是为了促进受教育者提高应用技能，以促进受教育者更好地融入社

---

① Anu Lyytinen. Finnish Polytechnics in the Regional Innovation System：To-wards New Ways of Action ［M］. Finland：Tampere University Press，2011：56.

会就业环境，增加其就业竞争能力。因此，应用技术大学非常注重教育质量保障机制建设，注重建立实践技能培训专项基地和技能考核标准，确保教育质量符合社会对人才培养的基本需求。此外，还对教师的培训和水平提升给出明确的要求。

三是产教高度融合机制。作为高等教育体系中与社会职业关系最为紧密的应用技术大学，注重给学生传授有关应用技术方面的实用性知识，学生学完后即可应用，产教融合机制的作用非常明显。

此外，芬兰应用技术大学的治理手段比较灵活而丰富，促进了治理过程的优化和治理目标的达成。

一是采用法制手段。芬兰中央政府以及地方政府都注重法制体系建设，以法制手段来加强对应用技术型大学的治理。因此各级政府制定了一系列完善的应用技术教育法律法规，而且还在不断地更新法规内容，以适应社会经济和区域生产发展的需要。

二是信息技术手段。芬兰应用技术大学注重加大教学信息化技术建设的力度，教师和学生除了按教学计划进行一定时段的课堂教学内容的教和学之外，学生还可以通过信息化网络学习相应的理论与技术知识，与教师进行全方位地信息沟通；教师也可以随时了解学生的学习状况以及学校治理和管理相关的很多事项，利用网络进行教学、探讨以及教学事务的创新管理。

三是经费手段。芬兰应用技术大学注重以经费手段来推动应用技术大学的治理。通过经费手段，促进应用技术大学必须加强办学水平，提升治理能力，以获得政府更多的绩效经费，以维持学校发展的需要。另外，通过经费手段，促进应用技术大学加强项目研发，提升产学研合作水平，以获得更多的项目经费。总之，通过经费手段，有效地促进了芬兰应用技术大学的办学活力以及治理的实效，促进其教育质量的迅速提升。

## 5.3　澳大利亚 TAFE 学院的治理经验及特点

20 世纪 80 年代初期，澳大利亚主要依靠初级产品出口，外债、贸易逆差等经济问题削弱了澳大利亚在国际市场上的竞争力。为改变这种局势，澳大利亚注重于建立技术教育的有效培训制度。1992 年，澳大利亚成立了国家培训总局，致力于推进国家培训框架（National Training Framework，简称 NTF）。此后，澳大利亚职业资格框架（以下简称职业资格框架）形成，并有了整体布局。在此条件下，产生了面向职业类的应用技术教育专门高校，即 TAFE 学院。TAFE 的全称是 Technical And Further Education，主要是实施应用技术类教育。目前，澳大利亚有 100 多所 TAFE 学院，大约有 150 万名学生，为全澳洲普通高校学生的 1.7 倍，其中一部分学生来自其他国家，成为澳大利亚最主要的应用技术型高校。①

## 5.3.1 区域需求与应用型治理目标

澳大利亚 TAFE 学院注重确立明确的治理目标，通过优化治理目标，为应用技术型高校治理打下良好的基础。

### 5.3.1.1 面向区域发展和企业行业的需求

澳大利亚 TAFE 学院非常注重确定合理的治理目标，其治理目标之一就是通过面向区域发展和企业行业的需要而开展学校的治理活动，以培养适应社会经济和生产需要的一线技术型、技能型人才。例如，新南威尔士 TAFE 学院加强治理目标建设，课程开设完全根据生源情况、社会需要以及学校治理目标而定，课程内容切实满足社会行业的现实需要。而且，为了不偏离治理目标，学院对于凡是全国性的课程，每五年就进行一次全面性的修订，以保持技术教育的时效性。此外，澳大利亚 TAFE 学院注重市场的需求，区域经济发展需要什么样的人才，TAFE 学院就开设什么样的专业。

### 5.3.1.2 提高应用技术教育的质量

TAFE 学院在治理目标上，均把教育质量放在首位。TAFE 学院不同于综合型大学或教学研究型大学，学生主要面向就业，学习方面主要以技能训练为主。为了保持 TAFE 学院的生命力，促进其良好的发展势头，TAFE 学院更加注重教

---

① Annual National Report of the Australian Vocational Education and Training System 2002. ANTA，2002：11.

育质量。为了确保质量目标的达成，TAFE 学院尤其注重以下四个环节：一是采用高标准聘用和培养教师，保证教师的应用技术水平；二是配备适应社会生产要求的先进的实验仪器、设备，让学生提前在校进行熟悉和适应；三是加强质量考核，以能力达标作为基础依据；四是校企紧密合作，共同提升质量目标，保证教育质量与培训的效果。

### 5.3.1.3 "能力本位"的治理目标导向

TAFE 学院在治理目标上坚持以培养较强的技术应用能力为导向，着重培养学生应用技术方面的实践技能，同时 TAFE 学院注重加大与行业之间的合作，邀请相关企业行业参与对学生的教学或实践指导。确定"能力本位"的治理目标后，结合不同职业的岗位需要，将相应的岗位分类为不同的职业群，提升学员学习的积极性，注重培养能力，切实体现了能力本位治理目标的效果。

例如，北悉尼 TAFE 学院坚持能力为本，制订了明确而详细的技能训练计划，并贯穿教学培养的全过程，同时在考核上注重检验学生对基本技能的掌握程度。该学院在重点专业（如会计学、财务管理、资产评估、审计等）的教学上，按照社会经济发展和区域企业行业对职业能力的基本要求，结合国家职业资格培训规定，培养有较强技能的应用型人才。另外，该学院还注重与企业行业组织的合作，长年聘请经济管理行业的资深专家参与学院的培训指导工作。此外，该学院还积极与行业合作，共同成立了一个名为"TAFETEL"的模拟实习通信公司，为学员提供真实的实践场景，对学员的能力培训和就业起到积极促进作用。

## 5.3.2 多元参与的治理主体

澳大利亚的 TAFE 学院治理有多元主体，既包括政府、学校领导者、教职工，也包括学生、家长以及企业行业等社会机构和个人。

### 5.3.2.1 政府作为治理主体，起主导作用

政府是应用技术型高校的投资主体，政府对 TAFE 学院具有领导权，但也有其不可推卸的责任，政府对应用技术型高校治理起主导作用。

澳大利亚政府可根据人口、经济和社会的发展需要，决定是否在某地建立

TAFE 学院。但是，澳大利亚政府这一治理主体充分发挥主导作用，并不是进行封闭管理，而是重视应用技术教育的市场机制。政府通过经费作用对 TAFE 学院予以控制，例如，政府通过拨款制约方式来加强对企业的有效管理。政府不再进行全额拨款，而是采用市场招标的方式，加强购买教育服务。培训机构如果完成招标的培训方案，政府则按课时费进行全额拨款，否则政府要收回部分费用。通过市场竞争，促进了应用技术教育的市场化和 TAFE 学院的发展。

### 5.3.2.2 教师是关键的治理主体

澳大利亚 TAFE 学院的治理中，教师是关键的治理主体。澳大利亚对应用技术型高校的教师资格要求较高，要求教师具有一年以上的企业经历，还要有一年以上的教师资格培训经历，教师需持证上岗。"双师型"教师是澳大利亚 TAFE 学院的基本要求，对于"双师型"教师来说，他们通常是一专多能，有较丰富的实践教学经验，甚至是直接来自生产一线的资深员工，具有较丰富的实践经验和技术能力，至于学历水平则不一定是最高的。

教师作为重要主体参与 TAFE 学院的治理，一是 TAFE 学院重视教师的治理参与。如在学校重大问题的决策上，广泛征求教师的意见，如果超过三分之一的教师认为该方案不可行，则要对该项决策进行重新规划。二是 TAFE 学院对教师参与治理的途径和要求有较明确的规定，如要求教师从学校教学或技能培训的角度，每年度向学校递交成效总结及改进报告，并将其作为 TAFE 学院治理改进的重要参考依据。

TAFE 学院非常注重教师的治理能力培养，严格教师选聘程序，在选聘教师时，须有来自该行业的专业人员参与，注重考察教师的基本素质是否符合行业和企业的要求。另外，TAFE 学院注重加强对教师的各种培训，以保证教师知识水平的不断更新。从培训手段来看，一是专业进修，鼓励教师到其他大学和培训中心进行专业学习；二是到企业定点培训，加强教师与企业的交流互动，提升教师的应用技术教学水平，以适应人力资源市场对应用技术人才培养的新要求。

### 5.3.2.3 企业行业作为重要的参与主体

澳大利亚应用技术高校的治理中强调发挥企业行业等多元主体的作用，注重企业行业的积极参与，以行业的标准加强应用技术教育培养。例如，应用技术大学通过企业行业制订的培训包，有针对性地输送教师进入企业行业，促进教师接受企业行业的培训包训练，大大提高了教师的应用技术水平和治校实践水平。

企业行业也是 TAFE 教学和管理的重要参与对象。企业行业可以主导 TAFE 学院有关职业教育、技能教育的基本决策；参与 TAFE 学院各种治校过程；参与 TAFE 学院教学质量评估和教育项目投资。而且在政府的宏观调控下，企业行业参与已经是 TAFE 学院教学有序发展的必然选择，学校和企业行业都把自己看成重要的治理参与主体。

## 5.3.3 科学合理的权责配置

作为英联邦国家之一，澳大利亚采取联邦制的政体，政府分联邦、州和地方三级管理，政府对于 TAFE 技术教育的治理也受到这种三级管理体制的影响。在三级管理体制下，澳大利亚 TAFE 学院治理权责清晰、权责分明。

### 5.3.3.1 政府与 TAFE 学院之间的权责配置

第一，联邦政府总体负责促进全国应用技术教育的发展，建立和完善职业教育体系。其中，国家培训总局是联邦政府的下设机构，这一机构成立于 1992 年，其职责主要是代表联邦政府对全国应用技术教育市场进行合理规划与建设，另外负责监督和管理应用技术教育的秩序，促进 TAFE 教育与企业行业发展的有效融合，同时统筹负责教育总体规划和部分联邦政府经费的划拨。

第二，从州政府的职业教育权责来看，拥有对职业教育的立法权、拨款分配权和行政管理权。各州政府还设立了专门的职能部门。总体来说，澳大利亚 TAFE 学院的改革与发展，主要是由州政府负责规划和组织实施。另外，州政府还负责对 TAFE 学院的拨款和预算，也负责管理 TAFE 学院的发展规划事务。

第三，从地方政府的权责来看，澳大利亚地方各级政府考虑到自身的能力和精力等原因，以及从管理质量和效率出发，地方政府对TAFE学院的治理和办学活动进行间接掌控，在保证办学方向的前提下，不干涉TAFE学院的内部治理活动。①

总的来看，澳大利亚联邦政府及州政府对于 TAFE 学院有直接领导权，决定着 TAFE 学院的办学方向、专业设置、教学方案与总体实施方向的确立。联邦政府还为职业教育专门设置了不同的管理机构，包括决策机构、咨询与监督机构等。TAFE 学院的具体领导工作由联邦政府和州政府授权的国家培训总局负责。澳大利亚政府严格规范 TAFE 各学院的课程设置及教学大纲的制订，TAFE 学院无权制订教学大纲和设置课程，但可以自行选聘教师，自主决定办学形式，在经费使用上拥有自主支配权。此外，所有的 TAFE 学院都要受到澳大利亚质量监管局（ASQA）的监管，包括监督 TAFE 学院的教学质量和开设的课程。

### 5.3.3.2　TAFE 学院内部的治理权责

第一，董事会权责。TAFE 学院的最高决策机构是学院董事会。董事会通常由 13 名左右的成员组成，具体构成是院长（1 名）、教师代表（1~2 名）、学生代表（1 名）及企业行业代表（10 名左右），董事长一般由资深企业家担任，确保了 TAFE 学院培养符合企业行业发展的人才。

第二，院系权责配置。澳大利亚 TAFE 学院的院系具有较强的自主权，可以在 TAFE 学院授权的范围内自由地开展二级治理活动，包括实施教学活动、管理活动，选聘教师，对部分经费也具有使用权等。二级治理权责明确，院系可独立自主地开展相关治理活动。

### 5.3.3.3　企业行业的治理权责

首先，澳大利亚联邦政府、州政府，还有各 TAFE 学院都注重行业咨询组织的作用。例如，澳大利亚制定了《澳大利亚国家培训局（ANTA）协议》（以下简称《协议》），该协议确立了 TAFE 学院关于应用技术教育的基本培训思路和主要框架，确立了行业在 TAFE 教育中的重要作用，明确了 TAFE 教育中需要有企业行业的有效参与，而且联邦政府和州政府以相应的法律形式确立了企业行业在 TAFE 教育与培训规划中的领导地位。

---

① 李国和. 澳大利亚 TAFE 模式研究 ［J］. 中国职业技术教育，2017（9）：78-81.

其次，行业咨询组织是 TAFE 学院治理中的一个重要决策机构。行业咨询组织由多元主体构成，既包括相关行业的专家，也包括政府、企业、学校的相关负责人，行业咨询组织注重行业的基本需求，强调职业能力的培养，主动为政府和 TAFE 学院提供服务和教育决策依据。因此行业咨询组织较好地协调了 TAFE 学院治理中不同主体的关系，保证了多元主体有序地履行各自的职责，促进了企业行业和 TAFE 学院以及政府部门的有效协调。

再次，澳大利亚 TAFE 学院治理特别注重企业行业的作用，TAFE 学院的办学方针主要根据企业、社区经济发展的需求来确定。各治理主体一致认为，企业行业有效地参与学校治理，能促进双方的共同发展，致力于为社会提供技术人才。因为 TAFE 学院和企业行业的互动关系良好，企业行业参与学校治理的各项活动，包括教育决策、教育培训、师资交流培训、学生实习与培训等各项活动。因此，在 TAFE 学院的治理中，企业行业的作用得到了充分的发挥，并且通过企业行业的全方位活动，有效地带动了其他主体参与 TAFE 学院治理的积极性，进一步促进了 TAFE 学院治理权责的合理配置，推动了澳大利亚应用技术型高校治理的发展。

## 5.3.4　制度化的治理依据

为了使 TAFE 学院的治理有法可依、有章可循，澳大利亚建立了完善的法律法规制度体系，促进了职业教育和 TAFE 学院健康有序地发展。

### 5.3.4.1　为 TAFE 学院治理提供法律法规制度依据

澳大利亚联邦政府和州政府重视 TAFE 学院的治理，不断完善法律法规制度，为 TAFE 学院的治理提供了重要的法律法规依据（见表 5-3）。

表 5-3　　　　　　　　**澳大利亚 TAFE 学院治理的基本法律法规**

| 年份 | 法律文本 | 颁布主体 |
|---|---|---|
| 2003 年 | 《塑造未来——澳大利亚 2004—2010 年职业教育与培训国家战略》 | 澳大利亚联邦政府 |

续表

| 年份 | 法　律　文　本 | 颁　布　主　体 |
|---|---|---|
| 2005 年 | 《澳大利亚技术劳动力法案》 | 澳大利亚联邦政府 |
| 2005 年 | 《职业教育发展新方向》 | 澳大利亚联邦政府 |
| 2005 年 | 《2005—2008 年澳大利亚技术劳动力联邦协议》 | 澳大利亚联邦政府 |
| 2011 年 | 《技能促进繁荣——职业教育路线图》 | 澳大利亚联邦政府 |
| 2014 年 | 《工业创新和竞争力议程——澳大利亚强盛的行动计划》 | 澳大利亚工业部等多部委 |

2003 年底，澳大利亚政府发布了《塑造未来——澳大利亚 2004—2010 年职业教育与培训国家战略》。2005 年颁布的《澳大利亚技术劳动力法案》《职业教育发展新方向》《2005—2008 年澳大利亚技术劳动力联邦协议》进一步推动了国家培训体系的深化改革和政府和行业、企业之间的合作，赋予了地方更多灵活办学、经费筹措等方面的自主权。2011 年，澳大利亚颁布了《技能促进繁荣——职业教育路线图》。2014 年 4 月，由澳大利亚工业部牵头发布了《工业创新和竞争力议程——澳大利亚强盛的行动计划》，又启动了新一轮职业教育改革，将应用技术类的教育治理提升到了一个新的高度。

此外，联邦政府注重提供治理制度保障，促进 TAFE 学院办学的规范性。例如，政府颁布 TAFE 学院教师的工作流程和主要职责，以及制订专门针对 TAFE 学院的教师招聘条件。同时，联邦政府和州政府注重教师的权益保障，加强规范性办学，推动多元主体参与 TAFE 学院的合作治理，良好的治理保障为 TAFE 学院的有效治理和健康发展提供了有力支持。

## 5.3.4.2　重要法律法规制度的主要内容

第一，《塑造未来——澳大利亚 2004—2010 年职业教育与培训国家战略》（以下简称《VET 战略》）。《VET 战略》是一个重要的法律制度，为澳大利亚职业教育的发展指明了方向。该项法规主要包括以下内容。

一是提出这项 VET 国家战略的目标，包括：其一，借助高技能的劳动力支持经济建设。这项战略要求以经济发展为立足之本，注重提高培训技能，以提高社会的劳动生产率。认为培养有效的劳动力是国家经济建设的重要支撑力量。另外，通过劳动力培养，促进 TAFE 学院和其他治理主体如企业行业、政府及其他私营部门加强沟通协调。其二，以企业和个人为服务中心。《VET 战略》提出要指导培养个人的职业技能，满足个体发展的根本需要，要致力于让客户满意，让学生满意。其三，强调培训与就业相结合，培训与学习相结合，以培训来带动经济社会的持续发展，进一步增强人们的职业技能意识。

二是提出 VET 国家战略实施的主要策略，包括：①服务策略。服务战略提出要增强个人、企业以及区域经济之间的联系，致力于为学生提供最新的技术培训；政府和其他私营机构也可同时开展相应的培训服务，以应对市场需求，构建良好的职业培训体系。②建设策略。澳大利亚联邦政府和州政府加强 TAFE 学院的建设性规划，致力于为 TAFE 学院提供充足的经费支持，为应用技术教育提供良好的保障。③优化策略。优化策略的目的在于加强培训手段的多样化，促进技术教育质量，提高职业教育的可靠性和稳定性。

第二，《工业创新和竞争力议程——澳大利亚强盛的行动计划》。2014 年 4 月，由澳大利亚工业部领头的新一轮职业教育改革启动，将职业教育提升到了国家经济发展中心的高度，并发布了《工业创新和竞争力议程——澳大利亚强盛的行动计划》。该法案着重强调加强职业教育的目标建设，加强改革发展，促进职业教育的进一步繁荣。同时，促进全社会加强职业教育体系建设，增强培训的实效，推动企业和行业增加更多的就业机会，以促进国家经济的繁荣发展。还提出了劳动力培训的成本需要更好地降低，同时技能水平的培养要更好地落实，产业路线要更好地发扬。

第三，《技能促进繁荣——职业教育路线图》。2011 年，澳大利亚技能委员会颁布了《技能促进繁荣——职业教育路线图》，提出致力于发展 TAFE 教育，注重全面改革，促进澳大利亚的职业教育服务于社会、服务于企业行业的作用。另外还提出了加强教育信息透明化分享，进一步推进技术技能培训，加强人们的工程技术能力培训，为职业技能培训打下良好的基础。①

---

① 查国硕.21 世纪澳大利亚职业教育政策演进解读［J］.职业教育研究，2016（6）：83-87.

### 5.3.5　充足的经费保障

澳大利亚的 TAFE 学院有良好的经费保障机制，不仅政府提供有条件的充足的经费保障，而且还有其他多渠道的、多样化的经费来源。

#### 5.3.5.1　政府提供有条件的充足的经费保障

宪法规定澳大利亚是一个实行联邦政治体制的国家，教育财政由联邦和州政府共同负责。TAFE 运作经费原本由政府负责 100%全额拨付，但随着经济社会的发展，经费保障方式也发生了变化。针对 TAFE 学院而言，一般是由各州政府主要负责经费的提供，而联邦政府一般不直接参与经费管理，只为 TAFE 学院提供补充经费。

政府对于 TAFE 学院的经费拨款是有条件的，即当 TAFE 学院完成一定的培训任务后，政府按照购买培训服务的方式给 TAFE 学院拨付相应的经费；如果 TAFE 学院没能按照政府部门规定的要求完成应有的培训或培训质量不到位，政府就必须收回这部分拨付的经费。① 通过加强经费竞争机制，澳大利亚各级政府和 TAFE 学院双方都有了更多的选择机会，同时也保证了 TAFE 学院培训的质量和效果。

总体说来，TAFE 学院的办学资金绝大部分来源于政府，政府的拨款方式是根据行业提出的培训计划，审核各 TAFE 学院所承担的与国家资格证书相关的职业教育与培训计划，并按照在校生人数和学生注册的课时数拨给相应的经费。经费的额度具有竞争性，经费多少因专业领域的不同而不等，且各州的标准也略有差异。

#### 5.3.5.2　其他渠道的经费来源

随着职业教育发展的市场化，政府不再进行办学的全额拨款，而是继续采用购买服务的方式，这样就将 TAFE 学院置于市场经济中，既促进了职业教育的市场化，也使 TAFE 学院在职业教育的竞争中得到了更好的经费补充。

---

① 汪璐. 澳大利亚 TAFE 学院办学模式研究 [D]. 桂林：广西师范大学，2010：35.

总体来说，对 TAFE 学院的经费投入方式除了以政府拨款为主以外，另外还有四种经费来源，分别为：证书课程计划专项经费、用户选择培训项目、培训招标项目、其他由学校在国内外市场获得的完全商业化运作的培训项目。

第一，证书课程计划专项经费。这种经费投资体制下，政府投资费用一般占80%，参加证书课程计划的学员个人或者用人企业支付的费用占 20%。从总体收入来看，此类经费收入一般占学校总经费来源的 60% 左右。

第二，用户选择培训项目。用户可以自行选择所需要培训的项目，并且缴纳相应的学费，这类收入一般占学校总经费来源的 20% 左右。

第三，培训招标项目。TAFE 学院对少部分培训项目可以进行对外招标采购，一般此类费用收入能占学校总经费来源的 10% 左右。

第四，完全商业化运作的培训项目。这种完全商业化运作的项目是将 TAFE 学院推向市场，比如近年来很多学院不断开拓国际市场，与包括中国在内的亚太地区的很多国家的政府和教育机构建立联系，吸引海外学生，并且将自己的教育培训项目销往国外，由 TAFE 学院按照市场机制去获得费用，一般这类经费占 TAFE 学院办学经费收入的 10%。从 TAFE 学院的发展趋势来看，此类经费呈逐年上升态势。

## 5.3.6 多样化的治理机制和手段

澳大利亚 TAFE 学院的治理机制和手段比较丰富，治理效果较高，主要表现在以下几个方面。

### 5.3.6.1 治理机制

澳大利亚 TAFE 学院治理中的多元主体主要通过以下几项机制来进行协调和沟通，并达成共识。

一是治理目标导向机制。澳大利亚政府通过制订明确的应用技术教育目标，让应用技术教育有迹可循，围绕职业教育有关的目标，治理中的多元主体能形成良好的协调互动意识。

二是教育质量保障机制。澳大利亚政府注重 TAFE 职业教育的质量，政府对教学目标和课程都进行强有力的监管，确保 TAFE 学院的教育教学质量符合行业的要求。澳大利亚联邦政府采取教育质量保障措施，制定培训框架，以确保职业教育与培训的质量。澳大利亚高等职业教育提供的课程数量多、门类齐全，多达1500 余门，但所有开设的课程需要在政府指定的教育部门和行业管理部门进行登记、注册和审批，对学时、能力和标准等方面都有较严格的要求。

三是市场调节机制。澳大利亚政府一方面加强对应用技术教育的监管，另一方面是将 TAFE 教育的部分内容市场化，使用市场机制进行调节和完善，促进TAFE 学院与社会更为密切地结合，并与企业建立和谐共生的治理环境。此外，通过市场调节机制来开拓自身资源，广泛建立与国内外的交流联系，并进一步筹集 TAFE 学院的办学与运行经费。

### 5.3.6.2 治理手段

澳大利亚 TAFE 学院的治理主要采用了以下几个手段。

一是经费杠杆的手段。澳大利亚政府在 TAFE 学院不断发展的过程中，积累了丰富的治理经验，将以前全额拨款的经费拨付方式，改为政府有条件地购买TAFE 学院所提供的服务，通过这一手段，促进了 TAFE 学院不断提高自身的教育水平，加强职业教育效益的产出。

二是法制手段。为了确保 TAFE 学院依法治理，澳大利亚政府制定了完善的教育法律法规制度，不断地补充和更新法规内容，以适应社会经济和生产发展的需要。通过法制手段来规范 TAFE 学院的办学行为，强化办学质量，加强治理行动，加强章程和制度建设，促进了应用技术教育的法律保障。

三是技术手段。澳大利亚政府在 TAFE 学院的治理问题上，能采用多种治理手段，将宏观调控与微观管理、对内治理与对外合作、抑制或发展等各方面的问题灵活处理。因为技术手段丰富，TAFE 学院的治理成效比较突出。

## 5.4 启示与借鉴

通过对德国的应用技术大学、芬兰应用技术大学、澳大利亚的 TAFE 学院的治理目标、治理主体、治理中的权责配置、法律法规制度、治理手段等问题的分析，笔者认为，这些国家的应用技术型高校治理的成功经验，对于促进我国地方普通高校的治理具有非常重要的借鉴意义。

## 5.4.1 确立科学合理的治理目标

明确的治理目标是有效治理的前提。德国的应用技术大学、芬兰的应用技术大学以及澳大利亚的 TAFE 学院均非常重视制订科学合理的治理目标。

一方面，从治理目标的内容来看，无论是德国的应用技术大学，芬兰的应用技术大学，还是澳大利亚的 TAFE 学院，其治理目标均包括以下三个方面：

第一，服务地方社会经济建设的需要，积极开展与地方产业结构的合理对接，加强应用型科学研究水平和技术开发能力，促进应用技术服务于社会生产力的需要，服务于产业发展，同时重视校企合作，共同培养人才。

第二，重视教育质量的提升，注重制订各类相关的对策措施来提升教育质量，将教育质量作为应用技术教育的重点内容，从教育质量上推动了应用技术型高校治理的内涵发展。

第三，保证与促进教育公平，注重为本地区的学生提供公平教育的机会，努力为学生提供个性化的教育和多样化的教育服务，致力于提高学生的实践技能水平，以应对工作需要。

另一方面，在治理目标的制订上，德国的应用技术大学、芬兰的应用技术大学以及澳大利亚的 TAFE 学院都密切结合区域行业和企业发展的需要，充分考虑学校治理与学校专业设置的关系。例如，多特蒙德应用技术大学所在的北莱茵-威斯特法伦州，计算机及信息技术类的企业超过了 11 万家，各类电信公司达 380 多家。为了适应区域和社会产业结构调整对人才需求的变化，多特蒙德应用技术大学自 20 世纪 80 年代以来，不断设置新专业、调整专业结构，目前已经形成了以电子信息、计算机和通信技术为核心的专业群。[①] 鲁尔西区应用技术大学依靠当地发达的金属产业，设置采矿专业。地狼堡应用技术大学依靠当地顶级的汽车制造商德国大众集团，设置汽车专业。曼海姆应用技术大学依靠当地全球一

---

① 高葛．借鉴德国应用技术大学办学经验，促进我国高校转型发展 [J]．大学教育，2015（8）：9-10.

流软件公司——德国 SAP 股份公司，设置经济信息专业。① 芬兰坦佩雷应用科学大学为吸引国际学生，开设了英语授课的本科与研究生专业，本科专业有环境工程、国际商务、交互媒体；研究生专业有计算机系统工程、造纸、纺织、化学工程等，联合硕士学位项目有电影剧本创作与可持续商业风险管理专业。坦佩雷应用科学大学还根据区域林木加工厂较多的行业特点，新增国际纸浆和造纸技术专业。澳大利亚桑瑞亚 TAFE 学院位于米尔迪拉市，是一个旅游胜地和重要的园艺生产地区，被誉为维州的"饭碗"，以葡萄酒和酿酒厂而闻名，澳大利亚 95% 的葡萄干来自米尔迪拉的葡萄种植，因此该学院结合当地区域经济发展的状况，开设商业厨艺、酒店管理等相关专业。

## 5.4.2　鼓励企业行业等多元主体的有序参与

第一，德国的应用技术大学、芬兰的应用技术大学、澳大利亚的 TAFE 学院都把企业行业视为重要的治理主体。具体来说：一是在学校治理中，企业行业是董事会、校务会或其他治理决策机构的重要组成力量，能积极发挥治校的决策作用。二是企业行业有效参与学校的治理过程，有权参与学校培养计划的制订，与学校共同制订教育内容和标准，共同实施人才培养计划，共同参与考核和评估等。三是通过企业行业和应用技术型高校的充分合作，促进了学校治理的有效性，形成企业行业与学校"双赢"的局面。

第二，企业行业参与高校治理有完善的法律法规制度保障。从德国的应用技术大学、芬兰的应用技术大学、澳大利亚的 TAFE 学院三类学校的治理来看，无论是联邦政府还是州政府，都非常注重企业行业参与学校治理的法律法规保障，不断完善职业教育和应用技术教育方面的立法。例如，德国《职业教育法》明确规定，企业行业是应用技术大学治理的多元主体之一，企业行业的参与权受联邦和州政府的保护。该法还规定了企业行业的资金补偿机制，即企业行业用于对应用技术大学培训的资金，可以从国家税款中以相应的比例扣除。《职业教育法》等相关法律法规制度有效地保障了企业行业参与应用技术大学治理的积极

---

① Studium an der Universität Mannheim ［EB/OL］. (2015-09-03) ［2024-03-26］. https：//www. uni-mannheim. de/1/studium/.

性，有力地推动了德国应用技术大学的治理发展。此外，对于应用技术型高校的治理，德国和澳大利亚的联邦政府及州政府、芬兰的中央政府与地方政府均注重建立职业标准化体系，这有利于进一步提升企业行业参与应用技术型高校治理的针对性和有效性。

第三，采取多种举措充分发挥企业行业在应用技术型高校治理中的作用。国外应用技术教育注重企业行业参与的有效机制，充分反映了企业行业的根本需求，较好地促进了应用技术教育的针对性和有效性。另外，加强企业行业与应用技术型高校的有效联络，推动企业行业关注和重视人才培养过程，将教育培训、职业发展与教学实践密切结合，充分发挥了企业行业作为桥梁和纽带的协调作用，保证了应用技术型高校的办学方向。例如，代根多夫应用技术大学与宝马公司合作研发车内通信系统，加深了校企实质性合作。亚琛应用技术大学与多家知名企业进行合作，研发了一种新型的火花塞，贝鲁公司提供了购买关键设备所需的资金并购买了该火花塞专利，相关合作进一步促进了企业行业作为治理主体的参与度。①

第四，鼓励教职工和学生的参与。国外应用技术型高校的治理注重教职工和学生的广泛参与。例如，应用技术型高校的董事会成员中就包括教职工和学生代表；在日常的治理过程中，教师和学生能充分履行各自的治理职责，有效参与学校办学、人才培养以及相关的决策，教职工和学生的参与度非常高，有力地推动了治理效果。

### 5.4.3　给予高校充分的办学自主权

从德国的应用技术大学、芬兰的应用技术大学、澳大利亚的 TAFE 学院三类学校的治理来看，各国政府均注重发挥宏观调控作用，不过多干涉应用技术型高校的内部事务，应用技术型高校有较为充分的办学自主权，在政府与高校之间已经建立了一种健康的关系。

显然，充分的办学自主权有助于把应用技术型高校办出特色，也有助于提高

---

① 高葛. 借鉴德国应用技术大学办学经验，促进我国高校转型发展 [J]. 大学教育，2015（8）：9-10.

多元主体参与应用技术型高校治理的积极性。因为有充分的办学自主权，应用技术型高校有更多自主调整的空间，能进一步优化内部权责配置，并促进多元治理主体充分发挥自己的参与作用，提升治理能力。学校可以在联邦政府以及州政府所规定的总体治理框架内，独立自主地决定学校的发展进程以及学校治理的具体细节，联邦政府和州政府均不进行过多的管控。充分的办学自主权使应用技术型高校集中力量抓学校发展、抓应用技术型人才培养的质量；而且在学校办学自主权充足的前提下，学校能够积极开拓治理思路，密切结合区域经济发展的特点，形成了自身办学特色。

此外，充分的办学自主权能有效促进校企合作，有利于企业行业的治理参与。在校企合作共同培养应用技术型人才的过程中，因为学校有充分的办学自主权，企业愿意更好地和应用技术型高校开展互利互惠的治理合作。比如，德国企业就愿意合理地承担应用技术型大学的技能培训费用，因为他们认为给学校提供技术类教育费用是企业发展必要的人力资源投资。澳大利亚 TAFE 学院和芬兰应用技术大学的办学自主权也比较充足，学院在遵循应用技术教育发展的基本要求前提下，积极加强校企合作，企业行业的治理参与度很高。

### 5.4.4　建立完善的法律法规制度体系

有效治理、有序参与需要有法可依。建立完善的教育法律法规制度体系，是德国、芬兰、澳大利亚等国家应用技术型高校治理的重要经验之一。

第一，用法律保障职业教育与应用技术型高校的重要地位。例如，德国应用技术大学的治理有一系列的法律法规，包括《手工业条例》《高等教育法》《联邦职业教育法》《职业教育促进法》和《职业教育改革法》等，以及很多与职业教育相对应的各种教育条例，这些法律法规有力地强调了应用技术大学的重要地位。芬兰政府不断修订《应用技术大学法》等法案，明确应用技术大学的合理地位。澳大利亚也专门出台了一系列的法律法规，包括《塑造未来——澳大利亚2004—2010 年职业教育与培训国家战略》《澳大利亚技术劳动力法案》《职业教育发展新方向》等法律法规，明确了 TAFE 学院的重要地位。

第二，用法规的形式确立职业考核标准和行业标准。德国应用技术大学、芬兰应用技术大学、澳大利亚 TAFE 学院都注重以法规的形式明确职业考核标准，这使应用技术型高校在职业考核方面做到有规可依，同时有利于学校以考核标准来对照检查治理过程。另外，还以法规的形式明确了学校治理的行业标准，有利于促进人才培养达到企业行业所需的质量，提升了学校治理水平。

第三，完善企业行业有序参与的相关法律法规政策。从德国应用技术大学、芬兰应用技术大学、澳大利亚 TAFE 学院来看，联邦政府和州政府都注重完善企业行业参与治理的法律法规政策，促进多元治理主体中企业行业的健康有序参与。此外，通过完善校企合作的法规，使校企合作中学校与企业行业的权责利进一步明晰，有利于双方履行好权利和义务，增强企业行业合作的动力，进一步扩大和促进其在应用技术型高校治理中的参与及合作。

第四，用法规的形式保障职业资格准入制度的实施。国家以法规的形式强调职业资格制度，包括培训制度。因此，企业在招聘员工时，既重视学历证书，更重视职业资格。这种以法规形式来约束企业行业，促进企业行业和学员共同重视应用技术教育，有力地推动了应用技术教育的发展。

## 5.4.5　提供充足的经费保障

办学经费是高校有效治理的重要保障。从德国的应用技术大学、芬兰应用技术大学、澳大利亚的 TAFE 学院的治理来看，均呈现出办学经费充足、经费来源渠道多样的特点。

第一，政府制定明确的经费管理制度，提供部分经费保障。国外政府注重应用技术型高校治理中的经费保障问题，针对办学经费出台了管理制度，在这些管理制度中对应用技术型高校的办学经费来源等问题进行了明确规定，使得应用技术型高校在治理过程中有很强的经费保障。一般来说，联邦政府、州政府以及地方政府共同出资，为应用技术型高校提供大部分办学经费。当然有时这种经费投入也是有条件的。例如，澳大利亚政府在给 TAFE 学院提供办学经费的时候，需要 TAFE 学院提供与经费相对应的教育服务。总体说来，国外应用技术型高校的办学资金绝大部分来源于政府，政府的拨款方式根据行业提出的培训计划，审核应用技术型高校所承担的与国家资格证书相关的职业教育与培训计划，并按照在校生人数和学生注册的课时数拨给相应的经费。但是，经费的额度具有竞争性，经费多少因专业领域不同而不等，且各州标准也略有差异。

第二，市场化机制提供其他渠道的多元化经费来源。一是随着职业教育发展的市场化，国外政府将应用技术教育置于市场环境下，政府对应用技术型高校的治理方式不再等同于传统的研究型大学管理方式，而是类似于政府对企业的管理。也就是说，政府不再全额拨款，而是逐步促进职业教育类经费由市场主导，政府采用市场招标的方式，相关的应用技术型高校提供职业教育培训服务，政府做评估后根据需要以相应的经费标准进行购买。这样也就是将应用技术型高校置于市场经济中，既促进了职业教育的市场化，也使应用技术型高校在职业教育的竞争中争取主动权，得到更好的经费补充。二是在市场化前提下，国外应用技术型高校注重校企深度合作，在同相关企业行业、各种基金会建立广泛的联系后，能为这些单位提供相应的职业技术教育培训服务，同时这些应用技术型高校也能筹集更多来自企业行业和基金会组织的捐助，双方形成了互惠互利的治理合作关系。

### 5.4.6　采取灵活有效的治理机制与治理方式

在治理机制及治理方式上，德国的应用技术大学、芬兰应用技术大学、澳大利亚的 TAFE 学院均采取了灵活多样的治理机制和治理方式，灵活运用政策杠杆、经济杠杆、技术手段，强调协调与沟通，重视外部监督。例如，通过应用技术教育政策，促进应用技术型高校加强治理目标建设，规范治理行为，提升教育质量和教育公平性。通过经费杠杆的方式，应用技术型高校治理的实际状况与效果，决定了其获得经费的多少，因此这一方式有效地促进了应用技术型高校加强治理的实效，不断提升教育治理水平，以赢得政府和社会的支持。

加强监督机制。德国、芬兰、澳大利亚对应用技术型高校的治理非常重视，通常会设立专门的监督机构，如校监会，教学督导委员会等。这些监督机构职责主要在于：定期组织对教学质量的评估考核；对照考核的治理指标体系，对治理中的问题进行反馈；加强对治理规范性的监督，促进应用技术型高校加强规范化办学，进一步促进应用技术型高校治理的合理性与科学性。

此外，注重协调与沟通机制。例如，德国、芬兰和澳大利亚在应用技术型高校的治理中，都注重采取相应的协调与沟通机制，促进多元主体参与应用技术型高校的有效治理，并依靠一种协调与沟通机制，共同致力于加强应用技术教育的质量和效益，促进政府、企业行业和应用技术型高校共同加强治理合作，充分发挥多元主体参与治校的积极性，共同培养适应社会经济发展的应用型人才。

# 6 转型发展中的地方普通高校治理的完善原则和策略

当前，我国地方普通高校转型发展中的治理存在诸多有待解决的问题，这些问题影响了地方普通高校的治理水平以及发展状况，影响了地方普通高校的内涵式发展以及高层次应用技术型人才的培养。因此，有必要立足区域高等教育发展现状，系统探索处于转型发展中的地方普通高校治理的完善原则和策略，从而推进地方普通高校科学转型，并推进教育治理体系和治理能力现代化的实现。

## 6.1 转型发展中的地方普通高校治理的完善原则

党的十八大召开以来，国家治理体系和治理能力的现代化不仅成为一个国家的重要指导战略，而且成为各级政府及各类组织管理综合改革的目标。地方普通高校具有人才培养和社会服务的崇高使命，既要满足社会发展需要，又要保持大学的根本属性，并遵循自身运行规律，是一个相对复杂的组织，因此地方普通高校更应率先且自觉构建科学的治理体系以提高学校的治理能力。

根据地方普通高校治理的理论与实践分析，并对地方普通高校治理中的问题与原因进行系统分析后，笔者认为，完善我国地方普通高校的治理应坚持以下五大原则，即坚持党的领导、以人为本、多元主体参与、特色办学、民主管理（见图6-1）。

### 6.1.1 坚持党的领导

完善我国地方普通高校转型发展中的治理，首要原则就是要坚持党的领导。也就是说，要解决转型发展中的地方普通高校治理存在的问题，提高地方普通高

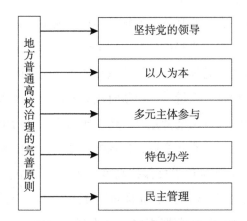

图 6-1 转型发展中的地方普通高校治理的完善原则

校治理的有效性,就必须把坚持党的领导放在首要地位。

## 6.1.1.1 坚持党的领导有利于统一思想

2010 年 8 月 13 日,中共中央印发了新修订的《中国共产党普通高等学校基层组织工作条例》,重点对加强与完善高校的领导体制进行了补充和修订,强调了高校党委的领导核心作用,党委统一领导学校工作,并通过统一管理党政干部和人才,统一领导学校思想政治工作,领导纪律检查工作,充分发挥领导核心作用;明确了高校党委的工作机制,提出高校党委实行民主集中制,健全集体领导和个人负责相结合的制度,细化了高校党委的主要职责。

党的十八大报告明确指出,中国特色社会主义道路,就是在中国共产党领导下,立足基本国情,以经济建设为中心,坚持四项基本原则,坚持改革开放,解放和发展社会生产力,建设社会主义市场经济、社会主义民主政治、社会主义先进文化、社会主义和谐社会、社会主义生态文明,促进人的全面发展,逐步实现全体人民共同富裕,建设富强民主文明和谐美丽的社会主义现代化强国。必须坚持党的领导,中国共产党是中国特色社会主义事业的领导核心。要坚持立党为公、执政为民,加强和改善党的领导,坚持党总揽全局、协调各方的领导核心作用,保持党的先进性和纯洁性,增强党的创造力、凝聚力、战斗力,提高党科学执政、民主执政、依法执政水平。

党的十九大报告再次强调坚持党的领导的重要地位，新时代坚持和发展中国特色社会主义的基本方略，要坚持党对一切工作的领导。明确中国特色社会主义最本质的特征是中国共产党领导，中国特色社会主义制度的最大优势是中国共产党领导，党是最高政治领导力量。提出新时代党的建设总要求，突出政治建设在党的建设中的重要地位，强调坚持党对一切工作的领导。指出必须要增强政治意识、大局意识、核心意识、看齐意识，自觉维护党中央权威和集中统一领导，自觉在思想上政治上行动上同党中央保持高度一致，完善坚持党的领导的体制机制，坚持稳中求进工作总基调，统筹推进"五位一体"总体布局，协调推进"四个全面"战略布局，提高党把方向、谋大局、定政策、促改革的能力和定力，确保党始终总揽全局、协调各方做好治理工作。

因此，对于地方普通高校的转型发展来说，要解决治理中存在的问题，确立正确的办学方向，就必须坚持党对高校的领导。地方普通高校处于转型发展过程中，治理问题涉及多元治理主体的参与，但是多元主体有自身不同的价值取向与目标追求。另外，向应用技术型高校转型，涉及多种新的问题，带来新的利益博弈和矛盾，多元治理主体在面对这些治理新问题时，都存在一定的畏难情绪。为了解决地方普通高校治理中的思想统一问题，就必须加强党的领导，保证党对地方普通高校教育事业的领导，将地方普通高校治理中多元主体的思想统一起来，加强谋划布局，解决不同主体思想上的困惑，消除畏难情绪，促进地方普通高校的合理转型与治理发展。

## 6.1.1.2 坚持党的领导有利于形成治理合力

第一，坚持党的领导，有利于统一多元主体的治理行动。根据我国社会经济和教育发展的需要，党和国家审时度势地提出了地方普通高校向应用技术型高校转型的指导方针，进一步明确了地方普通高校在高等教育领域的重要地位，对地方普通高校如何科学转型形成了一系列的决策意见。但是地方普通高校治理是一个相对复杂的问题，涉及多元主体的参与、多种制度和利益的冲突，多元治理主体间行动比较分散。因此，只有坚持党的领导原则，才能将多元主体的治理行动有效统一起来，以协调共治的方式，共同创造高素质应用技术型人才培养环境。

第二，坚持党的领导，有利于推动多元主体共同参与行动，提高地方普通高校治理的有效性。地方普通高校治理中的多元主体因为行动不够统一，难以形成共同参与，不能有效形成治理合力，影响了学校治理的有效性。因此坚持党的领导，可以保障多元主体共同参与行动，对地方普通高校的转型发展与学校治理提出了明确的指导意见，进一步明确了多元治理主体的地位和参与权利，有助于推动政府、学校领导、教职工、学生与家长、企业行业等多元治理主体加强治理行动保障，推动地方普通高校进行有效治理，进而培养出高素质应用技术型人才。

第三，坚持党的领导，统一多元主体的治理行为，有助于实现培养高素质应用型人才的治理目标。高素质技能人才是我国人才队伍的重要组成部分，是推动技术创新和实现科技成果转化的重要力量。加快高技能人才队伍建设，关系到我国核心竞争力和综合国力的增强，是贯彻落实科学发展观，实施人才强国战略，建设创新型国家的重要举措。党在各项决策性文件中反复强调，当前是我国推进全面建设小康社会进程，构建社会主义和谐社会，加快实现社会主义现代化的重要战略机遇期，高技能人才队伍建设对经济社会发展产生的重要影响将愈加凸显。加强高素质技能人才培养体系建设对于加快产业优化升级，提高企业自主创新能力，将经济建设切实转变到依靠科技进步和提高劳动者素质的轨道上来，实现国民经济持续快速协调发展，构建社会主义和谐社会具有重大意义。在地方普通高校治理中，只有坚持党的领导，统一多元主体治理行为，才能共同致力于培养高素质的技能型人才。

## 6.1.1.3 坚持党的领导有利于保障人民群众利益

地方普通高校治理中的多元主体，他们有不同的利益诉求，不同主体的价值观不统一。通过坚持党的领导，统一治理中的价值观，保障人民群众在教育方面的利益。

第一，党把人民群众的共同利益放在首要位置，坚持党的领导，统一不同主体的价值观，有助于维护人民群众的共同利益。纵观社会发展过程，党和国家所制定的方针政策，充分反映和体现广大人民群众共同的利益需求，在国家不断发展的同时，让人民群众共同享受到经济社会发展的成果，人民群众的利益在社会发展的不同层面均得到体现。

第二，党提出地方普通高校向应用技术型方向转型，从教育这一角度维护了人民群众的利益。党提出地方普通高校的转型发展思路，从具体过程来说，也是基于对人民群众根本利益的考虑。因为地方普通高校与区域和地方经济发展密切相关，随着社会和教育的发展，地方经济发展越来越需要更多应用技术型人才的有力参与。党要求地方普通高校在办学理念、教育思想、制度设计等方面，树立科学、进步、现代的转型思想和科学转型的办学理念，进一步促进地方普通高校建立与现代大学制度相适应的民主决策、民主参与机制，有利于优化人才成长环境，培养高素质应用技术型人才，以便更好地服务于地方经济，符合广大人民群众的根本利益。

第三，坚持党的领导，是完善地方普通高校治理、构建地方普通高校现代大学制度的必然选择，充分体现了党对"办好人民满意的教育"的基本要求，体现了广大人民群众的根本利益。具体来说，党的领导原则体现了集体领导与个人负责相结合的原则，有利于充分发挥决策层与执行层的作用，有利于保证地方普通高校内外部治理工作的充分协调，促进地方普通高校保持正确而健康的发展方向，进而为社会生产服务，为地方经济发展服务，最终体现广大人民群众的根本利益。

## 6.1.2 以人为本

完善我国地方普通高校在转型发展中的治理，另一个重要原则就是要坚持以人为本。也就是说，要有效解决地方普通高校治理中存在的问题，提高地方普通高校治理水平和有效性，就必须坚持以人为本原则。地方普通高校治理只有坚持以人为本，立足于为生产建设第一线培养应用型人才，为地方和区域社会经济发展服务，才能与时俱进地促进地方普通高校的转型发展。

当然，以人为本不只是体现在口号上，更是体现在学校管理、教学改革和技术创新的各个环节。只有坚持以人为本，创设良好的治理环境，加强思想政治建设，建设和谐校园，才能提高教育教学质量和办学水平，促进学生的身心发展，形成地方普通高校自身的办学特色，学校才能在激烈的竞争潮流中生存和发展。

## 6.1.2.1 以学生为本

坚持以人为本原则，意味着在地方普通高校治理中必须坚持以学生为本，充分认识地方普通高校的应用技术特性，树立教育教学和管理为学生服务、满足学生的个性化发展需要的意识，保护学生的合法权益。

在地方普通高校治理中坚持以学生为本，意味着在学校、院系的治理层面，应该树立学术自由、学生为本的理念，学校的各个组织及各部门的教学或管理人员，都应该具有为学术服务、为学生服务的意识，促进学校重学、重教、重研究的学术氛围，彰显高校求真求实的学术精神。此外，坚持以学生为本，也意味着要通过合法的和恰当的方式促进学生参与治理，切实提高学生的应用技术能力，促进学生的全面发展。

## 6.1.2.2 以教师为本

坚持以人为本，意味着必须以教师为本，尊重教师的学术自主权、教学自主权及其他合法权益。

一是必须重视教师的学术自主权，重视"教授治学"，突出学术权力的作用。通过相关法律法规制度的制定和完善来保障学术权力，利用法律法规的强制性，既可以保障"教授治学"的实施力度，也可以通过学术权的推动作用促进地方普通高校治理的科学性。

二是必须尊重教师的教学自主权，维护教师的合法权益。教师是学校教育教学最核心的课程资源，是学校内涵式发展的中坚力量。有必要树立"百年大计，教育为本，发展教育，教师为本"的理念，尊重教师的课堂教学自主权，让广大教师独立自主地在自己的课堂上施展才华，带领学生一起共同创造宽广的知识领域和丰富多彩的校园生活。

三是地方普通高校要健全教师主体权益的保障机制，明确并落实教师在高校办学中的主体地位，包括：要完善教师参与治校治学机制，充分保障教师的知情权、参与权、表达权和监督权；要充分尊重教师的专业自主权，保障教师依法行使学术权利和学业评定权利；要保护教师正当的申辩、申诉权利，依法建立教师权益保护机制，维护教师合法权益；要创设公平正义、风清气正的教师民主参与渠道和环境。

## 6.1.3　多元主体参与

多元主体参与是地方普通高校治理的主要特征之一，地方普通高校转型发展中的治理必须要坚持多元主体参与的原则。

第一，在地方普通高校治理中，坚持多元主体参与原则是地方普通高校有效治理的需要。治理的基本特征之一就是提倡多元主体参与，且多元主体之间形成协调互动的良好关系。地方普通高校的转型发展是提高教育质量的重要途径，转型发展的效果最终要体现在课程教学等育人环节，在转型发展过程中除提高管理人员的领导力外，更需要转变教师的教育观念，推动全体教职工积极参与转型发展规划中，增强其对转型发展的认同感，提高转型发展的行动力。此外，对于新时代背景下的地方普通高校治理来说，尤其需要企业行业以及其他社会主体的广泛而深层次的参与，需要逐步建立高校、政府、企业行业、社会组织共同参与的工学结合、产学研一体化关系。因此，只有多元主体参与治理过程，地方普通高校才能以转型发展为突破口，将优势学科和特色专业结合起来，有序推进地方普通高校治理的需要。

第二，过去地方普通高校的管理模式是相对单一的管理主体，这种模式已经带来了诸多问题，包括：办学定位趋同，盲目按照惯性思维发展；在人才培养上"重理论、轻实践"；在科学研究上"重科学、轻技术"；在师资队伍建设上"重学历、轻能力"；在缓解大学生结构性失业上出现诸多不适应。所以，要解决地方普通高校治理中存在的问题，加快地方普通本科院校向应用技术型大学的转型与建设，就必须坚持多元主体参与治理，尤其是应重视教职工、学生、企业行业等主体的参与。

第三，国家重要教育政策落实的需要以及高等教育改革的趋势。《国家中长期教育改革和发展规划纲要（2010—2020年）》（以下简称《规划纲要》）指出，为适应中国国情和时代要求，要建设依法办学、自主管理、民主监督、社会参与的现代学校制度，构建政府、学校、社会之间新型关系。要在地方普通高校治理模式中，积极引入社会外生变量，将企业行业等引入学校的咨询层、决策层、管理层、评价层、监督层等。因此，要贯彻落实《规划纲要》和科学转型发展，新时代背景下的地方普通高校治理就必须坚持多元主体参与的原则。

## 6.1.4 特色办学

完善我国地方普通高校转型发展中的治理还要坚持特色办学的重要原则。也就是说，要有效解决地方普通高校治理中存在的问题，提高地方普通高校治理效果，就必须重视特色办学原则。

这里所说的特色办学，就是指地方普通高校治理进程中，要将学校发展与社会发展、地方经济发展状况密切结合，合理确定学校治理目标，统一治理行动，规范办学行为，同时结合学校优势学科专业，促进地方普通高校在转型发展过程中办出自己的特色。只有坚持特色办学原则，地方普通高校治理的针对性才会更强，才能实现地方普通高校的有效治理。

第一，地方普通高校治理中存在部分问题，有待于通过特色办学来缓解或解决。具体来说，地方普通高校受传统治校观念的影响，一定程度上模仿研究型大学的发展模式，办学目标和办学方式表现出同质化。但是地方普通高校并不适合研究型大学发展的基本模式，因此其培养出的人才表现出理论水平不高，实践技能水平又不足，学生就业难的问题非常突出；同时，随着地方经济发展和生产力发展的要求，企业行业对应用技术型人才的需求越来越大，两者之间的供需矛盾越来越突出，有待于通过特色办学来解决这一问题。

第二，坚持特色办学原则对地方普通高校治理具有重要的意义和价值。其一，坚持特色办学原则，有利于促进地方普通高校进一步明确学校转型发展具体方向，致力于培养大批高层次技能型人才，推动学校适应经济社会发展方式的转变和教育转型的基本要求。其二，坚持特色办学原则，有利于地方普通高校加快转型发展进程，规范学校治理活动。比如，特色办学促进地方普通高校优化教育培养体系、完善课程结构、创新人才培养模式。其三，坚持特色办学原则，有利于进一步加强地方普通高校与企业行业之间的治理合作关系，促进地方普通高校进一步加强校企合作，特别是进行更深层次的治校合作，切实提高地方普通高校治理的有效性。其四，坚持特色办学原则，有利于办好人民满意的教育，促进地方普通高校集中优势力量办学，从而推动地方普通高校的内涵式发展。

### 6.1.5 民主管理

完善我国地方普通高校转型发展中的治理，还要坚持民主管理的重要原则。也就是说，要有效解决地方普通高校治理中存在的问题，提高地方普通高校治理水平和效果，就必须重视民主管理这一原则。这里所说的民主管理原则，主要是指地方普通高校多元主体的民主参与、民主决策以及民主治校，以促进地方普通高校治理的科学性和有效性。

坚持民主管理原则对地方普通高校治理具有重要意义。其一，有利于促进地方普通高校重大决策的科学性，有助于规范学校治理决策程序，减少学校治理中权力失控和行为失范，从而促进地方普通高校转型发展的实效。其二，有利于促进民主参与治理氛围的形成，促进企业行业、学生家长等多元主体参与的积极性。其三，有助于构建良好的监督体系，在民主管理决策下，全体教职工以及其他治理主体可对学校的治理状况和治理效果进行有效监督，促进地方普通高校在治理过程中对违反规定、滥用职权或不作为的行为进行问责。

## 6.2 转型发展中的地方普通高校治理的完善策略

伴随我国社会转型变革向纵深发展，地方普通高校向应用技术型高校转型发展的过程中，治理面临新的问题与挑战。为更好地解决普通高校转型发展中治理存在的诸多问题，促进其科学地转型发展，有必要系统探索治理的完善策略。

### 6.2.1 全面加强党的领导，统一思想，形成治理合力

地方普通高校转型发展中的治理涉及多元主体，不同主体之间有不同的利益诉求。而且地方普通高校治理的复杂性，使得不同治理主体存在畏难情绪和心态，学校领导及教职工都有一定的思想压力。通过全面加强党的领导，有效统一多元主体的思想，形成治理的合力。

#### 6.2.1.1 坚持党对地方普通高校治理的全面领导

《高等教育法》指出，党委按照《中国共产党章程》和有关规定，统一领导

学校工作。《中国共产党普通高等学校基层组织工作条例》指出，校党委统一领导学校工作，坚持和完善党委领导下的校长负责制，坚持高校党委的领导核心地位。高校党委对学校工作实行全面领导，办好我国高等教育，必须坚持党的领导，牢牢掌握党对高校工作的领导权。国务院《关于加强和改进新形势下高校思想政治工作的意见》指出：高校党委对本校工作实行全面领导，履行管党治党、办学治校的主体责任，切实发挥领导核心作用。因此，要有效解决地方普通高校治理中存在的问题，完善地方普通高校的治理过程，就必须坚持党对地方普通高校的全面领导。

第一，要确立党在地方普通高校领导中的核心地位，确保党的核心领导地位，才能保证其对地方普通高校治理的全面领导。第二，正确理解、准确把握、牢牢坚持党委领导下的校长负责制，处理好党委与行政之间的关系，处理好政治权与行政权之间的关系。第三，加强党对地方普通高校治理各方面问题的全面领导。地方普通高校治理涉及多元利益冲突，涉及多种制度的调整，涉及教育治理目标的有效实现，关系到学校的生存与发展。因此要加强党对地方普通高校治理工作的全面领导，把握大局观，明确治理方向。

### 6.2.1.2　明确党对地方普通高校领导的工作重点和领导职责

《高等教育法》明确规定，党委的工作重点和领导职责主要包括：执行中国共产党的路线、方针、政策，坚持社会主义办学方向，领导学校的思想政治工作和德育工作，讨论决定学校内部组织机构的设置和内部组织机构负责人的人选，讨论决定学校的改革、发展和基本管理制度等重大事项，保证以培养人才为中心的各项任务的完成。习近平总书记在全国高校思想政治工作会议上强调，高校党委对学校工作实行全面领导，承担管党治党、办学治校主体责任，把方向、管大局、作决策、保落实。因此，地方普通高校党委的工作重点和主要领导职责应包括：执行党的路线与各项方针、政策，保证党对地方普通高校工作的全面领导；讨论并决定地方普通高校的改革、发展及治校权责配置，把握地方普通高校治理的方向，促进学校各项治理工作和应用技术型人才培养任务的落实。

### 6.2.1.3  建立健全地方普通高校的议事规则与决策程序

全面加强党对地方普通高校的领导，必须建立健全地方普通高校的议事规则与决策程序。

第一，完善和修订地方普通高校治理"三重一大"决策制度。所谓"三重一大"是指重大决策、重要人事任免、重大项目安排和大额度资金运作。地方普通高校治理的重大决策主要是指：学校发展战略、发展规划、重大措施及实施方案；本单位管理范围内干部人事工作；年度财务（预）决算方案等涉及全局性的重大决策；涉及向教师、学生收费的事项；其他需要由党委、校常委集体研究决定的事项。重要人事任免是指：领导班子成员后备干部的推荐上报；中层干部的任免、职称评聘、评先树优等。重大项目安排主要是指：基建项目，需大额支出的改造及装修项目，重要合同项目，对外合作交流的重大项目的支出等。大额度资金运作主要是指：预算之外的，超过学校所规定的某一额度标准之外的使用或支出，如有的地方普通高校将标准定为 3 万元（含 3 万元）以上的资金使用，所有对外借款、担保等。

第二，坚持党的领导，还必须有健全合理的议事规则。包括《党委全委会会议议事规则》《党委常委会会议议事规则》《书记办公会议议事规则》和《校务会议议事规则》等。通过不断完善这些议事规则制度，促进地方普通高校议事规则制度的健全化，从而确保党对地方普通高校工作的全面有效领导。

### 6.2.1.4  加强思想政治工作，解决师生的思想教育问题

加强党对地方普通高校的领导，还必须不断改进新形势下地方普通高校思想政治工作，解决地方普通高校转型过程中和学校治理过程中师生员工的思想问题。

第一，加强党对教职工思想政治工作的领导。虽然，国家所提出的转型发展的新要求，但是学校在转型治理过程中，还存在许多思想方面的问题。例如，学校领导和教职工的观望情绪、畏难思想；学校转型发展后，对教师的教学能力、实践能力和素质能力等方面也提出了新的要求，教师面临着转型发展所带来的较大压力。因此，要加强思想教育，保证党对教职工思想政治工作的有效领导，解

决思想问题，统一思想，形成合力。

第二，加强党对学生思想政治工作的领导。在地方普通高校的治理过程中，学生是一个重要的治理主体。但是，大多数学生已经习惯于传统的学术型学习方式，不太重视学校向应用技术型转型过程中所提出的新的素质要求，学生的学习态度、关注点以及对学校转型期治理的认识，都存在一些观念上的误区。因此，要加强党对学生思想政治工作的领导，统一作为治理主体之一的学生的思想观念。

## 6.2.2　优化地方普通高校内部的权责配置

权责配置是地方普通高校治理的重要构成要素。调查发现，在地方普通高校治理中存在着明显的权责配置不合理的问题。所以，完善地方普通高校转型发展中治理的重要策略之一就是要优化学校内部的权责配置。

### 6.2.2.1　优化党政之间的权责配置

显然，要完善地方普通高校治理，首先需要正确处理学校内部的党政关系，合理配置政治权与行政权。第一，优化党政之间的权责配置，正确处理地方普通高校的党委领导与校长负责之间的关系。党委领导下的校长负责制并不是"党委领导"与"校长负责"的简单相加，而是相辅相成、辩证统一的有机整体。党委是学校的领导核心，总揽全局，统一领导学校工作；校长作为地方普通高校的法人代表，在校党委的领导下，积极主动、独立负责、依法行使职权。党委应遵循"不抢事，不推事，做实事，抓大事"的原则，充分尊重并支持校长、副校长行使职权，使班子中的每一个人都具有明晰的职责范围和充分的行政决策权力。校长也必须尊重党委对学校行政重大问题和重要事项的决策权。学校的重大问题和重要事项，由行政领导班子负责提出意见和方案，提交党委（常委）会集体讨论决策、党委讨论决定后，由最高行政决策机构讨论通过后，再由行政领导班子负责组织实施。

第二，优化党政之间的权责配置，还要注重院系层面的党政关系。党政联席会议议题由院系党政领导协商提出，会议主持人根据议题确定，属于党组织职能范围内的由党组织负责人主持，属于行政工作范围内的则由行政负责人主持，会议决定由党政分工负责执行。这种模式力图把党组织的政治核心和监督保障作用与支持行政负责人独立自主地开展工作结合起来，有利于发挥党政共同领导、分工负责的制度优势，也是国家所倡导的方向。

### 6.2.2.2 合理配置行政权与学术权

面对地方普通高校权力结构行政化带来的种种弊端，要结合我国《国家中长期教育改革和发展规划纲要（2010—2020 年）》的意见，逐步改变行政化管理模式，合理配置行政权与学术权。

第一，尊重学术的独立性，避免行政权力对学术事务的不正当干预。具体来说，各地方普通高校要进一步贯彻落实《高等教育法》《教师法》等法规，重视并充分发挥学术委员会的作用，建立健全学术委员会、教授委员会制度，明确学术委员会的职责与权限，以确保教授、学者充分参与学术事务决策、独立行使学术权力。因此，这就要求在地方高校治理中要明确划分两种权力的界限，促进学术委员会、教授委员会中的行政权与学术权的分离，防止行政权代替或干扰学术权。这里，可以借鉴国外的先进经验和做法。例如，德国应用技术大学中的教授委员会具有独立的学术权力，教授能够在学术事务、学校教学治理和学术决策方面独立自主地行使权力。澳大利亚 TAFE 学院和芬兰应用技术大学治理中的行政权与学术权之间也有清晰的界限，其学术委员会、教授委员会可以决断学术范围内的事务，不受行政权的干涉。

第二，完善学术组织和制度建设，保障教授治学。从德国应用技术大学、芬兰应用技术大学、澳大利亚 TAFE 学院的治理来看，这些学校非常重视完善学术组织建设和制度建设。例如，重视建立学术委员会、教授委员会、学科委员会、专业委员会等学术组织，并对这些组织的参与人数、人员构成都进行明确的规定，另外还注重加强这些学术组织的制度建设，明确其工作制度，教授能积极参与并发挥重要的决策作用，教授治学有较为充分的保障。因此，从我国地方普通高校治理来看，需要进一步完善学术组织和制度建设，保证教授治学的有效实施。具体来说，一是要坚持国家有关的教育制度建设文件，如《中华人民共和国高等教育法》《关于坚持和完善普通高等学校党委领导下的校长负责制的实施意见》《高等学校章程制定暂行条例》《国家中长期教育改革和发展规划纲要

（2010—2020 年）》以及历次的国家制定的教育事业发展五年规划等，充分发挥学术委员会和教代会的作用，保障教授治学权。二是要完善与优化教授考核方法，既要保持量化指标考核，也要注重多样化考核。地方普通高校应该鼓励教授群体在完成科研和教学研究任务的同时，也投入部分精力进行经验总结、学术交流，促进教授关心学校治理事务，充分地发挥教授在学术和教学方面的作用。同时通过完善与优化考核方法，确保教授凭借专业能力和造诣享受到专门的学术权力，这样才能有效保障地方普通高校的学术权，教授治学这一提法才能真正落到实处。

第三，强调行政权的学术服务导向。在地方普通高校治理中，行政权和学术权是并行发展的两种基本权力，在学校治理中都有各自重要的作用。但是从地方普通高校治理的具体过程来看，地方普通高校治理中的行政权凭借所具有的职权，更多地掌握了地方普通高校治理事务的决策权，导致学校治理中的矛盾突出，治理效果较差。因此，必须重视强调以教授为代表的学术权地位，强调行政权的学术服务导向。具体来说，不仅要从行政管理理念上重视行政权的学术服务导向，更需要从制度上促进行政权的学术服务导向，通过地方普通高校合理的行政权配置和行政治校手段，有力推动学校各院系、各处（部）级单位加强学术服务意识，切实提升本院系、本部门以至本校的学术能力与水平。此外，还需要从方式和方法上促进行政权的学术服务导向，在不断完善学校治理的过程中，探索适合学校转型发展的治理方式与方法，改进行政人员考核与评价模式，促进行政权的学术服务意识，推动校院加强以教授为代表的学术制度建设以及学术服务能力。

## 6.2.2.3 优化校院之间的权责配置，推进校院二级治理

随着地方普通高校治理的深入推进以及学校规模的不断增大，校院二级治理已成为必然的选择。相较于传统的教育行政化管理，校院二级治理更有利于地方普通高校实现基层变革，进一步激发学院的办学活力，也是实现大学治理现代化的必要条件。优化校院之间的权责配置主要应从以下几个方面入手。

第一，明确权力配置原则，促进权力有序下移。具体来说，其一，要促进学校行政权重心下移，推动二级学院由被动管理逐步成为"相对独立"的治校治

教主体，使原来的自上而下管理转变为扁平管理，进一步明晰校院二级部门各自的权力和责任。其二，促进学术权的合理下移，提升二级学院在学术管理和学术事务运行方面的执行效率，减少学校行政部门对学术的干预，扩大二级学院的学术自主权，增强二级学院的学术自治能力，形成各院系宽严有序的学术环境。其三，促进利益分配权的下移。学校可对二级学院实行目标责任考核制，实行合理的"打包分配"制，将相应的经费划归学院，由学院拟订公平合理的标准和绩效考核来进行有效使用或分配。

第二，院系要提高自身的治理能力，有能力依法依规行使自主权。一是院系中层干部要提高治理能力。因为不管治理方式与方法如何先进，最终工作都要依靠相应的治理主体来完成。而作为院系连接点和学校治理的中心点，院系中层干部是地方普通高校上传下达的重要实施对象，其整体治理能力也是决定校院二级治理权责是否能成功配置的一个关键点。二是院系其他领导干部和教职工要提升治理能力，主动接受学校权力下放所带来的新要求，促进院系在教学、科研和管理等方面的治理担当能力，激发二级学院在教学、科研等活动的积极性，提升院系治理的有效性。

第三，建立制约机制，确保学院权力运行得廉洁高效。显然，地方普通高校治理的最终目的在于建立现代大学制度，推进学校治理的现代化。而建立现代大学制度、促进学校治理现代化，就必须优化二级权力配置，因此建立制约机制，确保学院权力高效与廉洁运行显得尤为必要。具体来看，在建立制约机制方面，重点要加强院长选拔机制、教师聘任和考核机制、院级财务制度、学术治理保障机制等方面的制度，进一步为优势学科建设、学院教育教学和人才培养，以及学院总体治理效率的提高创造良好的制度环境。此外，在机制运行过程中，应该注重选择合适的二级学院领导班子，加强学院班子建设，重视学校管理重心下移后的权力有效运行与权力制约；同时在机制运行过程中，还要注重转变学院治理观念，在信息保障上不断改进，促进学院在合理分权上下工夫，在学术治理上出成果，确保学院权力良好而高效运行。

## 6.2.2.4 推行理事会制，发挥理事会治校作用

地方普通高校在治理策略上可以有针对性地借鉴国外董事会、理事会参与治

校的经验，结合我国地方普通高校党委领导下的校长负责制的管理体制和国家2014 年颁布的《普通高等学校理事会规程（试行）》，促进理事会参与学校治理，推动学校治理工作的科学化，提升治理有效性。

第一，试行理事会治校制度，处理好治理关系。要试行理事会治校制度，进一步提高理事会参与学校治理能力，必须先从治理理念以及地方普通高校治理的顶层设计上处理好关系。一是平衡好党委领导下的校长负责制与董事会治理体系、各方参与的关系。我国《高等教育法》规定，国家举办的高等学校实行党委领导下的校长负责制，而理事会主要采用的是利益相关者治理模式。因此，在试行理事会制度时，可以考虑党委领导下的校长和理事会进行相应的分工负责制，以保持两者之间权力关系的协调，以共同实现对地方普通高校的有效治理。二是处理好利益相关者决策与公益性目标的关系。一般来说，学校理事会人员的组成方式主要是利益相关者模式，在体现方式上根据治理体系的需要而又有所不同，因此要注重合理划分理事会权力在学校治理中的比重，务必保持和遵循公益性原则，保持地方普通高校办学的公益性，促进学校人才培养目标的实现，防止决策主体利益化。

第二，明晰功能定位，加强治理关系的协调。根据国外董事会和理事会的功能定位，有强势主导型的董事会，也有决策型的董事会。由于我国与国外的体制和办学要求不同，不应完全照搬国外的董事会的功能和模式。应该根据我国地方普通高校治理体系中多元主体的不同要求，发挥理事会的协调作用，促进多元主体理顺治理之间的关系。对于地方普通高校这样的公办高校来说，理事会的定位为"协调决策型"比较适宜，也就是促进理事会加强治理关系的协调，并促进地方普通高校形成正确的治理决策，促进地方普通高校多元主体加强参与机制建设，协调理顺关系，进而创新地方普通高校内部治理制度体系，提升治理的有效性。

第三，构建科学的组织机制。在此可以借鉴国外应用技术型大学董事会和理事会成员多元化与社会化的特点，吸收各方代表，包括家长、企业行业、校外人士、校友、知名或公益人士等参与理事会人员组成，促进理事会结构的科学性和合理化。

第四，通过理事会制来加强治理体系建设。为此，需要通过创新性地探索理事会治校，进一步完善地方普通高校党委领导下的校长负责制，同时加强法人治理体系建设，构建政府、地方普通高校、社会之间的新型治理关系，推进地方普通高校加快转型中的治理体系发展和推动我国高等教育治理体系改革。当然，推行董事会制度，必须进一步加强大学制度建设，促进地方普通高校以学校章程建设为核心，明确党委、校长、理事会、教代会、学术委员会、家委会、学生会等各项主体或组织的基本权责关系，推动我国地方普通高校的有效转型和科学治理。

## 6.2.2.5 保障教师与学生的参与权

在地方普通高校治理中，要调动广大师生参与校院系治理的积极性，从制度、机制等方面保障其参与权。

第一，建立明确具体的教师和学生参与制度。显然，教师和学生是地方普通高校治理的重要主体，是地方普通高校治理有效性的重要影响因素。因此在地方普通高校治理中，必须进一步完善教师与学生的参与制度，对教师和学生在治理过程中的参与内容、参与方式、参与途径制定较为明确的规定，促进教师和学生的治理参与落到实处。从国外应用技术高校的治理来看，均制定了较为完善的教师和学生的参与制度，例如，德国海德堡应用技术大学建立了明确的教师分类参与制度，如对应用型、实践型和技术型教师各自应该如何参与，该制度都进行了较为详细的说明。对学生参与治理的具体内容也进行了明确，例如教学检查参与制度、教学反馈参与制度等。这些制度有效促进了教师和学生的参与权，对学校治理水平和治理有效性的提高起到很大的促进作用。

第二，丰富教师和学生参与的渠道，提高教师与学生的参与能力。国外应用技术型高校注重教师和学生参与渠道的畅通，如澳大利亚 TAFE 学院注重技能培训，因此以技能培训为突破口，进而提高教师实践技能，促进教师更好地参与学校治理。例如，TAFE 学院鼓励教师定期到企业行业参加培训，要求教师提升实践经验，进而促进教师提高治校水平。教师也可以直接参与学校治理决策，如董事会机构里就含有教师代表，教师可以自主评定学生的学业成绩和学习水平，自由地向 TAFE 学院反馈治理问题。此外，教师也是 TAFE 学院教育教学改革的发起者，是学校治理的主要实施主体。另外，TAFE 学院也重视学生治理参与渠道的畅通，确保学生在治校过程中能发挥积极作用，如吸收学生代表进入董事会机构，组织学生成立各种学会或社团，为学校治理献计献策。又如，芬兰应用技术大学也注重教师和学生的参与渠道，教师和学生均可以参与应用技术大学的决策活动、教学活动、协会活动、检查活动等。

因此，我国地方普通高校治理过程中，必须丰富教师和学生参与的渠道，促进教师和学生参与途径的多样化，提高教师与学生的参与能力，以促进学校治理实效。具体来说，一是进一步规范和落实教师和学生参与渠道的具体制度，包括《高等学校学术委员会规程》《学校教职工代表大会规定》以及学校章程、学术委员会制度、学生参与制度等。二是丰富学校治理中非正式的、约定式的教师及学生参与渠道和方式，如校领导接待日、校长见面会、校长午餐会（师生可与校长共进午餐并反馈学校治理意见）、教师意见征求会、教师座谈会、学生座谈会等。

第三，要注重学生多样化的需求获得满足，推进学生自主学习制度。地方普通高校治理的新挑战和新要求，使得学生有了多样化的学习需要，有的学生要进一步提升自己，选择升学；有的学生要面向就业，希望获得更多技能证书；有的学生会根据自己的理论与技能状况，选择自主创业。因此要加强学生自主学习制度，促进学生将理论学习和社会实践有机结合，在提升学习能力的同时，促进地方普通高校加强对学生自主学习能力的培养，提升学生独立分析问题和解决问题的能力。

第四，加大学生的学习选择权和选课权。鼓励和推动教师推出更多的优质课程供学生进行学习选择，比如加大通识课程和实践技能课程的比例，进一步培养学生的人文素养和应用技术水平，增加学生主动学习机会，扩大学生的学习选择权和选课权，促进学生培养自主判断能力和自我学习能力。地方普通高校在课程设置中，也要进一步考虑不同学生的学习需要，在基础课和专业课当中都设置一定比例的选修课，供一些学生选择学习。

## 6.2.3 转变政府职能，扩大并落实地方普通高校的办学自主权

完善地方普通高校转型发展中的治理，还需要转变政府职能，扩大并落实地方普通高校的办学自主权，这是我国地方普通高校完善治理的一个重要策略。

### 6.2.3.1　政府必须转变观念与角色

由于长期以来所形成的行政管理观念的影响，目前政府在地方普通高校治理问题上的观念还比较陈旧，政府和学校之间治理权责关系也未理顺。如前所述，笔者在对 6 所地方普通高校与政府之间权责关系的调查结果显示，二者权责关系清晰状况的总均值得分是 2.385，处于中等偏下水平。这说明在地方普通高校治理中，政府与学校之间的权责关系还不够清晰，权责配置还不够合理。此外，根据访谈，了解到政府的观念和角色还没有完全转变，对地方普通高校仍然较多采用自上而下的行政管理方式。显然，要完善地方普通高校治理，就必须转变政府的角色和观念，建立政府与地方普通高校的新型关系。

首先，政府必须从"全能政府"转变为"有限政府"。政府在管理地方普通高校的过程中，很长一段时间以来都扮演着"全能政府"的角色，对地方普通高校办学全过程进行自上而下的全方位的管理，正如调查中的地方普通高校几位校领导说："管得很紧，也管得很细"。政府集中了地方普通高校的各项管理权限，决定学校发展的重大事项，地方普通高校的办学自主权很小，办学活力和发展动力不足。随着国家对地方普通高校治理能力和治理现代化的要求，政府必须转变观念，从"全能政府"过渡到"有限政府"的角色，即做到"有所为有所不为"。具体来说，政府要将对地方普通高校管理的控制模式转变到现在所需要的治理监督模式上，分清政府和地方普通高校各自的管理权责，加强政府对地方普通高校的合理放权，提高学校办学的积极性和治理的有效性。

其次，政府必须从"管制型政府"成为"服务型政府"。当前，随着社会经济的发展，党和国家提出了促进地方普通高校科学发展，推进治理现代化水平的新要求。而传统的"管制型政府"过于强调政府对地方普通高校的行政命令和计划控制，已经难以适应新时代背景下地方普通高校治理发展的新要求。随着治理现代化的新要求，地方普通高校呈现多元治理主体，政府不再是地方高校转型中唯一的治理主体。因此政府要转变观念与角色，积极转变职能观，努力承担"服务型政府"角色，对地方普通高校治理实行"解制"和有序放权，要由原来对地方普通高校的指令性管理转换到为地方普通高校治理服务，为学校不断创造良好的发展环境和条件。比如，政府要充分相信地方普通高校能自主处理好内部治理事务,对于能由地方普通高校自主处理的事务,政府不应越俎代庖;对于应该由市场调节的事务,政府不应过多管束。只有政府加强角色转换,努力成为服务型政府,才能促进地方普通高校多元主体之间平等互动的协调关系,推动多元主体在地方普通高校治理中的有效参与,进而促进地方普通高校治理的科学性和实效性。

最后,政府必须成为"法治政府"。随着国家法制建设、教育法制建设和教育治理现代化的新要求,以及政府与地方普通高校之间关系的变化,要求政府必须转变角色,成为"法治政府"。具体来说,就是要求政府在对地方普通高校实行管理的过程中,要坚持法治原则,严格依法行政,确保政府对地方普通高校行使管理的各项权力都在法治轨道上运行。此外,要成为"法治政府",还要求政府进一步推进行政执法责任制,不断提高行政执法水平,严格按照法定权限和程序行使对地方普通高校的管理职权,严格履行在地方普通高校治理中的法定责任。

## 6.2.3.2 扩大并落实地方普通高校的办学自主权

第一,清晰界定政府管理地方普通高校的权力边界,把实际权力下放给地方普通高校。1985 年颁布的《中共中央关于教育体制改革的决定》明确提出,在国家统一的教育方针和计划的指导下,扩大高等学校的办学自主权。1992 年颁发的《关于国家教委直属高校深化改革扩大办学自主权的若干意见》也明确指出:理顺政府与学校之间的关系,转变政府职能,扩大学校办学自主权,进一步明确学校的权利和义务、利益和责任。《国家中长期教育改革与发展规划纲要(2010—2020 年)》也指出,改进管理方式,完善监管机制,落实和扩大学校办学自主权,减少和规范对学校的行政审批事项,依法保障学校充分行使办学自主权和承担相应责任。2013 年《中共中央关于全面深化改革若干重大问题的决定》明确指出,进一步简政放权,推动公办事业单位与主管部门理顺关系和去行政化,创造条件,逐步取消学校等事业单位的行政级别。

但是,从笔者的调查来看,目前地方普通高校治理中存在的一个主要问题是政府对高校干预过多,地方普通高校办学自主权不足。此外,根据笔者对地方普通高校治理效果与办学自主权相关性研究的结论,显示相关系数为 0.932519,相

关性 $P$ 值为 0.000246，表明地方普通高校的治理效果与学校的办学自主权是显著正相关的。因此，只有建立新型的政校关系，厘清政府与地方普通高校的权力边界，明确各自权责范围，扩大并落实地方普通高校办学自主权，地方普通高校的治理才会更有效。

第二，改变传统权力运行方向的指令性和方向性，实现政府与地方普通高校权力间的多向互动。根据调查来看，传统的地方普通高校治理中权力运行方式是自上而下的行政命令式，强调计划和控制，权力主要集中在政府层面，当然也在一定程度上能保证了地方普通高校治理权力运行的秩序。但是随着治理现代化水平的新要求，政府与地方普通高校之间表现出的关系不再是上下级的关系，不再是强调地方普通高校对政府行政命令的被动接受和主动服从，而是要求政府和地方普通高校都应该作为一种平等的治理主体，权力运行指令和方向性不再是自上而下，而是一种多向互动，更强调治理主体的互动与协调。

第三，扩大并落实地方普通高校的办学自主权，并不意味着政府的放任不管。恰恰相反，扩大并落实地方普通高校的办学自主权，意味着政府承担新角色、发挥新作用，包括加强地方普通高校治理的顶层设计和治理的宏观调控工作，在转型发展路径、政策措施等关键问题上给予地方普通高校更加明确的导向，否则会导致地方普通高校办学自主权的滥用，导致治理过程中出现失误。因此，一方面要让地方普通高校有较大的办学自主权，另一方面要注重优化政府对转型发展的领导思路，加强科学的宏观调控指导，以促进地方普通高校治理保持良好的发展态势，提升学校治理的现代化水平。

## 6.2.3.3 优化政府介入和干预地方普通高校治理的方式

无论是基于政治统治的维护，还是基于公共管理职能的履行，政府都有充分的理由对地方普通高校治理进行干预。所以，关键的问题是，政府以何种形式介入和干预。笔者认为，要推进地方普通高校的有效治理，政府必须优化对地方普通高校治理的介入和干预方式，除了原有的行政管制方式以外，还可以采用立法控制、经费控制、合同控制以及质量管理。

第一，立法控制。政府对地方普通高校治理科学而有效的介入方式就是加强立法，通过制定合理的、完善的地方普通高校治理法律法规，以法律法规制度有效促进政府对地方普通高校的宏观调控，促进政府和地方普通高校之间合理的权责配置，维持政府和地方普通高校之间良好的互动关系，提高地方普通高校治理的科学性、有效性和有序性。

第二，经费控制。办学经费是影响地方普通高校治理发展的一个重要因素，是地方普通高校保证治理现代化水平的重要保障。政府可以通过经费控制的方式，促进地方普通高校提高治理水平和成效。当前，政府对地方普通高校的经费投入，一般按照学生人数和教职工人数，采用相对统一的拨款标准，保证了地方普通高校办学的稳定性。但是地方普通高校在转型后主要面向培养应用技术型人才，对办学条件、实践教学资源等外部条件的依赖也就越重，所需办学经费会大幅增加。而地方普通高校尚未建立与地方经济建设成熟的协调互动机制，自身吸纳社会资金的能力弱，主要经费还是来自政府的拨款。因此，政府可以对地方普通高校进行一定的经费控制：一是政府可以设立地方普通高校转型发展专项资金，根据不同绩效评价，对地方普通高校的办学经费予以倾斜支持，实行有差别的财政拨款支持政策；二是增大现行对地方普通高校的财政拨款额度，总体来说地方普通高校生均财政拨款基本标准，应高于一般普通本科学校；三是政府要加强地方普通高校办学成本的核计，根据办学成本对不同专业设定不同的拨款标准系数，有效加强经费控制。

第三，合同控制。合同控制可作为政府对地方普通高校治理介入和干预的另一种有效方式。政府可以通过与地方普通高校签订合同的形式，对政府和地方普通高校的权责和义务进行明确的约定，有效协调治理相互关系，促进地方普通高校明确治理所要达到的目标，进一步加强学校的主体责任意识，同时促进学校规范治理过程，进而促进地方普通高校治理的实效。除注重订立合同外，还必须加大对合同履行的监督，例如对违反合同的行为要根据具体情况，进行一定的通报、训诫或其他有关处理，并在第二年的财政拨款中削减拨付额度。

第四，质量管理。政府可以把质量管理作为对地方普通高校治理的一种重要干预。具体来说，其一，加强质量意识，明确质量标准和要求。政府可以强调质量意识，对地方普通高校提出明确的质量标准和要求，促进地方普通高校提升办学水平，改进教育教学质量，提升学校治理效率。其二，加大质量管理力度。政府要加大对地方普通高校的办学质量的监管力度，注重对照质量标准，促进地方普通高校办学质量和教学水平的不断改进。其三，注重质量管理方法。政府可以采用多种管理方法，例如质量监督、质量考核、质量评比、质量改进活动等，不断提高地方普通高校的办学质量和治校水平。

## 6.2.4 明确治理目标，提高治理能力

显然，地方普通高校转型发展中的治理有效性与学校的办学定位以及学校的治理能力密切相关。根据调查来看，当前我国地方普通高校治理中的办学定位不够清晰、多元参与主体的治理能力比较欠缺，这已经阻碍了地方普通高校治理的现代化进程。而地方普通高校治理目标的提出依据主要是办学定位和人才培养目标。因此，地方普通高校要明确治理目标、提高自身治理能力，这也是完善转型发展中地方普通高校治理的一种重要策略。

### 6.2.4.1 找准办学定位并明确治理目标

地方普通高校当前办学定位不准、治理目标不明确的问题，已经制约到地方普通高校的合理转型与科学发展，影响到治理的效果。地方普通高校要摆脱目前的困境，必须要结合教育发展的根本要求，结合相应的区位优势和资源条件、历史文化和办学优势、依托地方企业和行业优势，明确办学定位，明晰转型发展中治理的基本思路，科学审视发展思路，找准目标方位。

一要依托地方资源优势。从德国、芬兰、澳大利亚等国家的应用技术型高校治理的成功经验来看，国外应用技术型高校非常注重结合地方优势资源，在专业设置上充分考虑地方资源发展的现状和优势，并将其作为学科和专业设置的重要依据。因此，我国地方普通高校在治理目标和办学定位上有必要充分利用区位地理优势，注重将各种有利的自然资源、环境资源，最终转化为学校的教育教学资源，为促进学校教学研究水平以及师生有效利用本地优势资源创设良好的平台。

二要依托地方历史文化和传统办学优势。地方普通高校要积极弘扬具有地方特色的文化、中西交流融合文化等，挖掘地方历史资源，厚实高校人文精神，使高校的特色办学植根于深厚的历史文化沃土中。而且，地方普通高校要系统总结办学成就，从人才培养、学科建设、教学科研和校园文化等方面，对特色办学的发展经历与成功经验进行理性思考和凝练，突出传统办学优势。

三要依托地方企业行业优势。从德国、芬兰、澳大利亚等国家的应用技术型高校治理的成功经验来看，国外应用技术型高校治理尤其注重本地区企业行业的优势，注重结合企业行业的需要培养技能型人才，解决了企业行业生产发展所需要的大批高素质应用技术型人才，而且也解决了应用技术型高校学生的就业问题，促进了双方的"合作共赢"。另外，依托地方企业行业优势，能有效推动应用技术型高校的治理水平。例如，无论是德国的应用技术大学，芬兰的应用技术大学或澳大利亚的 TAFE 学院，都注重依托企业行业来丰富学生的技能实践渠道，提升学校治理的水平。

鉴于此，我国地方普通高校在治理过程中，必须着力审视区域现有资源条件，充分依托地方优势资源，密切结合历史文化与传统办学特色，有力依托地方企业行业优势，统筹考虑学校治理和转型发展的合理需要，进而明确自身办学定位并合理确立治理目标。

## 6.2.4.2 提高地方普通高校的治理能力

显然，治理能力是地方普通高校治理取得成效的一个重要条件，它决定着地方普通高校转型发展中治理的成败。教育治理的现代化客观上也要求地方普通高校有效提升治理能力。

第一，提高学校领导者及中层管理者的治理能力。具体来说，一是要促进地方普通高校的校领导转变思维，提升治理能力，推动其加强改革、推进学校治理的各项行动。具体来说，地方普通高校领导要加强自身的治理能力意识，不断学习，提升治校水平。另外，学校领导要在治理能力的培养上下工夫，在学校治理的过程中注重每一个环节的能力锻炼。而且，学校领导要进一步加强治理协调能力，加强对地方普通高校治理全局的有效协调能力。二是要调动和发挥中层管理者的作用。地方普通高校的中层管理者负责学校各部门及院系一级治理的具体实施工作，在学校治理中发挥了重要的参与作用。因此，必须提升中层管理者的能力，具体来说，可以通过思想教育引导、能力培训、制度检查与督促等一系列手段，切实提高中层管理干部的治校、治院能力，进而推动地方普通高校内部治理的实施与优化。

第二，提高教职工的治理能力。教职工的治理能力直接决定了地方普通高校的办学实力和发展潜力。在地方普通高校的治理中，需在党委的领导下、校长负责制的指导下，充分发挥教授治校的作用，尊重他们的学术权，并自觉将行政权与学术权分离开来，保证教授独立地参与地方普通高校的治理。地方普通高校的大部分教师缺乏实践教学经验，很少有教师有在企业从业的经历，"双师型"教师非常缺乏。因此，学校应建立有效的教师培训制度，可以考虑邀请企业行业相关人士参与学校培训或教学活动，共同制订适合应用技术型人才培养的教学培养方案，建立双向交流的机制。此外，可以考虑推进学校、企业、地方政府共建应用型教师培养培训基地，培养教师既具备良好的理论知识，又具有一定的行业实践知识，而且还要具备较强的专业应用能力、实践教学能力、应用研究能力和社会服务能力。

第三，提高学生的治理能力。在地方普通高校的教学培养和实践环节，要给学生以更多参与校院系治理的机会。例如，在治理问题上要设计学生参与的环节，要充分发挥学生会组织、学生有关社团组织的作用，保障学生在地方普通高校治理中的参与权、知情权、表决权。地方普通高校也要采取有效的措施，将理论教学、实践活动、学生领导力培养等活动结合起来，促进学生治理能力的不断提升，进而促进其在地方普通高校治理活动中的更多参与，促进学生自主学习能力的提升。

## 6.2.5 建立健全相关的法律法规制度

法律法规制度是地方普通高校治理的重要依据。法律法规制度建设是完善地方普通高校治理的重要手段。因此，转型发展中的地方普通高校治理必须要重视建立相关的法律法规制度体系，以此来提高地方普通高校治理发展的现代化水平，促进地方普通高校治理的规范化、法制化、制度化发展。

### 6.2.5.1 完善宏观层面的教育法律法规制度

法治是治理的基本要求，没有健全的法制，没有对法律的充分尊重，没有建立在法之上的社会程序，就没有好的治理。随着民主政治的发展，国家法律法规制度已经成为社会治理的重要途径，法治性的实践诉求要求地方普通高校的治理以法律为基准，学校任何管理活动均要基于国家法制的框架下，以法治代替人治，将契约精神视为现代大学治理的核心理念。

对于地方普通高校治理来说，在国家政府层面，需要制定或完善相应的教育法律法规。

第一，进一步完善国家职业教育法律法规。随着教育治理现代化水平的要求，地方普通高校在有关职业教育方面的法律法规也应进行相应的修订。从德国、芬兰以及澳大利亚的应用技术型高校治理来看，有关职业教育的法规有多种，各种法规相互影响，互相呼应，保证了应用技术型高校治理的良好秩序。对我国地方普通高校来说，也要重视完善国家职业教育法律法规，使地方普通高校治理做到有法可依，有据可查。

第二，制定与参与治理有关的教育法律法规。国外应用技术型高校注重治理参与，通过法律法规制度，明确了应用技术型高校治理的参与范围和参与原则，促进了多元治理主体参与应用技术型高校治理的法律保障。因此，我国地方普通高校也要建立治理参与的法律准则，以促进地方普通高校治理的针对性和有效性。

第三，以法律法规形式制订明确的国家技能培训标准。国外以法律法规的形式明确技能培训所要达到的基本要求，使应用技术型高校的治理中技能培训的基本要求做到有法可依、有据可查。因此，我国地方普通高校治理有必要借鉴国外先进经验，以法律法规形式制订明确的国家技能培训标准，提高地方普通高校治理的科学性与有效性。

## 6.2.5.2 加强地方普通高校内部的制度建设

在地方普通高校内部的制度建设方面：第一，重视大学章程建设。大学章程应该是地方普通高校治理的纲领性文件，是学校成为法人组织的必备条件，是学校依法治校的基础和保障。纵观国外应用技术型高校，都有自己完备的大学章程。而且章程基本上都从法律法规方面明确了应用技术型高校的管理中权力机构和权责的划分，如董事会享有哪些权利、理事会或者执行机构及校长享有哪些权利、最终的司法诉讼又必须通过怎样的途径等。我国《高等教育法》明确规定，设立大学须有大学章程。但是，从笔者的调研情况来看，目前地方普通高校的章程建设中存在着诸多问题。例如，在对教职工的问卷调查中"您对大学章程内容的了解程度"这个问题上，调查结果显示总的得分均值是 1.49，处于较低水平。在对学生的问卷调查中，调查结果显示，学生在"对大学章程内容了解程度"这个问题上的总得分均值是 1.289，也处于较低水平。这说明我国地方普通高校的教职工和学生对大学章程的了解程度很低，访谈也证实了相同的结论。此外，从大学章程作用发挥情况的问卷调查来看，在对教职工的问卷结果显示，选择在学校治理中大学章程对学校发展的推动作用为"作用很大"和"作用较大"的教职工所占比例总共仅为 36.95%；选择"作用较小""基本无作用"和"无作用"的比例共占 63.05%。在对学生的问卷调查结果显示，选择在学校治理中大学章程对学校发展的推动作用为"作用很大"和"作用较大"的学生所占比例总共仅为 23.99%；选择"作用较小""基本无作用"和"无作用"的比例共占76.01%。由此可见，地方普通高校的教职工和学生对大学章程所起作用的认可度很低。

因此，完善地方普通高校治理，就必须推进大学章程建设。具体来说，其一是要加强大学章程的宣传力度。要通过各种途径，通过媒体、校内外新闻报道、集中讲解、散发宣传册等途径，加大对地方普通高校治理中的章程宣传，使广大教职工、学生及家长，甚至企业行业，了解大学章程内容，重视大学章程建设，促进多元治理主体加强对章程的重视度和对章程重要意义的认识。其二，推动多元治理主体参与章程制订和建设工作，促进章程内容的合理化和民主化。地方普通高校的章程制订和建设是一件较为复杂的事情，为促进章程的合理化，需要更多主体参与，提供更多关于学校的治理思路与意见。其三，加强大学章程的执行力，发挥大学章程对学校治理的促进作用。地方普通高校治理需要制定科学合理的章程，但是章程制定后，是作为文件摆放，抑或是作为地方普通高校一种重要的治理制度？显然答案是后者。因此，地方普通高校需要加强大学章程的执行力，充分发挥章程对于学校治理的重要促进作用。

第二，建立健全民主管理与监督制度。加强地方普通高校的治理水平，提升治理的有效性，需要建立和健全学校的各项民主管理与监督制度。包括：教职工代表大会制度；党内民主监督制度；学生代表大会制度、校友会制度等。一是要发挥教职工代表大会制度的作用，促进广大教职工在地方普通高校治理中的参与，充分发挥教职工的治校作用，推进治理的科学性。二是加大党内民主监督。

通过监督体系，促进地方普通高校按照制度要求合理规范地完善治理过程，避免治理过程中对问题发现和处理得不及时。

## 6.2.6 优化治理方式

优化治理方式和手段是完善地方普通高校转型发展中治理的又一个重要策略。在治理方式和手段上，应强调多种方式手段的整合。

### 6.2.6.1 绩效评价与问责

首先，地方普通高校治理中要加强绩效评价，对地方普通高校治理主体要做到责任明确，分工有序。对于治理过程，要定期进行绩效衡量，并制订相应的绩效评价标准和指标体系。与此同时，在治理中应重视绩效问责，加强所有治理主体的绩效责任意识，完善绩效问责机制，对于履行职责不力的治理主体，要给予相应处罚。

其次，应明确评价权和问责权的实施主体。一是要加强政府对地方普通高校治理的考核与科学评价。政府应该制订明确的治理考核制度与方案，对于地方普通高校治理履职尽责不力的行为，要进行相应的问责。二是要注重地方普通高校内部的多样化评价，并注重有效考核。例如学校对内要加强对院系二级治理的考核，对教职工也可进行相应的考核，对考核不达标的院系或者教师个人，学校要实施具体问责，通过问责促进地方普通高校内部治理过程的规范化与合理化。三是可以引入第三方机构对地方普通高校的治理绩效进行评价。第三方机构的评价介入，可以有效促进地方普通高校治理评价的科学性和合理性，而且可以相对客观而公正地反馈治理效果。

最后，注重绩效问责。第一，加强所有治理主体的绩效责任意识。具体来说，要让所有治理主体，包括政府、地方普通高校的领导者和中层管理者、教职工、学生、企业行业等主体进一步加强绩效责任意识，自觉对照绩效考核标准完成相应的治理职责和任务。第二，完善绩效问责机制。具体来说，应加强法律问责，从法律的角度明确地方普通高校各治理主体的权责，为绩效问责提供法律保障，也保证对治理主体的问责是有法可依；应加强社会问责，促进企业和行业、社会参与绩效评价，并促进其对地方普通高校治理中的违规和无序行为进行问责；应加强回应性绩效问责，回应性绩效问责意味着对地方普通高校能够对多元利益相关者和区域经济社会发展需求的回应进行评价和绩效问责，如果不能作出及时和负责的反应，无故拖延甚至没有下文，则应采取相应的惩罚。对此，地方普通高校可以定期主动向社会及学校内部师生征询意见，解释学校有关政策和回答质疑，对内部诉求做出有效回应。

显然，有效问责也需要进一步推进地方普通高校的政务公开。一是规定地方普通高校政务必须公开（除规定必须保密的事项外），并建立学校信息发布制度。例如，除及时公布学校的发展规划、师资建设等重大事项外，还应当着重公示以下内容：在办学效益层面，要公开投入与产出的基本情况及比例；在办学水平层面，要公开学校所处的办学水平位置，以及学校所拥有的软件、硬件设备；在经济层面，要让学校的经济收支透明公开；在学校监护层面，要将学生在校的发展状况及时告知家长；在学生可持续发展层面，要将学生的学习情况向家长这一主体反馈。二是要健全信访工作制度，确保师生及其他各界信访渠道的畅通。三是要搭建社会与地方普通高校信息交换的平台，并要赋予新闻机构独立的新闻报道权和调查权，让公众拥有广泛的知情权。

### 6.2.6.2 激励

第一，地方普通高校内部要充分运用多种激励方式和手段，激发师生员工的科研积极性、教学积极性、学习积极性以及院系的办学活力。具体来说，一是绩效激励。地方普通高校可以制定出一套完善的绩效考核制度，让学校内部多元治理主体关注绩效考评方式与结果，充分调动多元主体在地方普通高校治理中的参与。二是榜样激励。通过树立地方普通高校治理中的榜样，并将其作为一种示范，从而规范和引导全校师生加强学校治理的参与，形成全校的治理合力，以完成学校共同的治理目标。三是目标激励。将地方普通高校治理目标分解成若干小块，对二级治理单位如院系等部门可以设定一个相对较高的、有激励性的目标，并向他们指出工作的任务与可能的挑战，激励他们更出色地完成治理任务。四是情感激励。地方普通高校治理中要重视人际沟通，学校领导者要改变居高临下的工作方式，加强治理过程中的民主意识，增强治理主体之间的信任感。

第二，有效激励企业行业参与治理。具体来说，一是提高企业行业对于学校治理的积极性。地方普通高校发展与企业行业发展的目标不同,如何有效激励企业行业参与学校治理,这是地方普通高校治理要回答的重要问题。因此,有效激发企业行业参与办学的积极性,有待于结合地方普通高校治理目标、人才培养方式和规格、治理过程中企业行业的责权利来突破。二是建立企业行业参与学校治理的良好保障机制,保障企业行业的参与权,促进企业行业有序参与地方普通高校的治理过程,并激励其在学校办学和学校治理中提供资源、发挥治理主体作用。

### 6.2.6.3  信息技术

当前,随着科学水平的进步,信息技术日益发展,互联网高度发达和大数据共享的信息化背景下,信息技术成为新时代背景下地方普通高校治理的重要方式和手段。因此,要进一步提高地方普通高校治理的有效性,推进地方普通高校治理现代化,必须按照党和国家发展的根本要求,大力推动信息技术手段,优化地方普通高校治理方式,促进学校治理工作的全面创新。

利用信息技术手段推进地方普通高校治理,一是加强信息技术的普及与推广。地方普通高校治理要重视多元主体的信息化技术水平,注重推动信息技术的普及,促进信息技术在学校教学、科研、管理和服务等方面的推广,全面提升治理主体的信息技术应用能力。二是信息技术的培训与利用。即要采用相应的培训手段,提高地方普通高校的领导者、管理者、教职工以及学生的信息技术运用能力,促进治理主体在学校治理诸多环节中更好地利用信息技术,提高地方普通高校治理的信息化水平。三是建立网络综合治理体系。面对互联网技术和应用的飞速发展,网上信息媒体管理和产业管理的新变化与新要求,要进一步整合地方普通高校相关机构职能,健全基础事务管理、治理内容管理、企业行业管理以及信息技术管理等工作联动机制,形成正面引导和依法管理相结合的网络治理综合体系合力,以有利于形成党委领导、多主体参与、企业行业履责、社会监督、公民网上自律等多主体参与渠道。

### 6.2.7  充分发挥企业行业在地方普通高校治理中的作用

完善转型发展中的地方普通高校治理,要求充分发挥企业行业在地方普通高校治理中的作用，真正促进产学结合和建立新型校企合作关系，进而切实提高治理实效。

### 6.2.7.1　鼓励企业参与，建立校企合作新机制

第一，创造条件，鼓励企业参与学校的教学和人才培养。从德国应用技术大学、芬兰应用技术大学、澳大利亚 TAFE 学院的治理来看，国外应用技术型高校特别重视企业界在人才培养环节和教学中的参与。例如，德国应用技术大学经常从企业聘请工程师或高级技术人员参与学校课堂教学，甚至把某些课程放在相应的企业进行教学。此外，学生在企业接受实习实训的机会很多，教师也定期到企业接受"回炉"培训与锻炼。这种企业参与以及校企合作，为德国的技能型人才培养质量的提升打下坚实基础。为此，我国地方普通高校要实现治理目标，培养高质量的技术技能型人才，必须改革现有的治理结构，从制度、机制等方面入手，为企业参与学校教学及人才培养创造条件。具体来说，一是在技术实习环节，要让学生在真实的工作环境中具备独立解决问题的能力，尽量深入企业中进行观察和实践；二是积极探索双元制培养模式，学校和用人单位共同完成相应的教学任务。

第二，加强校企深度合作并建立合作的新机制。具体来说，一是借鉴国外的经验，采取相应举措，发挥企业主体在校院二级决策中的参与作用。二是与企业通力合作，共同制订人才培养方案和计划，共商人才培养大计。三是鼓励企业积极为教师和学生提供实习实践机会，为学校提供部分办学经费等。四是重视与企业开展合作，共同培养"双师型"教师。例如，国外应用技术型高校在治理中注重加强"教师应用能力培养计划"，这也是应用技术型高校与企业深度合作的典型案例，这种能力培养计划要求专业教师在每个任期内必须有半年以上的企业工作经历。此外，国外应用技术型高校还重视"双进双培"，让学校的实践就业基地进企业、企业研发中心进校园，校企共同打造应用型教师队伍，有效地促进了学校治理的效率。

第三，加强校企教师交流互动模式。地方普通高校可从企业行业邀请相应的专家加入学校的学术委员会，也可以任职学位项目兼职导师，甚至可以聘请其在校进行全职或兼职任教。从我国地方普通高校的治理来看，由于这种教师交流互

动模式的成本与风险相对较低，而且对于地方普通高校和企业行业来说，该类活动的可行性比较高。通过此类活动，也有助于企业行业有更多机会共同培养学生，从而促进其治理参与，并促进地方普通高校培养更多合格的应用型人才。

## 6.2.7.2　发挥行业在地方普通高校治理中的新作用

德国、芬兰和澳大利亚的应用技术型高校特别重视发挥行业在学校治理中的作用，行业组织可以参与学校治理决策和治理过程，而且能发挥其评价权和监督权。在治理能力现代化水平的要求下，我国地方普通高校治理也应注重发挥行业在地方普通高校治理中的新作用。

第一，发挥行业参与作用，创造行业参与地方普通高校治理的新机制。我国的产业界目前参与办学的积极性不高，从行业角度不能给地方普通高校的发展提供应有的支持和服务。因此，需要政府充分发挥统筹能力、搭建平台，在地方普通高校所在区域，可依法吸收行业主体成为地方普通高校的联合投资人和举办者。借鉴国有企业正在开展的所有制改革经验，积极实施学校混合所有制改革试点，突破现有的公办和民办的两分法所带来的体制障碍和发展阻力，从根本上解决行业界的思想顾虑并激活他们参与地方普通高校治理的内在动力。此外，要加强技术创新平台建设，促进行业在地方普通高校治理中的合理有效参与，例如，学校与行业可加强对口合作，共同建设技术研发中心、工程技术中心、相关研究所、重点实验室等，提升地方普通高校科技服务地方经济社会发展的能力，要切实促进行业参与治理。

第二，发挥行业评价作用。充分利用行业界的各种社会评估机构，积极发挥他们对地方普通高校治理的评价功能。另外，政府和地方普通高校也可通过与行业的合作治理，建立和发展一批熟悉各行业或产业界人才与技术特点的社会中介评估机构，既可满足转型发展之需，也可弥补地方普通高校治理中的同行评价或自我评价的不足。

第三，发挥行业监督作用。要加强行业监督，积极探索地方普通高校与行业、区域协同创新模式，培养大批适应社会经济发展需要的、产学研用相结合的应用技术型人才。行业监督过程，实际也是完善地方普通高校治理发展的重要过程。通过加强行业监督，可以有效促进地方普通高校完善治理环节，提高治理能力现代化水平，促进地方普通高校治理的科学性和有效性。

第四，加强校企实质性合作新机制。一般来说，中小企业是地方普通高校治理面向的主要服务对象。因此，可积极开展面向中小企业的应用性研究，促进研究成果在中小型企业中的运用，并提供相应的人才培养服务与技术支持，还可以注重为市场服务设计的解决方案。通过具体的实质性合作，促进企业差异化对地方普通高校战略经营的需求，促进双方在校企合作中产生更多的共鸣，取得更好的效益。

# 7　结论与展望

我国地方普通高校转型发展中的治理问题是教育领域中一个具有重要理论意义与实践意义的问题。对我国地方普通高校转型发展中的治理问题进行系统研究，不仅有助于处于转型发展中的地方普通高校合理确立治理目标，优化决策体系，厘清运行机制，充分发挥多元主体的作用，而且有助于地方普通高校合理配置权责，坚持和完善党委领导下的校长负责制，提高地方普通高校转型发展过程中的治理有效性。本书在系统分析国内外现有研究成果的基础上，综合运用文献法、调查研究法、比较研究法以及政策分析法等研究方法，深入考察我国地方普通高校转型发展中治理的现状，分析存在的问题及原因，同时也借鉴国外应用技术型高校治理的先进经验，提出了转型发展中地方普通高校治理的完善原则与策略。

## 7.1　研究结论

本书立足于我国经济社会转型发展的时代背景，对我国地方普通高校转型发展中的治理问题进行了系统研究。本书从地方普通高校转型发展中治理的理论分析入手，系统考察地方普通高校转型发展中的治理现状，深入分析治理中存在的问题和导致问题的原因，并在借鉴德国、芬兰和澳大利亚应用技术型高校治理经验的基础上，提出了转型发展中地方普通高校治理的完善原则与策略。通过研究，主要得出如下结论：

第一，地方普通高校转型发展中的治理问题是一个复杂的系统工程，需要多元主体共同参与与协同推进。一方面，尽管国家基于社会经济发展、教育发展，以及产业结构变革的需求，明确提出了要引导一批地方普通本科院校向应用技术型高校转型。但是对于到底该如何转型，如何面对转型发展中的新问题与挑战，如何提升学校治理的科学性和有效性，目前地方普通高校尚缺乏充分的认识与有效应对。另一方面，地方普通高校治理涉及各级政府、地方普通高校内部的领导者、教职工、学生以及企业行业等多元利益相关者，这就意味着地方普通高校治理是一个政府与地方普通高校、企业行业互动以及多方协调的合作过程。因此，地方普通高校治理是一个相对复杂的系统化工程，必须加强多元主体的共同参与，协同推进。

第二，只有构建理论分析框架，才能系统分析地方普通高校转型发展中的治理问题。为此，本书构建了地方普通高校转型发展中的治理问题的理论分析框架，包括六个维度：一是治理目标，主要是指地方普通高校建立现代大学制度，依照党和国家有关法律法规进行规范化办学，为国家、区域经济社会发展培养高素质的应用技术型人才。二是治理依据，主要是指中央政府、地方政府出台的相关法律法规制度以及地方普通高校内部治理相关制度。三是治理主体，主要是指政府、学校领导及部门管理者、教职工、院系管理者、学生及家长、企业行业等多元主体。四是权责配置，主要是指地方普通高校治理主体间的权力如何安排和分配，并根据权力的分配而承担相应的责任，达到权责对等。五是治理方式，主要强调在地方普通高校治理方式上要注重多样化，实行制度化管理与人性化管理并举。六是治理效果，主要是指地方普通高校治理活动进展的最终状况及其结果。

第三，近年来，伴随我国政府职能转变以及国家对高等职业教育的重视，地方普通高校转型发展过程中的治理取得了一定的进展，包括：地方普通高校开始重视治理目标的合理确立；关注治理的多元主体参与，并采取了一些措施来促进教职工、学生以及企业行业等多元主体的参与；确立了治理依据，包括相关法律法规制度、大学章程以及地方普通高校的内部治理制度；开始关注多元治理主体之间的权责配置，包括政府与地方普通高校之间的权责配置，地方普通高校内部的政治权、行政权、学术权配置；在治理中也注重采用除了行政命令以外的治理方式等。

第四，我国地方普通高校转型发展中的治理依然存在诸多问题，包括：治理目标不够明确，治理依据不够充分，治理主体参与度不高，权责配置不够合理，治理方式比较单一，治理能力不足，治理效果不突出。导致这些问题的原因是多方面的，一是观念认识有待转变，二是地方普通高校的管理体制与机制尚不完善，三是校企合作治理缺乏有效机制，四是治理环境与保障不够充分，五是评价激励体系不完善。

第五，完善我国地方普通高校转型发展中的治理必须坚持五大原则，采取七项策略。五大原则包括：坚持党的领导、以人为本、多元主体参与、特色办学、民主管理。七大完善治理的策略包括：全面加强党的领导，统一思想，形成治理合力；优化地方普通高校内部的权责配置；转变政府职能，扩大并落实地方普通高校的办学自主权；明确治理目标，提高治理能力；建立健全相关的法律法规制度；优化治理方式；充分发挥企业行业在地方普通高校治理中的作用。

## 7.2 研究存在的不足

我国地方普通高校转型发展中治理问题的探讨还是一片有待开发的领地，以地方普通高校转型发展中的治理问题作为研究对象，本身就是一种重要的尝试。从总体的研究状况来看，还存在着以下诸多的不足之处。

第一，受时间和研究条件所限，本书只选择了6所地方普通高校进行调查研究，调研样本数量和范围比较小，未必能全面呈现出我国地方普通高校转型发展中的治理现状以及治理过程中的所有问题，调查研究有待进一步深入。

第二，地方普通高校转型发展中的治理效果有待进一步在实践中进行检验。地方普通高校还是一个新生事物，其发展还处于一个初期阶段。因此，对地方普通高校转型发展中治理的具体效果，需要在一个较长时间段内进行有效的跟踪观察。

## 7.3 后续研究设想

第一，拓宽研究视野，加强分类研究。地方普通高校转型发展中治理策略的进一步完善，既要立足高等教育发展的实际，更要立足本土、切合实际。因此，后续研究将进一步总结和梳理我国地方普通高校治理中的实践经验，探索地方普通高校适合地方教育与经济发展要求的本土化发展策略。同时，加强对不同层次类型的地方普通高校转型发展中治理的问题进行归纳和分类，探索地方普通高校在向应用技术方向转型发展中的科学规律，加强成果的实效性与应用性。

第二，加强系统化与深广度的研究。在已有探索的基础上，进一步加强并深入研究地方普通高校治理中的多角度、多方面的实践性问题，进一步丰富和完善我国地方普通高校转型发展治理过程中的理论与实践体系。

# 附　　录

## 教职工调查问卷

您好！

　　非常感谢您能抽出宝贵的时间填写这份有关地方普通高校内部治理的调查问卷。

　　本次调查采用不记名形式，仅用于学术研究中参考使用，不作其他用途，更不会泄露您的个人信息，请放心作答。非常感谢您的支持与配合！

## 第 一 部 分　基 本 情 况

1. 您的性别(　　)

　　A. 男　　　　　　B. 女

2. 您的年龄(　　)

　　A. 20 岁以下　　B. 21~30 岁　　C. 31~40 岁　　D. 41~50 岁

　　E. 51 岁以上

3. 您的教龄(　　)

　　A. 1~3 年　　　B. 3~5 年　　　C. 5~10 年　　　D. 10~15 年

　　E. 15 年以上

4. 您的学历(　　)

　　A. 本科　　　　B. 硕士　　　C. 博士

5. 您的职称(　　)

A. 教授　　　　B. 副教授　　　　C. 讲师　　　　D. 助教

6. 您的行政职务（　　）

    A. 厅级或副厅级干部　　　　　　B. 处级或副处级干部

    C. 科级或副科级干部　　　　　　D. 普通教职工

## 第二部分　地方普通高校治理的满意度调查

请根据贵校在以下方面的实际情况，选择最符合您看法的选项。

7. 您对贵校治理现状的满意程度（　　）

    A. 非常满意　　B. 比较满意　　C. 一般　　　　D. 不满意

    E. 很不满意

8. 您对贵校内部治理结构的满意程度（　　）

    A. 非常满意　　B. 比较满意　　C. 一般　　　　D. 不满意

    E. 很不满意

9. 您对贵校内部治理模式运行状况的满意程度（　　）

    A. 非常满意　　B. 比较满意　　C. 一般　　　　D. 不满意

    E. 很不满意

10. 您对贵校内部治理中的民主参与情况的满意程度（　　）

    A. 非常满意　　B. 比较满意　　C. 一般　　　　D. 不满意

    E. 很不满意

## 第三部分　地方普通高校内部治理现状调查

请结合贵校实际，选择最符合您看法的选项。

11. 您认为贵校办学的总体水平如何？（　　）

    A. 非常好　　B. 比较好　　　C. 一般　　　　D. 不太好

    E. 很不好

12. 您对贵校大学章程基本内容的了解程度（　　）

    A. 非常了解　　B. 比较了解　　C. 了解一些　　D. 了解较少

E. 不了解

13. 您认为大学章程对贵校发展的推动作用如何？（　　）

    A. 作用很大　　B. 作用较大　　C. 作用较小　　D. 基本无作用

    E. 无作用

14. 您认为贵校对于完善内部治理的方针政策（　　）

    A. 非常明确　　B. 比较明确　　C. 一般　　　　D. 不明确

    E. 非常不明确

15. 您认为贵校内部治理过程中教师的参与状况（　　）

    A. 很多参与　　B. 较多参与　　C. 有一定参与　　D. 较少参与

    E. 无参与

16. 您认为贵校内部治理过程中学生的参与状况（　　）

    A. 很多参与　　B. 较多参与　　C. 有一定参与　　D. 较少参与

    E. 无参与

17. 您认为贵校内部治理过程中企业行业的参与状况（　　）

    A. 很多参与　　B. 较多参与　　C. 有一定参与　　D. 较少参与

    E. 无参与

18. 您认为贵校在治理过程中，政府与学校之间的权责关系（　　）

    A. 非常清晰　　B. 比较清晰　　C. 清晰度一般　　D. 不清晰

    E. 非常不清晰

19. 您认为贵校内部治理过程中董事会的参与状况（　　）

    A. 很多参与　　B. 较多参与　　C. 有一定参与　　D. 较少参与

    E. 无参与

20. 您认为贵校行政权与学术权的配置的合理程度（　　）

    A. 非常合理　　B. 比较合理　　C. 一般　　　　D. 不太合理

    E. 非常不合理

21. 您认为贵校教授所拥有的学术权（　　）

    A. 非常大　　　B. 较大　　　　C. 一般　　　　D. 比较小

    E. 完全没有

22. 您认为贵校在"校—院"二级治理的权责配置是否合理？（　　）

A. 很合理　　B. 比较合理　　C. 一般　　　　D. 不太合理

E. 不合理

23. 您认为当前贵校在"校—院"二级治理方面的效果如何？（　　）

A. 效果很高　B. 效果较高　　C. 一般　　　　D. 效果较低

E. 效果很低

24. 您认为贵校教职工在学校转型发展过程中所表现出的治理能力如何？（　　）

A. 很好　　　B. 较好　　　　C. 一般　　　　D. 不太好

E. 很不好

25. 你认为贵校的校长和党委书记的责权配置是否合理？（　　　）

A. 非常合理　B. 比较合理　　C. 基本合理　　D. 不太合理

E. 不合理

26. 您认为贵校是否重视大学制度建设？（　　　）

A. 非常重视　B. 比较重视　　C. 重视度一般　D. 不太重视

E. 非常不重视

27. 在确定转型发展的目标后，您认为贵校在内部治理模式的变化上（　　　）

A. 变化很大　B. 变化较大　　C. 有一定变化　D. 变化较小

E. 无变化

28. 您认为董事会在贵校内部治理过程中所发挥的作用（　　　）

A. 作用很大　B. 作用较大　　C. 作用一般　　D. 作用较小

E. 作用很小

29. 针对学校治理，您认为是否有必要成立利益相关者委员会？（　　　）

A. 很有必要　B. 较有必要　　C. 有一定需要　D. 基本没必要

E. 没必要

30. 您认为贵校在内部治理过程中，在培养教职工参与治理的能力的重视程度上（　　　）

A. 非常重视　B. 比较重视　　C. 重视度一般　D. 不太重视

E. 非常不重视

31. 您认为贵校的办学自主权的充足情况是（　　　）

A. 非常充足　　　　　　　B. 比较充足

C. 充足情况一般　　　　　D. 不充足

E. 很不充足

32. 为构建新形势下的新型政校关系，贵校做出调整的程度是(　　)

A. 较大调整　B. 部分调整　　C. 少量调整

D. 基本没调整　E. 没有调整

33. 您认为贵校在内部治理过程中对教师的权利保障方面(　　)

A. 很有保障　B. 较有保障　　C. 一般　　　　D. 基本没保障

E. 没保障

34. 您认为是否有必要通过立法来规范企业行业参与高校内部治理？(　　)

A. 很有必要　B. 较有必要　　C. 一般　　　　D. 基本没必要

E. 没必要

35. 贵校与企业行业的合作情况如何？(　　)

A. 很多　　　B. 经常　　　　C. 一般　　　　D. 很少

E. 没有

36. 您认为地方普通高校内部治理中的教授权威可以在哪些方面体现？（可多选）(　　)

A. 教授负责学术事务　　　　B. 教授参与学校决策

C. 教授参与学校管理　　　　D. 教授担任行政职务

37. 对于优化地方普通高校治理，您有何建议？

＊问卷调查到此结束。感谢您的参与!

# 学生调查问卷

您好!

非常感谢您能抽出宝贵的时间填写这份有关地方普通高校内部治理的调查问卷。

本次调查采用不记名形式,仅用于学术研究中参考使用,不作其他用途,更不会泄露您的个人信息,请放心作答。非常感谢您的支持与配合!

## 第一部分　基 本 情 况

1. 您的性别(　　　)

　　A. 男　　　　　　B. 女

2. 您的年龄(　　　)

　　A. 16~20 岁　　　B. 21~25 岁　　　C. 25~30 岁　　　D. 30~35

　　E. 35 岁以上

3. 您的学历(　　　)

　　A. 专科(在读)　　B. 本科(在读)　　C. 硕士(在读)　　D. 博士(在读)

4. 您是否担任过学生干部?(　　　)

　　A. 是　　　　　　B. 否

## 第二部分　地方普通高校治理的满意度调查

请根据贵校在以下方面的实际情况,选择最符合您看法的选项。

5. 您对贵校治理现状的总体满意程度(　　　)

　　A. 非常满意　　　B. 比较满意　　　C. 一般　　　　D. 较不满意

　　E. 很不满意

6. 您对贵校内部治理结构的满意程度(　　　)

　　A. 非常满意　　　B. 比较满意　　　C. 一般　　　　　D. 较不满意

E. 很不满意

7. 您对贵校内部治理运行状况的满意程度（　　）

A. 非常满意　　　B. 比较满意　　　C. 一般　　　　　D. 较不满意

E. 很不满意

8. 您对在贵校中学生参与学校管理的满意程度（　　）

A. 非常满意　　　B . 比较满意　　　C. 一般　　　　　D. 较不满意

E. 很不满意

## 第三部分　地方普通高校内部治理现状调查

请结合贵校实际，选择最符合您看法的选项。

9. 您认为学生参加贵校管理活动的机会（　　）

A. 很多　　　　　B. 较多　　　　　C. 有一些　　　D. 较少

E. 很少

10. 您认为学生在贵校内部治理过程中的参与状况（　　）

A. 很多参与　　B. 较多参与　　C. 有一定参与　　D. 较少参与

E. 无参与

11. 您认为贵校对于促进学生参与治理的措施（　　）

A. 很多　　　　　B. 较多　　　　　C. 有一些　　　　D. 较少

E. 很少

12. 您认为贵校在内部治理过程中，对学生参与治理的能力培养的重视程度（　　）

A. 非常重视　　B. 较多　　　　C. 有一些　　　　D. 几乎没有

E. 没有

13. 您认为贵校在内部治理过程中，对学生参与学校治理的权利保障方面（　　）

A. 很有保障　　B. 较有保障　　C. 一般　　　　　D. 基本没保障

E. 没保障

14. 您认为学生在参与贵校内部治理中所起的作用如何？（　　）

A. 很好 　　 B. 较好 　　 C. 一般 　　 D. 较差

E. 很差

15. 贵校与企业行业的合作情况如何？（　　）

A. 很多 　　 B. 经常 　　 C. 一般 　　 D. 很少

E. 没有

16. 您认为贵校办学的总体水平如何？（　　）

A. 非常好 　　 B. 较好 　　 C. 一般 　　 D. 不太好

E. 很不好

17. 您了解贵校大学章程的基本内容吗？（　　）

A. 非常了解 　 B. 比较了解 　 C. 了解一些 　 D. 了解较少

E. 不了解

18. 在您看来，贵校在制度建设中对学生参与作用的重视程度是（　　）

A. 非常重视 　 B. 比较重视 　 C. 一般 　　 D. 不太重视

E. 不重视

19. 您认为学生在参与"校—院"二级决策的实际状况方面（　　）

A. 非常好 　　 B. 较好 　　 C. 一般 　　 D. 不太好

E. 很不好

20. 您认为贵校总体办学状况是否符合转型发展的实际要求？（　　）

A. 非常符合 　 B. 比较符合 　 C. 一般 　　 D. 不太符合

E. 完全不符合

21. 您认为贵校治理的总体效果如何？（　　）

A. 非常好 　　 B. 较好 　　 C. 一般 　　 D. 不太好

E. 很不好

22. 从总体来看，您认为贵校学生在学校转型发展过程中的治理能力如何？（　　）

A. 非常好 　　 B. 较好 　　 C. 一般 　　 D. 不太好

E. 很不好

23. 您认为贵校学生在校外实习的机会（　　）

A. 很多 　　 B. 较多 　　 C. 有一些 　　 D. 几乎没有

E.  没有

24. 您认为贵校在内部治理过程中面临的主要问题是（可多选）（　　）

A. 治理目标不够明确　　　　　B. 治理机制不够明晰

C. 治理主体不够广泛　　　　　D. 治理模式不够优化

25. 对于优化地方普通高校治理，促进学生参与院校治理，您有何建议？

*问卷调查到此结束。感谢您的参与！

# 教职工访谈提纲

1. 您怎样看待治理中的多元主体参与？

2. 您怎样看高校的学术权与行政权之间的关系？您认为贵校的权力配置状况是否合理？

3. 现阶段贵校在转型发展中面临哪些主要问题？其主要原因何在？

4. 董事会参与学校的经营与管理的现状如何？需要改进的是哪些方面？

5. 您在贵校院系参与学校管理的情况如何？贵校在促进教师和学生参与院（系）校管理方面采取了哪些措施？

6. 您认为，贵校的教职工代表大会、教授委员会、学术委员会的运作情况怎么样？存在什么问题？

7. 您认为贵校的总体治理情况如何？需要在哪些方面完善？

8. 您是否了解贵校的大学章程？大学章程的执行情况怎么样？

9. 贵校在校企合作方面情况如何？贵校在促进企业参与学校内部治理方面，采取了哪些措施？存在哪些现实问题？

# 校领导访谈提纲

1. 您怎样看待治理中的多元主体参与？

2. 您怎样看地方普通高校的政校关系？贵校的政校关系情况如何？

3. 您怎样看待地方普通高校的办学自主权问题，贵校的办学自主权是否充分？

4. 您怎样看高校学术权与行政权之间的关系？您认为贵校的权力配置状况是否合理？

5. 现阶段贵校在转型发展中面临哪些主要问题？其主要原因何在？

6. 董事会参与学校的经营与管理的现状如何？需要改进的是哪些方面？

7. 您认为，贵校的教职工代表大会、教授委员会、学术委员会的运作情况怎么样？存在什么问题？

8. 贵校是否重视大学制度建设，大学章程的执行情况怎么样？

9. 贵校在校企合作方面情况如何？贵校在促进企业参与学校治理方面，采取了哪些措施？存在哪些现实问题？

10. 您认为贵校的总体治理情况如何？需要在哪些方面完善？

# 企业行业负责人访谈提纲

1. 您怎样看待企业行业在地方普通高校治理中的作用？

2. 您认为当前企业行业在地方普通高校治理中的参与状况如何？

3. 您认为企业行业参与学校治理的主要困难是什么？应该如何改进？

4. 您认为当前校企合作状况如何？对校企合作，您有哪些好的建议？

5. 在您看来，企业行业是否能为教师和学生提供交流参观、实习实训或其他有关治理实践的机会？

6. 您认为应该如何优化企业行业与地方普通高校的权责配置？

7. 您认为企业行业如何提升参与地方普通高校治理的能力？

# 学生访谈提纲

1. 您怎样看待学生在地方普通高校治理中的作用？

2. 您认为贵校学生在地方普通高校治理中的参与状况如何？

3. 您认为学生参与学校治理的主要困难是什么？应该如何改进？

4. 您认为当前校企合作状况如何？对促进校企合作，您有哪些好的建议？

5. 在您看来，学生交流参观、实习实训或其他有关治理实践的机会如何？

6. 您认为应该如何体现学生在地方普通高校治理的权责？

7. 您认为学生应该如何提升参与地方普通高校治理的能力？

8. 在您看来，学校的总体治理情况如何？需要在哪些方面进一步完善？

# 参 考 文 献

## 1. 中文文献

[1] 奥斯特罗姆. 公共事务的治理之道［M］余逊达，等，译. 上海：上海三联书店，2000.

[2] 伯顿·克拉克. 高等教育新论—多学科的研究［M］. 王承绪，等，译. 杭州：浙江教育出版社，2001.

[3] 杜能. 孤立国同农业和国民经济的关系［M］. 吴衡康，译. 北京：商务印书馆，1997.

[4] 弗里曼. 战略管理：利益相关者方法［M］. 王彦华，梁豪，译. 上海：上海译文出版社，2006.

[5] 福柯. 规训与惩罚［M］. 北京：三联书店，1999.

[6] 傅正华，等. 地方高校技术转移研究［M］. 北京：知识产权出版社，2012.

[7] 顾明远. 董事、校长与教授：美国大学治理结构研究［M］. 北京：高等教育出版社，2010.

[8] 赫伯特·西蒙. 管理行为［M］. 北京：机械工业出版社，2007.

[9] 亨利·法约尔. 工业管理与一般管理［M］. 成都：四川人民出版社，2007.

[10] 洪源渤. 共同治理：论大学法人治理结构［M］. 北京：科学出版社，2010.

[11] 黄达人，等. 大学的治理［M］. 北京：商务印书馆，2013.

[12] 江若玫，靳云汇. 企业利益相关者理论与应用研究［M］. 北京：北京大学出版社，2009.

[13] 李福华. 大学治理结构的理论基础与组织架构［M］. 北京：教育科学出版社，2008.

［14］ 李苹莉．经营者业绩评价——利益相关者模式［M］．杭州：浙江人民出版社，2001.

［15］ 刘焕阳．地方高校应用型人才培养改革的探索与实践［M］．济南：山东大学出版社，2012.

［16］ 刘晖．转型期的地方大学治理［M］．北京：中国科学出版社，2008.

［17］ 俞可平．治理与善治［M］．北京：社会科学文献出版社，2000.

［18］ 马丁·特罗．多样性与领导力［M］．北京．教育科学出版社，2011.

［19］ 欧阳光华．董事、校长与教授——美国大学治理结构研究［M］．北京：高等教育出版社，2011.

［20］ 乔治·弗雷德里克森．公共行政的精神［M］．张成福，等，译．北京：中国人民大学出版社，2004.

［21］ 泰勒．科学管理原理［M］．北京：中国社会科学出版社，1980.

［22］ 韦伯．工业区位论［M］．北京：商务印书馆，1997.

［23］ 李福华．大学治理与大学管理［M］．北京：人民出版社，2012.

［24］ 约翰·布鲁贝克．高等教育哲学［M］．王承绪，等，译．杭州：浙江教育出版社，2001.

［25］ 翟海魂．发达国家职业教育历史演进［M］．上海：上海教育出版社，2008.

［26］ 詹姆斯·N. 罗西瑙．没有政府的治理［M］．南昌：江西人民出版社，2001.

［27］ 张维迎．大学的逻辑［M］．北京：北京大学出版社，2005.

［28］ 周三多．管理学原理与方法［M］．上海：复旦大学出版社，2014.

［29］ 陈权．当代中国公立高校内部权力结构及运行机制研究［D］．长春：吉林大学博士论文，2011.

［30］ 李永亮．高等学校内部治理结构优化研究［D］．青岛：山东大学博士论文，2016.

［31］ 盛正发．从一元管理到多元治理——新建本科院校治理研究［D］．长沙：湖南师范大学博士论文，2009.

［32］ 熊节春．善治的伦理分析［D］．长沙：中南大学博士论文，2012.

［33］ 袁潇．美国公立高等院校内部问责制研究［D］．重庆：西南大学，2013.

[34] 张晓冬．高等学校内部制约权力机制研究 [D]．武汉：华中科技大学博士论文，2013.

[35] 鲍勃·杰索普．治理的兴起及其失败的风险：以经济发展为例的论述 [J]．国际社会科学（中文版），1999（2）.

[36] 蔡文伯，杨瑞旭．我国现代大学治理30年来的回溯与反思 [J]．石河子大学学报，2008（10）.

[37] 曹光荣，黎嫦娟．关于高校治理结构理论和实践问题的思考 [J]．高等教育研究，2005（8）.

[38] 查国硕.21世纪澳大利亚职业教育政策演进解读 [J]．职业教育研究，2016（6）.

[39] 陈娟．复合治理：城市公共事务治理的路径创新 [J]．中共浙江省委党校学报，2011（4）.

[40] 陈立鹏．关于我国大学章程几个重要问题的探讨 [J]．中国高教研究，2008（7）.

[41] 邓志军，李艳兰．论德国行业协会参与职业教育的途径和特点 [J]．中国职业技术教育，2010（19）.

[42] 丁万星，等．高校治理结构的法理探析 [J]．河南社会科学，2008（5）.

[43] 董焕敏，李智军．高校学生社区管理的善治与大学生公共精神的培育 [J]．广西社会科学，2010（8）.

[44] 董焕敏．高校学生社区管理走向善治的制约因素探析 [J]．宜春学院学报，2009，31（5）.

[45] 董泽芳，岳奎．完善大学治理结构的思考与建议 [J]．高等教育研究，2012，33（1）.

[46] 范巧，郭爱君．从复合行政到复合治理——区域经济一体化与行政区经济矛盾解决的新视角 [J]．南方经济，2009（6）.

[47] 高葛．借鉴德国应用技术大学办学经验，促进我国高校转型发展 [J]．大学教育，2015（8）.

[48] 高明．德国职业教育体系对我国技能型人才培养的启示 [J]．高等农业教

育, 2014 (1).

[49] 高伟, 李静静. 高校治理研究综述 [J]. 经济师, 2012 (2).

[50] 龚怡祖. 大学治理结构: 现代大学制度的基石 [J]. 教育研究, 2009 (6).

[51] 郭爱君, 范巧. 政府行为绩效的经验考察与"复合治理"的构建 [J]. 华中师范大学学报, 2009, 48 (1).

[52] 郭峰. TAFE: 澳大利亚的职业教育特色 [J]. 工会博览, 2017 (4).

[53] 郭平, 孔丽苏, 刘明海. 建设现代大学制度, 完善高校治理结构——第三届高校管理者论坛综述 [J]. 江苏高教, 2011, 11 (5).

[54] 侯蔚, 姚春雷. 从管制走向善治 [J]. 高教发展与评估, 2006, 22 (4).

[55] 侯蔚, 陈艳秋, 姚春雷. 学生社团的发展与大学善治 [J]. 高教探索, 2008 (6).

[56] 胡建华. 90 年代以来日本大学评价制度的形成与发展 [J]. 外国教育研究, 2001, 28 (1).

[57] 胡晓玲. 善治: 高校突发事件的长效治理机制研究 [J]. 江苏高教, 2012 (6).

[58] 胡子祥. 高校利益相关者治理模式初探 [J]. 西南交通大学学报 (社会科学版), 2007, 8 (1).

[59] 蒋达勇. 科学决策体系: 完善高校内部治理的战略抓手 [J]. 现代教育管理, 2012 (12).

[60] 景琴玲, 王革. 德国职业教育体系透析与展望 [J]. 国家教育行政学院学报, 2012 (2).

[61] 井美莹. 芬兰应用技术大学科研功能发展的制度分析——以坦佩雷某应用技术大学为例 [J]. 国家教育行政学院学报, 2018 (6).

[62] 康宏. 美国院校认证标准的价值研究——以中北部协会为例 [J]. 大学 (学术版), 2012 (3).

[63] 李国和. 澳大利亚 TAFE 模式研究 [J]. 中国职业技术教育, 2017 (9).

[64] 李建奇. 我国大学治理结构变迁的路径选择 [J]. 高等教育研究, 2009, 30 (5).

[65] 李守福. 国外大学评价的几种模式 [J]. 比较教育研究, 2002 (6).

[66] 李建忠. 芬兰应用技术大学办学特色与经验 [J]. 大学（学术版），2014
　　　（2）.

[67] 林杰. 从管控走向治理——2007"海峡两岸高校内部治理"学术研讨会综
　　　述 [J]. 江苏高教，2008（1）.

[68] 刘合行. 美国职业教育开放性办学的研究与思考 [J]. 中国职业技术教育，
　　　2012（6）.

[69] 刘晖. 地方大学治理：特征、理念与模式 [J]. 教育研究，2008（7）.

[70] 刘尧. 大学治理：制度比校长更重要 [J]. 高校教育管理，2015，9（1）.

[71] 刘喜琴. 参与话语下民办高校治理模式的结构性分析 [J]. 中国高教研究，
　　　2013（2）.

[72] 刘枭，程均丽. 构建具有中国特色高校董事会完善高校内部治理结构 [J].
　　　高教探索，2011（3）.

[73] 刘雨辰，武红霞. 近年来国内大学治理研究综述——以中国期刊网全文数
　　　据库为分析文本 [J]. 西南石油大学学报（社会科学版），2013（7）.

[74] 刘智英. 面向职业实践的德国 FH 办学特色——兼谈对我国技术应用型本
　　　科教育的思考 [J]. 职业技术教育，2007，28（1）.

[75] 龙献忠，李敏. 基于善治视角的我国高校问责制发展趋向 [J]. 大学教育
　　　科学，2011（1）.

[76] 马世洪，曲绍卫. 地方高校转型，困惑、争论与突破 [J]. 职教论坛，
　　　2015（10）.

[77] 祁占勇，陈鹏. 治理理论语境下政府与高校关系的善治 [J]. 中国高教研
　　　究，2008（5）.

[78] 祁占勇，王锦雁. 美国职业教育制度的发展演变及其基本特征 [J]. 职教
　　　论坛，2017（34）.

[79] 祁占勇. 高等学校内部治理结构的完善与办学自主权的实现 [J]. 陕西师
　　　范大学学报（哲学社会科学版），2010，39（4）.

[80] 曲耀华，刘清利. 大学章程与大学内部治理 [J]. 重庆科技学院学报（社
　　　会科学版），2009（3）.

[81] 盛正发. 复合共治：中国现代大学治理的新向度 [J]. 现代教育管理，

2009（9）.

［82］石艳萍，杨蓉．完善公立高校内部治理机制的思考［J］.会计之友，2013
（11）.

［83］史万兵．我国高校法人地位及其内部治理结构研究［J］.国家行政学院学
报，2011（8）.

［84］苏君阳．走向善治——大学治理权力结构的重构［J］.浙江社会科学，
2007（3）.

［85］眭依凡．论大学的善治［J］.江苏高教研究，2014（6）.

［86］孙圣勇．高校权力结构创新的善治思维［J］.理论前沿，2013（12）.

［87］孙世一．基于高校内部治理的教代会制度建设［J］.黑龙江高教研究，
2013（5）.

［88］覃壮才．中国公立高等学校法人治理结构研究［M］.北京：北京师范大学
出版社，2010.

［89］汤萱．我国公立高校内部权力研究——基于治理理论的视角［J］.大学教
育科学，2009（3）.

［90］谭敏．芬兰多科技术学院与应用型本科人才培养研究［J］.大学（学术
版），2011（2）.

［91］王川兰．多元复合体制：区域行政实现的构想［J］.社会科学，2006（4）.

［92］王洪才．大学治理的内在逻辑与模式选择［J］.高等教育研究，2011，33
（9）.

［93］王健．德国应用技术大学"双元制"模式研究与启示［J］.福建工程学院
学报，2015，13（15）.

［94］王陆庄，周虹．高校治理模式分析［J］.教育发展研究，2008（17）.

［95］王敏．效率与公平：高校治理结构的价值选择［J］.西南民族大学学报
（人文社会科学版），2013（6）.

［96］王明清．现代大学制度视域下我国公立高校内部治理结构改革［J］.黑龙
江高教研究，2013（7）.

［97］工新俊．芬兰应用技术大学的现状问题及对策［J］.世界教育信息，2016（6）.

［98］王鹏．中国公办大学内部治理形式探析［J］.黑龙江高教研究，2010（3）.

［99］王学军．澳大利亚职业教育的特点及启示［J］．中国成人教育，2007
（17）．

［100］吴高臣．董事会：公立高校治理结构的改革［J］．中国行政管理，2011
（11）．

［101］吴宇．善治视角下大学治理的路径探讨［J］．大学教育科学，2014（3）．

［102］吴叶林，尹建锋．善治语境下大学治理的价值诉求与实践路径探讨［J］．
教育文化论坛，2015（1）．

［103］谢冰松．基于高校内部治理的教代会制度建设——教代会与现代大学制度
关系研究［J］．南阳师范学院学报（社会科学版），2010，9（11）．

［104］谢涤宇，尹珍丽．公办高校利益相关者共同治理机制的理论诠释与现实动
因［J］．邵阳学院学报（社会科学版），2011，10（4）．

［105］谢涤宇．论公办高校内部治理缺陷及体制变革［J］．黑龙江高教研究，
2010（2）．

［106］熊庆年，代林利．大学治理结构的历史演进与文化变异同［J］．高教探
索，2006（1）．

［107］徐先凤．从大学章程看高校内部治理结构的再定位［J］．齐齐哈尔大学学
报（哲学社会科学版），2011（12）．

［108］徐银燕．高校治理结构研究综述［J］．保定学院学报，2010，23（4）．

［109］严彦，邱果，汪令江．"教授治学"途径探析——高校内部治理结构维度
的思考［J］．教学与研究，2012，26（10）．

［110］杨娟，荣利颖．我国高校内部治理中监督权的缺失［J］．现代教育管理，
2011（4）．

［111］杨黎明．关于职业教育的改革试点——德国职业教育的典型试验给我们的
启示［J］．职教论坛，2011（18）．

［112］杨雪冬．全球化、风险社会与复合治理［J］．马克思主义与现实，2004
（4）．

［113］杨志卿．大学章程与高校内部治理研究［J］．华章，2012（16）．

［114］杨晓斐．芬兰应用科学大学区域协同创新模式及思考［J］．高教探索，
2016（12）．

[115] 姚春雷，侯蔚．大学善治视野下的学生教育管理 [J]．黑河学刊，2011（12）．

[116] 姚加惠．美国、日本、英国地方高校内部治理及其启示 [J]．西南交通大学学报（社会科学版），2011．

[117] 姚加惠．美国地方高校内部治理结构探究 [J]．高等理科教育，2011（6）．

[118] 尹浩．善治理论分析框架下的高校德育机制创新研究 [J]．广州社会主义学院学报，2012（3）．

[119] 臧日霞．从高等教育基金委员会看英国高校治理模式的创新 [J]．比较教育研究，2009（7）．

[120] 张德祥．1949 年以来中国大学治理的历史变迁——基于政策变革的思考 [J]．中国高教研究，2012（2）．

[121] 张应强．地方本科高校转型发展：可能效应与主要问题 [J]．大学教育科学，2014（6）．

[122] 张真贵，许日华．高校内部治理的问题与策略思考 [J]．国家教育行政学院学报，2013（2）．

[123] 张凤武．芬兰应用科技大学办学模式及其启示 [J]．科教导刊，2016（24）．

[124] 赵宇新．当代美国高等教育评估历史与制度 [J]．大学（学术版），2011（10）．

[125] 赵哲，董新伟．地方本科高校转型发展的三种倾向及其规避 [J]．教育发展研究，2015（7）．

[126] 郑杭生．合作共治与复合治理：社会管理与社区治理体制的复合化 [J]．社区，2012（10）．

[127] 周光礼．重构高校治理结构，协调行政权力与学术权力 [J]．中国高等教育，2005（19）．

[128] 周坤顺，翟华云．高校内部治理评价体系构建研究 [J]．财会通讯，2013（10）．

［129］周晓丽．论公共危机的复合治理［J］．中共长春市委党校学报，2006
（3）．

［130］周红卫，苗庆红．民办高校治理结构的三种模式［J］．中国高等教育，
2005（13）．

［131］朱家德．提高大学治理的有效性——20 世纪 60 年代以来西方大学治理结
构变化的总趋势［J］．中国地质大学学报（社会科学版），2012，12（6）．

［132］朱益上．论当前我国高校内部治理结构的失衡与对策［J］．湘潮，2009
（8）．

［133］庄海茹，孙中宁．高校内部治理的行政化倾向与去行政化路径选择［J］．
长春工业大学学报（社会科学版），2012，24（2）．

## 2. 外文文献

［1］Carnegie. Foundation for the Advancement of Teaching. Governance of Higher
Education：six priority problem［M］. NewYork：McGraw-Hill，1973.

［2］M. D. Cohen，J. G. March. Leadership and Ambiguity：The Ameriean College
President［M］. New York，McGraw-Hill，1974.

［3］Commission on Global Governance. Our Global Neighborhood［M］. New York：
Oxford University Press，1995.

［4］K. Weick. Educational Organizations As Loosely Coupled Systems［J］.
Administrative Science Quarterly，1979（1）.

［5］Dennis J. Gayle，Bhoend Raddatt Tewarie，A. Quinton White. Governance in the
Twenty-First-Century University［M］. ASHE-ERIC Higher Education，2003.

［6］J. Kooiman，M. Von Vliet. Governance and Public Management［M］. London：
Sage Press，1993.

［7］Jan Currie，Richard Deangelis. Globalizing Practices and University Responses：
European and Anglo-American Differences［M］. London：Praeger
Publishers，2003.

［8］J. Kooiman. Governance and Governability：Using Complexity，Dynamics and

Diversity [M] //J. Kooiman (eds.). Modern Governance: New Government-Society interactions. London: SAGE Publications, 1993.

[9] Mary Burgan. Why Governance? Why Now? [M] //William G. Tierney (eds.). Competing Conceptions of Academic Governance. Johns Hopkins University Press, 2002.

[10] James N. Rosenau, E. O. Czepiel. Governance Without Government, Order and Change in World Politics [M]. Cambridge: Cambridge University Press, 1992.

[11] J. Pierre. Introduction: Understanding Governance [M] //Debating Governance. New York: Oxford University Press, 2000.

[12] Ronald G. Ehrezlberg. Governing Academic [M]. NewYork: Cornell University Press, 2004.

[13] World Bank. Governance and Development [C]. Washington D. C. : World Bank, 1992.

[14] American Association of State Colleges and Universities and Council for Higher Education Accreditation. New Leadership for Students Learning and Accountability: A Statement of Principles, Commitment to Action [R]. Washington D. C. , 2008.

[15] Alberto Amaral-Glen, A. Jones, Berit Karseth. Governing Higher Education: National Perspectives on Institutional Governance [J]. USA: Kluwer Academic Publishers, 2002: Introduction (X, X, VI).

[16] Association of Governing Boards of University and Colleges: Bridging the gap between state government and public higher education [M]. Washington D. C. : AGB, 1998.

[17] Alberto Amaral-Glen, A. Jones, Berit Karseth. Governing Higher Education: National Perspectives on Institutional Governance [M]. USA: Kluwer Academic Publishers, 2002.

[18] B. Jessop. The Rise of Governance and the Risk of Failure: the Case of Economic Development [J]. International Social Science Journal, 1998 (155).

［19］ J. A. Boland. Student Participation in Shared Governance： A Means of Advancing Democratic Values？ ［J］. Tertiary Education and Management, 2005 (3).

［20］ J. J. Corson. Governance of College and Universities. New York： McGraw-Hill, 1960.

［21］ Clarkson. A Stakeholder Framework for Analyzing and Evaluating Corporate Social Performance ［J］. Academy of Management Review, 1995, 20 (1)： 92-117.

［22］ Establishment of the Board of Trustees ［EB /OL］. (2009-12-10) ［2024-03-12］. http： //trustees. msu. edu/about/establishm ent. htm.

［23］ Gaberiel E. Kaplan. Do Governance Structures Matter ［J］. New Direction for Higher Education, 2004 (4).

［24］ Grady Bogue, Chancellor Emeritus, Kimberely Hall. Corporate, Political, and Academic Perspectives on Higher Education Accountability Policy ［J］. Assessment in Higher Education, 2010 (H).

［25］ The Texas A&M University System Board ［EB /OL］. (2009-12-15) ［2024-03-12］. http： //www. tamus. edu/regents/.

［26］ M. Herbst, U. Hugentobler, L. Snover. MIT and ETH Zürich： Structures and Cultures Juxtaposed ［J］. CEST, 2002 (9).

［27］ James N. Rosenau, E. O. Czepiel. Governance without Government： Order and Change in World Politics ［M］. Cambridge： Cambridge University Press, 1992.

［28］ Adrianna Kezar. What is More Important to Effective Governance： Relationship, Trust, and Leadership, or Structures and Formal Process ［J］. New Direction for Higher Education, 2004 (6).

［29］ Linda Mcspadden Mcmeil, Eileen Coppola, Judy Radigan. Avoidable Losses： High-Stakes Accountability and the Dropout Crisis ［J］. Education Policy Analysis Archives, 2008 (3).

［30］ Liudvika Leisyte, Jurgen Enders, Harry de Boer. The Balance between Teaching and Research in Dutchand English Universities in the Context of University Governance Reforms [M]. Academic Press, 2009.

[31] Lars Erik Norback. New Modes of Internal Governance of Higher Education Institutions: The case of Goteborg University [J]. Tertiary Education and Management, 2000.

[32] M. E. Menon. Students' Views Regarding Their Participation in University Governance: Implications for Distributed Leadership in Higher Education [J]. Tertiary Education and Management, 2005 (2).

[33] Smouts Marie-Claude. The Proper Use of Governance in International Relations [J]. International Social Science Journal, 1998 (155).

[34] Paul. T. Brinkman. Factors Affecting Instructional Costs at Major Research Universities [J]. The Journal of Higher Education, 1981, 52 (3).

[35] Robert Birnbaum. The End of Shared Governance: Looking ahead or Looking back Matter [J]. New Direction for the Higher Education, 2004 (8).

[36] Polytechnics Act 351/2003 [EB/OL]. (2016-03-01) [2024-03-25]. http: // www. finlex. fi/en/laki/kaannokset/2003/en20030351. pdf.

[37] Ron Robin. Scandals and Scoundrels: Seven Cases That Shook the Academy [M]. University of California Press, 2004.

[38] P. H. Strou. Bureaucracy in Higher Education [M]. New York: The Free Press, 1966.

[39] Salipante. Providing Continuity in Change: the Role of Tradition in Long-term Adaptation [M]. San Francisco: Jossey-Bass, 1991 (5).

[40] Susan Whealler Johnstan. Faculty Governance and Effective Academic Administrative Leadership [J]. New Direction For Higher Education, 2003 (124).

[41] Gerry Stoker. Governance as Theory: Five Propositions [J]. International Social Science Journal, 1998 (50).

## 3. 政策法规

[1] 广东省教育厅等. 关于引导部分本科高校向应用型转变的实施意见 [Z]. 2016-06-16.

[2] 湖北省教育厅. 湖北省教育厅关于在省属本科高校中开展转型发展试点工作的通知 [Z]. 2014-04-28.

[3] 湖南省人民政府参事室. 关于推动地方本科高校转型发展的政策建议 [Z]. 2017-04-10.

[4] 教育部. 关于加快发展现代职业教育的决定 [Z]. 2014-05-02.

[5] 教育部. 关于引导部分地方普通本科高校向应用型转变的指导意见 [Z]. 2015-10-23.

[6] 教育部. 全面深化综合改革, 全面加强依法治教, 加快推进教育现代化 [Z]. 2015-01-22.

[7] 全国人民代表大会. 中华人民共和国教育法 [Z]. 1995-03-18, 2015-12-27 修订.

[8] 全国人民代表大会常务委员会. 中华人民共和国高等教育法 [Z]. 1998-08-29, 2015-12-27 修订.

[9] 四川省教育厅等. 四川省关于引导部分地方普通本科高校向应用型转变的实施意见 [Z]. 2016-03-24.

[10] 天津市人民政府. 天津市教育综合改革方案 (2016—2020 年) [Z]. 2016-09-07.

[11] 应用技术大学 (学院) 联盟, 地方高校转型发展研究中心. 地方本科院校转型发展实践与政策研究报告 [Z]. 2013-11.

[12] 云南省教育厅. 关于推动部分本科高校转型发展的实施意见 [Z]. 2014-10-27.

[13] 浙江省教育厅等. 关于积极促进更多本科高校加强应用型建设的指导意见 [Z]. 2015-04-16.

[14] 中央人民政府. 国务院关于深化体制机制改革加快实施创新驱动发展战略

的若干意见 ［Z］. 2015-03-23.

［15］ 中央人民政府. 政府工作报告（全文）［Z］. 2015-03-16.

［16］ 中央人民政府. 中共中央关于制定国民经济和社会发展第十三个五年规划的建议 ［Z］. 2015-10-29.